教育部高等学校旅游管理类专业教学指导委员会规划教材

旅游人类学导引

LÜYOU RENLEIXUE DAOYIN

◎ 编著 光映炯 成 海

重庆大学出版社

内 容 提 要

旅游人类学是人类学学科与旅游学学科的重要分支学科,具有理论性与实践性的综合性特征,也具有相关交叉学科的多元性特征,对揭示旅游活动规律,阐释旅游现象,分析旅游问题具有重要意义,是研究旅游的重要理论视域与研究方法论。

本书的特色在于:它以人类学学理与旅游发展为背景并结合国外和国内大量相关研究成果,构建了旅游与语言、旅游与考古、旅游与身体、旅游与文化四大研究领域的理论体系与旅游书写、旅游民族志的方法体系,强调理论导引与田野案例的结合来展示旅游人类学的丰富内容和特色;同时兼顾旅游人类学研究的当代转向来把握旅游人类学研究前沿。

本书既可以作为旅游管理专业和人类学相关专业的本科生、研究生的专业教材或教辅材料,也可以作为各级政府旅游主管部门与旅游行业相关经营管理人员的参考资料,还可以作为旅游学、人类学爱好者及一般旅游者了解旅游人类学相关知识的学习材料。

图书在版编目(CIP)数据

旅游人类学导引 / 光映炯,成海编著. -- 重庆:
重庆大学出版社,2024.9
教育部高等学校旅游管理类专业教学指导委员会规划教材
ISBN 978-7-5689-2504-4

Ⅰ. ①旅… Ⅱ. ①光… ②成… Ⅲ. ①旅游业—社会
人类学—高等学校—教材 Ⅳ. ①F590-05

中国版本图书馆 CIP 数据核字(2021)第 051925 号

旅游人类学导引

光映炯 成 海 编著
特邀编辑:唐 璇 陶冲萍
责任编辑:尚东亮 版式设计:尚东亮
责任校对:关德强 责任印制:张 策

*

重庆大学出版社出版发行
出版人:陈晓阳
社址:重庆市沙坪坝区大学城西路 21 号
邮编:401331
电话:(023)88617190 88617185(中小学)
传真:(023)88617186 88617166
网址:http://www.cqup.com.cn
邮箱:fxk@ cqup.com.cn(营销中心)
全国新华书店经销
重庆新荟雅科技有限公司印刷

*

开本:787mm×1092mm 1/16 印张:14.75 字数:336 千
2024 年 9 月第 1 版 2024 年 9 月第 1 次印刷
ISBN 978-7-5689-2504-4 定价:45.00 元

一、出版背景

教材出版肩负着吸纳时代精神、传承知识体系、展望发展趋势的重任。本套旅游教材出版依托当今发展的时代背景。

一是落实立德树人这一根本任务，着力培养德智体美劳全面发展的中国特色社会主义事业合格建设者和可靠接班人。以习近平新时代中国特色社会主义思想为指导，以理想信念教育为核心，以社会主义核心价值观为引领，以全面提高学生综合能力为关键，努力提升教材思想性、科学性、时代性，让教材体现国家意志。

二是世界旅游产业发展强劲。旅游业已经发展成为全球经济中产业规模最大、发展势头最强劲的产业，其产业的关联带动作用受到全球众多国家或地区的高度重视，促使众多国家或地区将旅游业作为当地经济的支柱产业、先导产业、龙头产业，展示出充满活力的发展前景。

三是我国旅游教育日趋成熟。2012 年教育部将旅游管理类本科专业列为独立一级专业，下设旅游管理、酒店管理、会展经济与管理、旅游管理与服务教育 4 个二级专业。2023 年年底，全国开设旅游管理类本科专业的院校有 600 余所。根据《教育部关于公布普通高等学校本科专业备案和审批结果的通知》进行汇总，2004 年至今，全国本科院校新开设旅游管理专业点 215 个，酒店管理专业点 281 个，会展经济与管理专业点 147 个，旅游管理与服务教育专业点 51 个。旅游管理类教育的蓬勃发展，对旅游教材提出了新要求。

四是创新创业成为时代的主旋律。创新创业成为当今社会经济发展的新动力，以思想观念更新、制度体制优化、技术方法创新、管理模式变革、资源重组整合、内外兼收并蓄等为特征的时代发展，需要旅游教材不断体现社会经济发展的轨迹，不断吸纳时代进步的智慧精华。

二、知识体系

本套旅游教材作为教育部高等学校旅游管理类专业教学指导委员会的规划教材，体现并反映了本届"教指委"的责任和使命。

一是反映旅游管理知识体系渐趋独立的趋势。经过近 30 年的发展积累，旅游管理学科在依托地理学、经济学、管理学、历史学、文化学等学科发展基础上，其知识的宽度与厚度在不断增加，旅游管理知识逐渐摆脱早期依附其他学科而不断显示其知识体系成长的独立性。

二是构筑旅游管理核心知识体系。旅游活动无论作为空间上的运行体系,还是经济上的产业体系,抑或是社会生活的组成部分,其本质都是旅游者、旅游目的地、旅游接待业三者的交互活动,旅游知识体系应该而且必须反映这种活动的性质与特征,这是建立旅游知识体系的根基。

三是构建旅游管理类专业核心课程。作为高等院校的一个专业类别,旅游管理类专业需要有自身的核心课程,以旅游学概论、旅游目的地管理、旅游消费者行为、旅游接待业作为旅游管理大类专业核心课程,旅游管理、酒店管理、会展经济与管理、旅游管理与服务教育4个专业再确立3门核心课程,由此构成旅游管理类"4+3"的核心课程体系。确定专业核心课程,既是借鉴其他管理类专业成功且可行的做法,也是旅游管理类专业走向成熟的标志。

三、教材特点

本套教材由教育部高等学校旅游管理类专业教学指导委员会组织策划和编写出版,自2015年启动至今历时9年,汇聚了全国一批知名旅游院校的专家教授。本套教材体现出以下特点:

一是准确反映国家教学质量标准的要求。《旅游管理类本科专业教学质量国家标准》既是旅游管理类本科专业的设置标准,也是旅游管理类本科专业的建设标准,还是旅游管理类本科专业的评估标准。其重点内容是确立了旅游管理类专业"4+3"核心课程体系。"4"即旅游学概论、旅游目的地管理、旅游消费者行为、旅游接待业;"3"即旅游管理专业(旅游经济学、旅游规划与开发、旅游法)、酒店管理专业(酒店管理概论、酒店运营管理、酒店客户管理)、会展经济与管理专业(会展概论、会展策划与管理、会展营销)的核心课程。

二是汇聚全国知名旅游院校的专家教授。本套教材作者由"教指委"近20名委员牵头,全国旅游教育界知名专家和教授,以及旅游业界专业人士合力编写。作者队伍专业背景深厚,教学经验丰富,研究成果丰硕,教材编写质量可靠,通过邀请优秀知名专家和教授担纲编写,以保证教材的水平和质量。

三是"互联网+"的技术支撑。本套教材依托"互联网+",采用线上线下两个层面,在内容中广泛应用二维码技术关联扩展教学资源,如导入知识拓展、听力音频、视频、案例等内容,以弥补教材固化的缺陷。同时,也启动了将各门课程搬到数字资源教学平台的工作,实现网上备课与教学、在线即测即评,以及配套老师上课所需的教学计划书、教学PPT、案例、试题、实训实践题,以及教学串讲视频等,以增强教材的生动性和立体性。

本套教材在组织策划和编写出版过程中,得到了教育部高等学校旅游管理类专业教学指导委员会各位委员、业内专家、业界精英以及重庆大学出版社的广泛支持与积极参与,在此一并表示衷心的感谢!希望本套教材能够满足旅游管理教育发展新形势下的新要求,为中国旅游教育及教材建设开拓创新贡献力量。

教育部高等学校旅游管理类专业教学指导委员会
2024年1月

前言

　　随着现代旅游业的发展,旅游开始进入人类学的研究领域。"人类学是人的科学",就是全面研究人及其文化的科学。作为人类现代社会活动之一,旅游也是人类学的重要研究对象。为何旅游? 移动过程中体现的是寻求并确认人类动因及文化意义。旅游是什么? 作为全球化进程中的一种跨文化交流活动,旅游既是一种经济活动,也是一种文化活动。旅游的目的为何? 其中蕴含了人的互为主体性,尤其是东道主与游客关系中的"观他者以反思自我"。

　　旅游,是不断发展变化的人类活动及行为现象,对旅游的理解、阐释、解读需要相应的理论,对旅游现象的看待、处理、协调也需要相应的理论指导与实证参考。从人类学角度对"旅游"进行研究,重视的是从整体观、跨文化视野对人类的旅游行为、旅游活动、旅游文化、旅游现象予以更好的关注、分析与研究;从旅游人类学角度聚焦于"旅游"的研究,不仅使人类学研究得到深化和延展,也强调不同学科对旅游研究的深度、广度和高度,同时大大丰富了旅游管理学的理论体系和实证领域。

　　在西方,20世纪70年代以后人类学才真正介入旅游的研究,研究旅游对目的地社会、文化的影响成为旅游人类学研究的主流。20世纪90年代,西方旅游人类学"东渐",中国的旅游人类学研究开始有所发展,但旅游人类学研究还尚未形成体系。在此背景下,以构建旅游人类学理论与方法的体系为旨向,旅游人类学研究首先需要重视对西方的研究现状的梳理以及与现代旅游业发展的结合,以充分体现旅游人类学的研究意义,"他山之石,可以攻玉"。同时,旅游人类学研究体系构建需要重视对相关理论基础与研究方法的梳理,而具有国际化视野的案例选取使得旅游人类学研究新意更加突出。本书强调拓宽视野、启发思维,既有开篇导读也有参考阅读。

　　具体地说,本书的内容与特点主要体现在:

　　①**总括性**。介绍旅游人类学的发展、研究内容、研究方法、研究意义以及与相关学科的关联性。

　　②**基础性**。对旅游人类学的研究体系及研究领域、研究方法及相关理论研究进行构建与呈现,主要包括框架部分:旅游与语言、旅游与考古、旅游与身体、旅游与文化四个方面;方法部分:旅游书写和旅游民族志的方法。

　　③**概览性**。呈现几种特殊文化旅游方式,美食旅游、音乐旅游和精神旅游及其多感官体

验倾向。

④**导引性**。每一章节都有相关参考阅读与延伸学习材料,不仅帮助读者加深理解相关理论与方法,同时也是阅读导引并拓展相关领域研究。

⑤**前沿性**。重点介绍旅游人类学研究的当代转向,包括旅游研究的移动性转向、旅游表演转向以及东道主凝视的研究前沿。

⑥**实证性**。结合国内外案例将相关理论运用其中,充分体现旅游人类学视野下的理论实践意义。

"众人拾柴火焰高",在此要特别感谢重庆大学出版社对本书的关爱与支持,以及所有给予我关心与帮助的老师和朋友,感谢大家为旅游研究所付出的种种艰辛与努力。

光映炯

2024 年 2 月

目录

[下编] 案例与田野

［上 编］
理论与方法

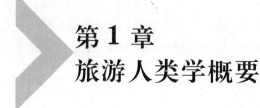

第1章
旅游人类学概要

【学习目标】

通过学习本章,学生能够了解国内外旅游人类学的起源、发展以及研究意义、研究内容、研究方法等基本内容。

理解:旅游人类学的发展历程,旅游人类学与相关学科的关系和差异

熟悉:旅游人类学的研究意义、研究内容、研究方法

掌握:旅游人类学的发展历程、学科地位

【关键术语】

旅游人类学,本土化,跨文化研究,旅游民族志,多学科研究方法

【开篇导读】

旅游与人类学:研究与实践

一、关于应用人类学

美国著名的人类学家 Radcliffe Brown 在 1930 年发表的 "*Anthropology as Public Service and Malinowski's Contribution to It*" 中最先引入了应用人类学这个概念。虽然应用人类学的定义不断地变化,但其本质是以解决实际问题为目标,解决实际问题,而不是学术的贡献。

自应用人类学产生以来,人类学的学界就分成了两派,一是学术导向的,一是强调为发展服务即应用导向的。1941 年,Margaret Mead 等人为了抗议应用人类学受到美国人类学会的边缘化待遇,成立美国应用人类学会,并出版全球第一本"应用人类学"杂志,宣称应用人类学者要为他们政策建议的后果负责。1983 年成立美国国家人类学实践学会(NAPA),主要针对在田野工作的人类学实践者。1999 年和 2006 年出版两本重要论文集,目的是缩小研究导向和应用导向人类学的差距,加强两者的关联和认同感。2006 年的论文集反映了应用人类学对全球发展的贡献。

二、旅游人类学的四个平台

从旅游人类学的研究历程也可以看出人类学的学术之争。1973 年人类学家 Jafar Jafari

创办的《旅游研究纪事》就很重视旅游人类学的研究,该刊现在成了世界最有影响的旅游学术期刊。1977 年 Smith 编著了影响重大的旅游人类学著作《东道主与游客》,其后 Nash 在《现代人类学》发表了《旅游:人类学的一个课题》。尽管这些研究最初并没有引起人类学界的关注,但是确实推动了旅游人类学的发展。随后的 30 多年内,旅游人类学的研究已经累积了相当的成果。但是正如 Jafari 指出的,人类学家与旅游发展历程不简单。受知识结构的影响,几乎所有的人类学家最初对旅游发展都持不友好的态度,多数对旅游的指责并不是来源于实证,而是基于他们对旅游的理解。只有在最近二三十年,主流人类学才慢慢接受:①旅游这一现象值得人类学进行严肃的学术研究;②从学术上说,将人类学的学术理论体系运用到旅游发展领域是可接受的并且是合乎道德的。但是对许多人而言,应用人类学依然是充满争议的。

　　Jafari 在 1990 年发表了一篇获得国际认可的文章。在这篇文章中,他按主题研究法将人类学与旅游发展的研究分为四个"平台",这四个"平台"按时间顺序先后出现,每一个"平台"是对前一"平台"的直接响应,然而今天它们作为四股潮流并存着,而不是相互取缔的关系。这四个平台的动态变化反映了研究导向和应用导向人类学之争。

　　Jafari 将第一个平台"宣传平台",定位于 20 世纪 60 年代。这一平台的研究者强调旅游对经济的重要性,尤其是对外汇、就业和分权的贡献。"宣传平台"的作者们不加批判地支持这一行业。过去 10 年中,"宣传平台"又新添了一类拥护者,即认为旅游有利于环境保护、古老传统复兴和文化事业的发展。一些应用人类学家也成了"宣传平台"的拥护者。

　　第二个平台是"警示平台"。20 世纪 70 年代,人类学家和其他领域的学者开始质疑"宣传平台"表达的过度肯定的观点,Jafari 称之为"警示平台"。他们专注旅游带来的经济和社会文化影响,对旅游持高度批判的态度。他们为数众多,当中有杰出的人类学家和非政府组织成员。从人类学的角度来说,他们的观点可以总结如下:旅游会消灭/削弱传统;旅游使目的地的居民和文化商品化,他们的舞蹈、歌曲、节日以及宗教庆典都沦为"虚伪的展览品",从而失去了内在价值和深层含义;"垃圾纪念品"和"机场艺术"取代了艺术和传统技艺;旅游区域的资源被外来(国内外)旅游者掠夺一空;巨大的效益流向开发商和投资者(往往是跨国公司、连锁酒店和国际航空),而不是当地社区,当地社区被边缘化和疏远;旅游是季节性的;等等。"警示平台"自然而然地成为了热心社会科学的研究者的家园。对于任何主张"宣传平台"宣称旅游利益的人而言,"警示平台"就是其对立面。但是"警示平台"的拥护者往往使用例外的案例来说明他们的观点,因而无法与其他研究者开展富有成效的对话。

　　第三个平台是协调前两个针锋相对观点的"调整平台"。持此观点的研究者认为可以找到一种能够替代现有旅游模式的新型旅游,从而减轻旅游带来的冲击。生态旅游和社区旅游都是从"调整平台"派生而来。这种观点认为,通过加强旅游者对旅游地社区的责任感,提高其对环境和文化因素的敏感性,可以找到不同于大众化、商业化这种"硬"的旅游模式的替代。

　　不过,这三个平台都不是根植于实证的研究。现在很多旅游研究人员都意识到,只有把旅游当做一个整体去研究,理解它的基本功能和结构,才能不断地完善和发展其理论体系。因而当相关的研究成果积累到一定量后,就出现了第四个"知识平台"。归属这个平台的学者宣称这个平台有别于其他平台的地方是:坚持用科学的态度研究和理解旅游,提倡旅游或相关方面的研究和论断应基于调查研究而非主观看法和个人情感,呼吁旅游院校的旅游课程应该以"知识平台"为基础,而不是别的。总体来看,跨学科的"知识平台"以客观分析为目标,以田野调查为基础,着重对旅游的整体把握。正是这一平台的出现,促使许多人类学家开始涉足于旅游领域的研究,这也意味着纯研究人类学和应用人类学之间矛盾的渐渐消解。

Jafari 基于西方旅游人类学的发展历程总结出四个平台,中国人类学研究与旅游的关系也出现了相同规律,例如,前三个平台共存,许多观点并没有科学基础,主观推论多于实证研究,运用第四个"知识平台"的研究者较少,但是中国旅游人类学研究也有自己的特点。

人类学家对旅游的研究,还处在一个起步和摸索阶段。第一篇旅游对接待地的社会影响的论文是 1992 年刘振礼对野三坡的研究。到目前为止,研究文献的数量非常有限,主要以学术论文为主,没有系统的专门性学术论著。

前三个平台出现的时间相继不远,当国内研究者还在宣传旅游的好处时,国外旅游人类学的相关研究成果也通过研究的综述、论文或专著被大量介绍到中国学术界,他们的主要观点、学术派别及其思想,影响了国内学者的观点和对问题的选择。

中国学术界对属于"调整平台"的生态旅游和社区旅游关注度远远高于西方学者。生态旅游自 1987 年第一次在《地理学报》引入以来,一直都是热门研究领域,而社区旅游在 20 世纪 90 年代末引入后也迅速成为新热点。

值得一提的是,近 20 年来,在民族旅游业大发展的同时,旅游对民族文化的影响也引起了国内学者极大的关注,国内目前许多社会文化影响研究的对象都是少数民族旅游目的地。

三、旅游社会文化影响的研究架构

Jafari 倡导的"知识平台"是旅游人类学发展的趋势,它要求旅游及相关方面的论断应基于调查研究而非主观看法和个人情感。强调研究者必须严谨地选择和运用研究方法和技术手段,特别注意影响客观结论的内外因素。结合 Hitch Cock, King 和 Parnwell 框架性的分析思路和旅游发展的实践,旅游人类学在开展研究时应特别注意:

调查研究的时间/时期。对一些问题的跟踪研究表明,旅游产生负面影响的研究结论经过一段时间以后可能得到相反的结论,反之亦然。与收集数据长达数年的纵向研究相反,"快照式调查"(对特定领域作短期调查)会有误导而不能如实反映出事情的进展。

某个特定的案例分析、社会等级、民族团体或社区都会反映出主客关系的本质,因此必须谨慎对待普遍性规律。旅游给不同社会经济阶层的人带来的影响是各不相同的,有的或备受剥削,有的或因此获利。

不同的策略和不同的旅游形式会产生不同的影响:旅游者的到访数量、逗留时间和消费水平会给当地社区和文化造成不同程度的影响。发展适应性旅游(adaptive tourism)的一个主要目标是保持对旅游饱和度的高度敏感,同时根据适当的承载能力加以引导。

旅游者的来源和族群背景显然会产生不同影响。在亚洲许多国家(如马来西亚、泰国、中国),以本国居民和其他亚洲人为主体的旅游就比以西方旅游者为主的旅游要发达得多,所以西方旅游给东方文化带来伤害的流行观点有待商榷。不应该单独强调旅游的影响,事实上还有很多其他的因素,如工业化、城市化、现代化、交通的改善和大众传媒的发展以及现代价值观,比旅游带来的社会文化影响时间长,也更深刻。

同时,Van Willigen 将应用人类学在发展问题中的运用研究分为干预人类学和政策研究。本文根据旅游业的具体情况,在 Van Willigen 研究的基础上,阐述了各研究领域与旅游的关系,供旅游人类学家参考借鉴。

干预人类学在旅游中的领域可分为:行动人类学、研究与发展人类学、社区发展、鼓动人类学、文化掮客、社会营销。这几个领域在旅游中运用的针对性也各有不同。行动人类学适用于制定以社区为目标的、价值明晰的策略,例如社区旅游、文化旅游、乡村旅游、民族旅游等。政策研究的运用领域主要为社会影响。研究与发展人类学适用于基于学术研究的参与式干涉,例如为文化和遗产旅游发展而收集的社区人口社会经济数据,主要用于调查评估,监测正在运营的旅游项目、判定项目的成功与否。社区发展用于分析社区参与和志愿合作的自助行动,在实践中致力于促进社区对可持续旅游发展的新知识、采纳新技术的了解和运用。鼓动人类学通过提供数据信息和技术支持援助支持社区发展旅游的行动,主要的实际工作则是资源评估。文化掮客通过个人(人类学家)的干预把平等的社会文化体系中的人们连接起来,编制达成共识的旅游发展议程。社会营销则把商业营销和应用社会科学结合起来,通过研究制定策略,引导人们的行为,使游客和旅游社区都获益。

四、结论

在旅游高速发展的中国,人类学应该起到重要的作用,特别是在社区旅游、特色民族旅游、消除贫穷相关的政策制定和规划方面作出巨大贡献。人类学的理论和方法在文化遗产、物质遗产和传统手工技能的保护和支持方面已经积累了丰富的成果,将这些成果运用在旅游中可以提高旅游项目的可持续性。西方在应用人类学研究和运用上走了弯路,长期困扰于人类学是否应该运用于旅游发展的问题,直到最近这个问题才得到解决。中国的人类学研究环境有利于应用人类学的研究,周大鸣在回顾应用人类学在中国的实践中指出,中国的社会学/人类学在建立之初就具有应用的目标。自从 20 世纪 90 年代起中国的人类学家就已经开展了旅游发展应用研究,并已取得一些成果。在今后的研究中,应该自觉地靠拢 Jafari 的"知识平台",以客观分析为目标,以田野调查为基础,着重对旅游的整体把握,推进旅游人类学的理论建设和对实践的指导。

摘引自:Trevor Sofield,徐红罡.旅游与人类学:研究与实践[J].思想战线,2008(04):38-43.

1.1　旅游人类学的源起与发展

1.1.1　旅游人类学的源起

旅游与人类学之间关系的追溯大抵离不开三个层面的发展脉络:一是对旅游的认识;二

是人类学的发展;三是旅游人类学作为学科的发展。

旅游,广义地被认为是基于迁徙、旅行之上的独立的时空移动行为。人类起源说中的"走出非洲说"就蕴含着旅游的最初萌芽。人类的历史进程与旅行脱不了关系,巡游、军旅、商旅等各种古代旅行对于人类文明的推进产生了积极作用,促进了文化、经济与社会的繁荣发展。随着人类的物质生活和精神文明的进一步发展,尤其在全球化背景下,独立意义的现代旅游随即而生,不仅成为现代人类的重要生活内容之一,也促进了人类对旅游的认识和旅游研究的深入。

作为人类的社会活动之一,旅游与人类学的交集推动了旅游人类学的兴起与发展。克鲁伯曾说"人类学是人的科学",就是全面研究人及其文化的科学,旅游自然成为了人类学的一个研究对象。事实上,对"旅游"的人类学研究一直在人类学研究领域"若隐若现",人类学大师列维·斯特劳斯早已发出"我讨厌旅行,我恨探险家"①的感慨。直到20世纪70年代以后,随着全球旅游业的发展,旅游才开始真正进入人类学研究领域。20世纪80年代,旅游对目的地社会、文化的影响成为旅游人类学研究的主流,旅游人类学作为一门新兴学科也应运而生。旅游与人类学的结合还在于两者存在以下共同特征:首先,二者都在寻求文化确认和生活意义确证;其次,人旅游的目的,是因人类学视野中人的互为主体性,即在"原始的他者"与"现代的我者"之间或者说是"东道主与游客"之间的跨文化关系;最后,旅游作为全球化背景下旅游者移动过程的一种产物,既是一种经济活动也是一种文化活动,旅游移动及文化流动推进了文化人类学的涉足与研究。

旅游人类学的发展一开始就体现了多维研究的适用性。一是将其归于文化人类学,有学者指出,今天的人类学家们不仅意识到旅游对于当地人发展的重要性,而且将旅游视为文化人类学研究的一个重要分支领域。②换言之,旅游人类学是文化人类学的子学科或衍生学科,其主要研究领域包括旅游民族与文化族群、文化的变迁与涵化、全球化与地方化、传统文化与现代化、文化的认同与重构、民族志与人类学知识等。二是将其归于应用人类学,或人类学的应用学科。有学者认为,旅游人类学应该被视作应用学科③。20世纪中叶以来,随着应用人类学的迅猛发展,作为其中一个分支的旅游人类学也逐渐形成了一定的研究方向和规模④。三是将其视作独立的多元交叉学科。由于人类学家对旅游的研究还涉及社会诸多方面,如经济、文化、地理、宗教、法律、心理、语言、阶层等,因此旅游人类学是一种跨学科的研究,是一门具有广阔研究领域的多元性学科。⑤

简单地看,旅游人类学就是从人类学角度来研究旅游,这与旅游心理学、旅游经济学、旅游文化学、旅游生态学等学科一样,都是从不同学科角度来进行研究,其终极目的是研究人类的旅游活动及旅游现象。多年来,随着西方旅游人类学的发展及其中国本土化的进程,旅游人类学已发展为以人类学的理论和方法为主并兼具多元学科的研究特质。事实证明,旅

---

① 列维·斯特劳斯.忧郁的热带[M].王志明,译.北京:生活.读书.新知三联书店,2000:3.
② 杨慧,等.旅游、人类学与中国社会[M].昆明:云南大学出版社,2001.
③ 周霄.刍论"旅游人类学"的几个基本问题[J].广西右江民族师专学报,2001(2):17-20.
④ 覃德清,戚剑玲.西方旅游人类学与中国旅游文化研究[J].广西民族研究,2001(3):27-33.
⑤ 张晓萍.旅游人类学在美国[J].思想战线,2001(2):65-68.

游人类学在研究内容上所涉及的问题已远远超越了旅游活动本身。无论在国外还是在国内,随着旅游业飞速发展必然会出现一系列与人类学研究内容相关的现实问题,因而,旅游人类学是一门既有理论又有实践的学科。①

1.1.2　旅游人类学的发展

1)国外旅游人类学发展的"三次浪潮"

第二次世界大战以后,伴随着旅游业的兴起,学者开始从人类学的角度对旅游加以关注和研究。旅游人类学考察的主要是,旅游业带来的社会文化和行为实践,以及旅游活动对社会群体的有形和无形的影响。一般认为,人类学领域对旅游的首次介入是 1963 年努涅斯(Nunez)在《民族学》上发表的《旅游、传统和文化适应:墨西哥村庄的周末旅游》②一文,作者从人类学的角度探讨了城乡两种文化适应模式,认为在新兴工业化国家随着富裕城市阶层的出现,西欧社会典型的休闲模式开始发展。旅游研究可以为检验文化适应理论提供另一种实验场景,在此场景中,城市游客被认为代表了"捐赠者"文化,东道主则被视为"接受者"文化。1972 年,戴维·格林伍德(Davydd J. Greenwood)在《民族学》上发表了《作为变迁推动者的旅游:西班牙巴斯克的案例》③,论文认为旅游发展的不同阶段对社区在生活节奏、城镇的物质和建筑特征以及整个社会生活带来了影响与变化。1974 年,在墨西哥城举行的会议上,瓦伦·史密斯(Valene Smith)召集的小组讨论直接关系到旅游的主题。这是学术界对旅游业进行多学科干预的鼎盛时期,部分原因是对全球旅游业蓬勃发展的响应以及旅游业发展带来的相关后果。1977 年,瓦伦·史密斯的《东道主与游客——旅游人类学研究》一书面世,此书标志着旅游人类学研究的正式开始,被西方学界称为旅游社会文化影响研究的重要里程碑。该书是由一些从事旅游研究的人类学家自发组织的小型研讨会后的部分会议论文编撰出版而成。同年,戴维·格林伍德发表《变化的连续性:作为一个历史过程的西班牙巴斯克种族》④,论文关注仪式的文化商业化现象,揭示了西班牙巴斯克人对"阿拉德"仪式的弱化、文化真实性丧失的问题。

旅游人类学的研究涉足人类学的四个分支领域即体质人类学、社会文化人类学、语言人类学和考古人类学,尤其在旅游理论研究、旅游业可持续发展和东道主社区发展方面有积极贡献。《国际旅游百科全书》(《*The SAGE International Encyclopedia of Travel and Tourism*》)⑤一书中指出国外旅游人类学研究大致经历了"三次浪潮"。"第一次浪潮"关注全球旅游业

---

① 张晓萍,Nelson Graburn,张鹏.旅游与人类学及其在中国的实践——来自中外学者的对话[J].旅游学刊,2012(1):11-16.

② Theron A Nunez Jr. Tourism, Tradition, and Acculturation:Weekendismo in a Mexican Village[J]. Ethnology, 1963,2(3):347-352.

③ Davydd J Greenwood. Tourism as an Agent of Change:A Spanish Basque Case[J]. Ethnology, 1972,11(1):80-91.

④ Davydd J Greenwood. Continuity in Change:Spanish Basque Ethnicity as a Historical Process[J]. Ethnic Conflict in the Western World, 1977.

⑤ Linda L Lowry. The SAGE International Encyclopedia of Travel and Tourism[M]. Thousand oaks:SAGE Publications Inc,2017.

新发展,并基于不断变化的实际问题发展了旅游研究理论;"第二次浪潮"的重点在东道主与游客关系研究,尤其从真实性角度探讨了旅游动机;"第三次浪潮"的关注点转向目的地社区,探讨有形文化遗产和无形文化遗产的保护,以及在旅游移动过程尤其在虚拟的和具身的复杂互动中的"旅游想象"等。

（1）第一次浪潮:合法化

20 世纪 70 年代之前,人类学家关注的是旅游活动和旅游业发展,梳理了朝圣和"大旅行"(The Grand Tour)的旅行发展历史。旅游人类学的正式诞生,可追溯到美国人类学协会 1974 年在墨西哥城举行的关于旅游主题的会议。在此阶段,有两种人类学研究范式对早期的旅游人类学研究产生了重要影响。一是象征性人类学。特纳认为朝圣是一种仪式过程,无论族群在社会中的地位如何,都会通过仪式产生认同感,哪怕是暂时的或稍纵即逝的。纳尔逊·格雷本(Nelson Graburn)提出,旅游反映了一种来自工作日生活中的仪式倒置,它是导致自我转化的"神圣之旅"。二是结构主义学派,这被视为可以揭示社会深层结构的"意义系统"。基于社会学理论之上的"前台/后台"为麦康纳尔(Dean MacCannell)的"舞台真实性"提供了重要理论基础,并开创了旅游研究中重要的分析模型,也为神圣与世俗、前台与后台、主人与客人、真实与非真实、全球化与地方化等问题研究提供了重要的分析工具。

（2）第二次浪潮:后现代分析

20 世纪 80 年代和 90 年代,受到后现代社会理论家米歇尔·福柯和皮埃尔·布迪厄等新思想的影响,旅游人类学研究开始发生转变,更加关注旅游中的权力及如何实现,以及社会角色之间的文化互动等,从实证主义方法转向民族志的分析,且反映了一种解释主义和经验主义的态度。旅游被理解为是一种脱离日常生活的社会实践,它的影响已经嵌入到社会文化和政治经验中。与玛丽·路易斯·普拉特(Mary Louise Pratt)关于权力被协商与分享的旅游"接触区"概念相呼应,布鲁纳认为旅游体验是在一个"边缘地带"(border-zone)进行的,这是一种文化间的接触和对话,也是一种创造性的、短暂的空间,这种理论将旅游期望与现实之间的"真实—非真实"二元关系复杂化。社会学家约翰·厄里(John Urry)开创性地提出了"游客凝视"的理论,认为游客的凝视形成主要基于旅游体验的不同与跨文化差异,"游客凝视"强调旅游研究中的视觉体验,将地理学中的景观研究拓宽了研究范畴。此外,这个阶段还关注博物馆与旅游业、旅游中的文化表演等方面的研究。

（3）第三次浪潮:伦理与倡导

21 世纪以来,国际旅游大发展促进了旅游人类学在理论和方法上的根本性转变。在全球经济影响下,社会科学研究的"移动性"转向——相互关联的移动性如人的移动、物、思想与各种网络节点,这也影响到旅游人类学相关研究内容;而且旅游移动性研究起着重要作用,对日常生活中的权力、认同、地方感的形成以及旅游移民的产生都有很大影响。在移动性理论框架下,遗产旅游对目的地居民的影响,民族旅游中各种认同现象,新出现的可替代旅游方式也都是这个阶段关注的话题,如医疗旅游(medical tourism)、黑色旅游(dark tourism)、美食旅游(culinary tourism)、性旅游(sex tourism)、志愿者旅游(volunteer tourism),甚至还提出了道德旅游(moral tourism)等。

从国外旅游人类学发展的"三次浪潮"可以看出每个阶段的大致特点:第一阶段:主要以文化人类学为理论基石形成了旅游人类学早期理论内容的主要框架,以仪式论、功能论、结构论为工具对旅游的本质、现象进行了分析,这个阶段奠定了旅游人类学的重要发展基础。第二阶段:由于社会结构变迁,旅游大发展对旅游的研究逐渐渗入了社会学的理论,后现代视野对旅游中的更多问题予以分析与研究,涉及权力、表演及各种社会关系的互动研究,这个阶段具有承前启后的意义。第三阶段:尤其进入 21 世纪以来,旅游人类学的研究进入了一个新的阶段。一方面,探讨旅游的移动性、实践性,在移动性研究框架下深入探讨旅游的各种新形式;另一方面,又在多学科交叉视野下对旅游中的新现象新问题进行更深入细化的研究,如讨论"旅游与纪念品",其中也涉及关于地方、认同、移动的研究。当然,这个阶段的旅游人类学研究面临更多的机遇与挑战,对于旅游人类学发展来说也是一个"新起点"。

2)中国旅游人类学的发展历程

1927 年,中国旅行社的成立标志着国内旅游活动开始纳入有组织的范围。随后《旅行杂志》发刊,该刊大量地介绍国内外的旅游活动与评介,各类旅游随笔、游记以及风景名胜、招待所等实用性文章,开创了中国现代旅游书刊的先河。20 世纪 80 年代,随着改革开放的到来和现代大众旅游活动的出现,学界开始加强对旅游的研究。20 世纪 90 年代,旅游经济最早成为旅游研究的关注领域之一,然后,旅游地理学、旅游管理学、旅游文化学等领域也加大了研究力度。

中国的旅游人类学研究在对西方研究成果的引进、学习、转化过程中也获得了长足发展。1999 年 9 月,在中国昆明召开的"人类学:旅游与中国社会"国际学术研讨会是中国旅游人类学发展史上的一次重要里程碑,会议之后出版了论文集《旅游、人类学与中国社会》,推进了中国人类学界对旅游研究的介入及其与国际学者的对话。从 2009 年开始,中国人类学民族学研究会民族旅游专业委员会每年举办一次的"民族旅游论坛"也积极推动着中国旅游人类学及其本土化的研究。尽管受到西方旅游人类学的影响,中国旅游人类学的本土化进程正在加速发展并逐步形成自己的特色。

从 20 世纪 90 年代中国的旅游人类学研究开始发展,至今已形成了以张晓萍、彭兆荣、杨慧、宗晓莲、孙九霞等重要学者为主的研究群体,研究领域也不断拓展。最早将旅游人类学引入中国的两位学者是云南大学的张晓萍和中央民族大学的宗晓莲。张晓萍 1996 年、1999 年、2005 年三次作为访问学者赴美国加州大学伯克利分校人类学系学习访问,师从美国著名旅游人类学家纳尔逊·格雷本学习旅游人类学。回国后发表了多篇介绍西方旅游人类学的论文:《纳尔逊·格雷本的"旅游人类学"》(2000)、《旅游人类学在美国》(2001)、《从旅游人类学的视角透视云南旅游工艺品的开发》(2001)。随后,又翻译出版了第一部西方旅游人类学的译著《东道主与游客》。与此同时,宗晓莲也发表了《西方旅游人类学研究述评》《西方旅游人类学两大研究流派浅析》,还翻译出版了纳什的《旅游人类学》著作。而后,彭兆荣、杨慧也都先后到美国加州大学伯克利分校人类学系师从纳尔逊·格雷本学习旅游人类学,彭兆荣回国后出版了著作《旅游人类学》;杨慧是 2007 年 12 月国际会议"旅游、少数民族与多元文化"的主要组织者之一,她还与张晓萍一同主编出版了国内旅游人类学研究本土化的几部重要著作《民族旅游的人类学透视——中西旅游人类学研究论丛》(2005、2010)、《旅游·少数民族与多元文化》(2011)等。

从现有出版物及其类型可在一定程度上了解中国旅游人类学的发展特点:一是译介类,如《东道主与游客》(Valene L. Smith,张晓萍等译),《旅游人类学》(Nash,宗晓莲译),《游客凝视》(John Urry,杨慧等译),《旅游者——休闲阶层新论》(Dean MacCannel,张晓萍等译),《人类学与旅游时代》(Nelson H. Greburn,赵红梅等译),《旅游文化学》(山下晋司,伍乐平等译)。二是教材类,如《旅游人类学》(张晓萍、李伟),《旅游人类学教程》(龚锐等),《旅游人类学》(张晓萍、光映炯、郑向春);三是大量旅游人类学中国本土化的专门研究,这部分论著尤其值得关注,如1997年潘盛之出版的中国第一本与旅游人类学有关的专著《旅游民族学》,还有后来的《民族旅游的人类学透视》(张晓萍、杨慧),《旅游开发与文化变迁》(宗晓莲),《旅游人类学与社区参与》(孙九霞),《旅游人类学理论与实践》(孙九霞),《传承与变迁:旅游中的族群与文化》(孙九霞),《旅游民族学》(刘晖),《旅游场域与东巴艺术变迁》(光映炯),《茶马古道上的旅行者与旅游文化》(光映炯),《"圈子"的建构与实践——旅游规划的民族志》(成海),《民族旅游与少数民族妇女发展》(吴忠军等),《文化与旅游:东巴文化的旅游展演及活态保护》(光映炯)等。这些论著大都围绕旅游人类学的重要内容:文化、民族、民族旅游、文化变迁、社区参与、旅游民族志、文化与旅游的互动关系等进行研究,涌现了很多旅游人类学中国本土化的尝试和研究论文。多年来,中国旅游人类学的发展得到广泛关注和重视,已成为旅游学知识图谱中的重要组成部分。

1.2　旅游人类学的研究体系与研究意义

人类学的整体研究一般分为体质人类学、文化人类学、语言人类学和考古人类学,广义上的旅游人类学研究也涉及这四个领域。体质人类学主要研究人类的起源及体质特征,也关注身体的社会文化意义。语言人类学主要研究语言与文化的关系,以语言研究为主要内容,探讨语言的历史发展,语言与社会文化之间的关联。语言人类学认为语言除了交流的功能外还有符号和象征意义,它既是一种社会工具又是一种文化实践。旅游过程中的语言交流处于特殊社会场景,旅游也会对语言变迁产生影响。考古人类学的研究对象是人类社会的过去,是对人类活动遗留下来的物质和非物质文化遗产进行研究,通过跨越时空考察文化的连续性来理解人类本身,而很多考古遗址就是重要的旅游吸引物与旅游景观。文化人类学关注人类社会的文化现象,文化的特征包括文化是共享的、习得的、变迁的、整合的,其主要研究内容有:婚姻家庭、亲属制度、宗教信仰、政治经济制度、生计方式、原始艺术、风俗习惯等,旅游人类学研究大多也与这些领域有关。人们通过旅游活动对传统文化产生一定影响,对社会组织、政治结构、中小企业及经济组织促成转型,通过旅游的宏观移动及微观流动模式对社会化结构产生影响,形成特有的关于旅游的地方制造和旅游环境,以及在历史记忆、遗产和纪念、性别、阶级、仪式和符号等方面形成了旅游形象系统，重现了群体对其身份和周围世界的意义①。

旅游人类学知识体系的学理背景与人类学分不开，在人类学框架中受到社会学理论影响，所以早期旅游研究形成以"东道主与游客"为主的跨文化研究范式，包括旅游对旅游目的地文化的影响、旅游的本质及社区参与旅游等研究重点。反过来看，这些内容也是形成旅游人类学知识体系的重要基石。人类学是旅游人类学的元知识与基础，文化人类学中的概念、观点、应用形成了旅游人类学的研究框架，旅游人类学研究领域中也包括旅游与语言、旅游与考古、旅游与身体、旅游与文化的"基础"研究。文化人类学的理论和方法是旅游人类学重要的"理论之根"，旅游人类学研究也涉及跨文化研究、整体研究、田野调查、旅游民族志的研究视野及研究方法，包括旅游中的文化、文化变迁、文化商品化、文化冲击等重要概念，形成了东道主与游客的研究范式，产生了旅游仪式重要理论，以及舞台真实性、旅游凝视等理论分析工具。

1.2.1　旅游人类学的研究体系

1）旅游与语言

旅游与东道主的接触与交流，首先体现在语言上的交流与沟通。旅游中的语言不仅是一个重要的实际问题具有理论研究意义，也对旅游者的异地异文化旅游体验有着直接的影响，但是这个问题所引起的关注极少。在全球化背景下，随着近年来国际旅游（international tourism）的兴盛，探讨关于"旅游与语言"的研究才逐渐得到重视，包括旅游对语言的影响，语言旅游（linguistic tourism）特别是游客通过旅游来学习第二语言，从社会语言学领域分析东道主与游客之间的语言交流特点，分析旅游宣传材料和旅游网站语言等。

2）旅游与考古

最早的考古学家可被看作是游客，他们在寻找神秘城市和文物古迹方面有着丰富的经验与旅行经历。考古遗址、考古文物和博物馆的旅游商品化是普遍存在的，它们吸引了大量的游客，考古旅游（archaeological tourism）也是一个不断发展的行业，旅游业有效地让公众注意到了考古学家的工作；另一方面，考古学研究长期参与旅游活动——从恢复文物遗址到策划博物馆展览以及管理地方与国际的考古旅游伙伴关系。与考古旅游密切相关的有遗产旅游、博物馆旅游，因为涉及考古社区的社会、文化、环境、经济的可持续发展尤其是各种利益问题而出现了遗产旅游研究热。

3）旅游与身体

从体质人类学角度来看，对人及其自然状态的关注是主要转向研究内容。人除了有生

---

① Linda L Lowry. The SAGE International Encyclopedia of Travel and tourism［M］. Thousand oaks：SAGE Publications，Inc，2017.

物性外也有社会性、文化性,于是将人作为社会个体状态的关注转向对人"身体"的关注。20世纪70年代以来伴随着消费主义和女权运动的发展,身体研究在人文社会学科中兴起,成为西方人文与社会科学研究的"新大陆",身体研究重新解读了身体在认识世界和知识生产中的重要性。旅游包含人类身体本身的移动性和社会身体的不同状态。身体研究已进入西方旅游研究视野,"旅游与身体"的议题关注体育旅游、医疗旅游、瑜伽旅游、舞蹈旅游等,关注这些旅游方式对人类身体的身心健康所产生的各种影响,以及旅游中的性别问题、旅游中的身体体验研究等。

4)旅游与文化

"旅游与文化"是旅游人类学最为关心的话题也是研究的重点。旅游人类学关注旅游中的文化现象,尤其关注旅游与文化的关联及互动影响。"文化"是文化人类学研究的重要内容也是旅游人类学最先研究的议题之一。一方面,旅游人类学研究"主—客"间的文化,"主"即东道主的文化、开展旅游业的社区居民的文化;"客"即游客的文化、旅游目的地社区的文化;研究旅游对旅游目的社区文化的影响包括文化变迁、文化震撼、文化涵化、文化同化等现象。另一方面,旅游人类学研究旅游活动本身,包括:旅游与观光、旅游与休闲的关系,关于旅游本质的讨论如仪式论,关注文化旅游、民族旅游、宗教旅游、艺术旅游、美食旅游、音乐旅游等具体形式,以及旅游新现象,如旅游与表演、旅游与移动、旅游与现代性、旅游与后现代等诸多问题。

1.2.2 旅游人类学的研究意义

1)对人类学的意义

文化人类学是研究人及其文化的学科,包括人类的诸多文化事象、社会行为、生活方式。对人类旅游行为的研究,可以拓展文化人类学的研究领域和研究视野,从而增强人类学研究的现实意义。人类学通过旅游人类学分支领域的研究,进一步强化了人类学理论在现实生活中的实际意义。

2)对旅游学的意义

旅游学是将旅游活动这一社会现象作为研究对象,研究其产生、发展以及其所涉及的各项要素之间的相互关系变化规律的学科。旅游活动属于人类的重要社会行为之一,从人类学的角度对旅游进行研究,可以丰富旅游学理论体系和研究方法,为旅游开发提供理论指导,有助于服务地方社会经济发展,并且提供科学的参考和建议。

3)理论意义与实践价值

通过理论研究和实践运用相结合,不仅丰富了理论成果,也增强了实践价值,特别是对制约旅游产业的"社会—文化"因素加以分析,可以提供相关的解决方案或思路,进而推动中国旅游产业健康有序地可持续发展。旅游人类学的实践作用至少体现在:一是参与社区发展;二是提供发展方案,帮助社区居民的决策。如美国人类学家一直关注印第安人的困境,不仅帮助他们解决旅游开发中的难题,还帮助他们获得教育的机会、增加就业岗位、解决酗酒等社会问题。

4)发展性与延伸性前景

通过对西方旅游人类学研究的全新整理及其中国本土化研究,推动适应中国旅游业发展的理论研究,有利于学科领域的进一步深化。特别是文化人类学或社会人类学也能以旅游学为中介来引进政治学、经济学的视角,从而弥补其本身对"政治—经济"行为分析乏力的先天不足,进而拓宽并深化自身的理论体系和发展空间。

1.3　旅游人类学与相关学科的关系

1.3.1　旅游人类学与文化人类学

18 世纪末 19 世纪初,欧洲开始进行海外殖民扩张,越来越多的异文化引起了人们的关注,一些传教士及商人最早将殖民地社会的异域文化带回宗主国。文化人类学是对他者文化的记录、整理与阐释,了解"他文化",再与"本文化"对比,以发现文化的差异及普同性,由"他文化"反观"本文化",从而发现文化的一般原理。旅游,通常也被看作人类文化的一部分,其特殊性体现在哪里? 与人类其他生活事项的不同之处是什么? 文化是旅游人类学关注的内容,旅游人类学先天地携带着文化人类学的烙印,所以,旅游人类学具有文化人类学子学科的特点。

总的来看,文化人类学研究的范畴很广,关注议题很多,而旅游人类学更多地围绕"旅游"而展开。旅游者与田野中的人类学者在形式上有类似的地方,都是外出对他文化进行观察、游览,但他们的目的不同,所获得的体验也自然不同。旅游者更关注对生活本身的体验,人类学者更重视对自身工作的实现。在研究方法上,旅游人类学与文化人类学也具有同一性,都是跨文化研究与整体性研究,不过旅游人类学研究者身份要更多样,可以在旅游者、调查者、体验者甚至相关身份之间发生转换,而文化人类学者身份遮盖了其作为旅游者的身份。

1.3.2　旅游人类学与旅游社会学

旅游人类学与旅游社会学之间关系模糊,甚至很难分清。事实上文化人类学与社会学两者本身就有着很多天然的联系而无法割裂,文化人类学在英国等国家和地区就被称为社会文化人类学。旅游人类学与旅游社会学的这种相似性、交叉性的特殊关系具体透过人类学与社会学的关系主要表现在以下几方面。

第一,人类学与社会学的有机联系与后天积累。社会学是以研究人类社会为根本原则,而人类的社会现象亦即文化现象;文化人类学是研究人及其文化的学科,这种文化也包括人类社会及其一般原则。除此之外,两者的研究方法和技术技巧也有相同之处,如问卷调查、数据统计等。其次,人类学在中国的发展一直都与社会学形影相随,甚至是"社会学、人类学、民族学完全可以三科并举、互相交叉、各得其所、共同发展"的局面。再有,受到理论提出者学科背景的影响,如麦康纳尔就曾受到地理学、社会学和人类学的训练。所以,两门学科都热衷于旅游领域的研究。

第二,对"人"与"社会角色"的"主体性"关照。主客关系、旅游者、性别研究都是人类学与社会学关注的对象。不同的是,文化人类学中关注的是对"人"的研究,社会学强调的是作为一种社会角色的"人"的身份与行为。现在,旅游人类学已开始对"主客关系"提出质疑,如对导游研究的缺场等,其原因就是导游群体的身份特质、形象的异化和旅游人类学学科发展的羸弱。但是,旅游现象的最终形成还与其他社会行动者有关,如旅游地居民、旅游开发者和旅游地团体三者之间分别存在着交换、依赖、合作三种经济关系形态,所以"旅游场域"的概念可以解读所卷入的各种"人"(社会角色)的复杂关系。

第三,研究对象的同一性与理论来源的交叉性。对"旅游"这一社会现象的关注应是造成学科模糊的最大原因,对旅游的理解差异形成了不同的研究内容和特色。如游客与东道主的关系和跨文化研究最先是人类学家关注之后逐渐引起了社会学家的兴趣和重视。其次,旅游人类学中有很多理论原本就出自社会学或者有很强的相似性,如旅游的影响研究不仅涉及目的地社区民族文化,也关系到社区治理等社会文化问题。

综上,对旅游人类学与旅游社会学的界限划分是非常困难的一件事,这反而体现出旅游人类学的跨学科特点,且越来越突出,甚至需要旅游学、管理学与经济学等相关学科的介入与互补,才能更深入地揭示旅游这一复杂现象的特点与规律。

1.3.3 旅游人类学与旅游学

旅游学是将旅游作为一种综合的社会现象看待,以其所涉及诸要素的有机整体为依托,以旅游者活动和旅游产业活动在旅游运作过程中的内在矛盾为核心对象,全面研究旅游的本质属性、运行关系、内外条件、社会影响和发生发展规律的新兴学科。旅游学的研究主要围绕旅游三要素即旅游者(旅游主体)、旅游资源(旅游客体)、旅游业(旅游媒介)为研究对象展开,现在更关注旅游作为旅游现象及旅游系统的研究。旅游研究需要整合式研究,不仅整合相关学科的知识体系,整合与旅游现象联系密切的各利益相关者,更要整合旅游背后文化的"意义之网"。将跨文化比较的方法应用于对旅游社区、旅游者和旅游中介的研究中,通过对比分析研究案例的第一手资料,归纳出旅游的一般特征,如旅游的动机、旅游对文化变迁的影响及其他旅游活动的普同性特征,这些普适性研究将有利于目的地社区旅游业的发展,有利于旅游开发的顺利进行,有利于对游客出行的预测,有利于提升旅游服务业的质量。

旅游学研究具有很强的系统性、综合性、交叉性、实践性特点,所以与相关学科的关系非常密切。旅游人类学的研究离不开旅游学的理论背景,需要掌握旅游者、游客的规定性定义,熟悉不同国家和地区旅游发展模式,了解旅游中各种社会角色及其行为,尤其是对政府、企业等行为主体的角色分析等都对旅游人类学研究大有裨益,而且,跨文化视角的研究也有助于对旅游从业人员、旅游管理者提供有关决策的参考和有利意见。

1.4　旅游人类学的研究内容与研究方法

1.4.1　旅游人类学的研究内容

20 世纪 70 年代,当时西方旅游人类学的理论框架已具雏形并出现了格雷本(Nelson Graburn)、史密斯(Valene L. Smith)、麦康纳尔(MacCannell)、纳什(Dennison Nash)和科恩(Erik Cohen)等为代表的研究群体,且学术影响较大。早期,西方旅游人类学主要是从目的地社会、游客和客源地社会三个不同的视角来进行研究[1];或者主要研究旅游业带来的各种社会文化现象的发生、发展和变化,其重点体现在两个方面:一是研究旅游者及旅游活动;二是研究旅游业的出现给东道国地区带来的社会、经济及文化的影响。后者还包括对主体和客体之间互动关系的研究,[2]其研究范围大体离不开旅游和旅游者、民族旅游、旅游开发的真实性与商品化、旅游与文化变迁的互动。[3]

21 世纪以来,旅游人类学的研究内容不断拓展,涉及旅游本质、旅游活动类型,与旅游有关的饮食、建筑、宗教、歌舞、艺术、节日、纪念品等文化事象,以及旅游中的遗产、景观、博物馆、朝圣、认同、真实性、表演、凝视、移民、性别等议题。旅游人类学已经越来越关注旅游作为个人和社会转型的来源,族际互动和交流,物质的和非物质的,经济的和政治的,流动性,身份形成和(自我)表征以及意义的构建。

除上述内容之外,它还包括三个相关应用主题:①旅游的符号学研究。它涉及与旅游实践相关的图像和象征性用具,例如对诸如明信片、小册子、指南和纪念品等物体所进行的研究,以及关于博物馆与旅游的话题,对地方的历史、文化记忆及身份之间关系的关注。②旅游的政治—经济问题研究。如旅游业错综复杂的正式和非正式的经济和政治关系网,以及更广泛的国家及区域、全球与地方以及国际政治和经济结构的方式。③旅游和发展之间的关系研究。[4]早期的旅游业给旅游供给者带来了可观的收益,对目的地旅游经济发展做出了重要贡献。现实问题也浮出水面:旅游对农业和渔业的影响,旅游与传统农村工业的关系,旅游和艺术在城市更新中的作用等[5]。

① 宗晓莲.西方旅游人类学研究综述[J].民族研究,2001(3):85-94.
② 张晓萍.旅游人类学在美国[J].思想战线,2001(2):65-68.
③ 光映炯.旅游人类学再认识——兼论旅游人类学现状[J].思想战线,2002(6):43-47.
④ Donald Macleod, Tom Selwyn. The Scope of the Anthropology of Tourism: A Response to Tom Selwyn, A. T. [J]. Anthropology Today,2002,18(2):27.
⑤ Bosnia-Hercegovina, Tom Selwyn. Tourists, Anthropologists[J]. Anthropology Today,2001,17(5):1-2.

格雷本曾提出过旅游人类学研究的主要议题:旅游与殖民和怀旧,旅游与真实性,旅游与符号和结构,旅游与仪式和宗教,旅游与商品化和全球化,旅游与遗产,旅游与景观等。教材《旅游人类学》(张晓萍、光映炯、郑向春主编,中国人民大学出版社,2017)是从旅游与人类学理论的基础关系出发介绍旅游人类学的基本议题,重点介绍了旅游与文化"主—客"关系、旅游与仪式、旅游与族群、旅游与真实性、旅游与艺术、旅游与遗产、旅游与博物馆等议题。本书的写作框架则主要基于以下考虑:一是从研究对象的完整性角度出发构建起旅游人类学的内容体系;二是从学科构成的角度出发重视旅游人类学的前沿理论和方法研究。

1.4.2　旅游人类学的研究方法

旅游人类学的研究方法,包括与文化人类学研究的共性的方法,以及作为旅游人类学研究的特殊性方法。

1)研究方法论

（1）跨学科的研究视野

旅游人类学呈现出来的多学科交叉特点,要求有多学科视角的理论,如社会学、经济学、生态学、地理学、宗教学、民族学、民俗学、管理学等领域。社会学中的场域理论已在旅游研究中被广泛应用,旅游场域是分析旅游领域"政府—企业—社区"的重要工具;地理学中地方、空间的研究现在已延伸到很广的领域,在研究旅游目的地文化时有相应研究;民俗学中的民间建筑、民俗文化、风俗习惯对旅游研究中的民宿研究也有重要价值。

（2）文献研究法和田野调查法并重

对文化与旅游的研究应重视文献研究法和田野调查研究。静态的文献资料可以:第一,发掘现象背后所反映的社会文化背景;第二,通过收集得到的历史资料和统计数据了解案例点的旅游发展现状;第三,将资料在历时研究的基础上进行共时对比分析。动态的田野调查则是对当下旅游与文化的现状把握,参与观察可以使调查者直接进入被调查对象的日常生活,使调查者进行较为深入的主位研究,了解到社区的特定文化生活。深入访谈涉及人的主观世界,可通过深入交流聆听被调查者的表述,同时对某些问题进行深入分析和研究。

此外,研究中要注意历时与共时的"时空"特点。历时研究和共时研究是互为一体的,历时研究有助于了解文化与旅游的历史,共时研究则可在对比的基础加深对事物发展规律和特征认识和了解。历时研究即纵向研究,就是研究案例地的历史沿革、社会文化、文化变迁、旅游开发及发展演变;共时研究主要是横向比较,是区域空间的文化差异等,在"时+空"的研究基础上形成对文化的整体研究与对旅游现象的系统分析与综合研究。

2)主要研究方法

（1）跨文化研究

跨文化研究(Cross-cultural studies),是人类学与社会学、心理学、经济学、政治学等领域中的一项专门建立在田野调查基础上的比较研究法。它通过对资料的比较分析,验证假设,来反观人类的行为与文化,分析比较人类行为的共同性及文化的差异性并试图发现某种规律或通则。

事实上,跨文化研究从 19 世纪末就已展开,它是随着社会学和人类学的兴起而出现的。爱德华·泰勒和刘易斯·摩根等人类学家收集研究多个文化资料,探究人类社会文化模式及其演化。20 世纪 30 年代起,乔治·默多克等学者采用民族志的方法对人类 600 多个文化进行大规模的调查研究,积累了卷帙浩繁的跨文化资料,为以后广泛开展的跨文化研究打下了基础。其《社会结构》可以认为是 20 世纪在全球范围内进行社会文化比较研究的经典之作。1945 年,人类学家许烺光的重要著作《宗族、种姓与社团》《中国人与美国人》等也是文明社会比较研究的佳作。还有,法国人类学家列维·斯特劳斯在《忧郁的热带》中对异文化所进行的观察和研究,也强调旅游过程中的文化交流来透视社会。20 世纪 90 年代以来,随着全球化的加速,跨文化研究进入新阶段。全球化突显了文化宗教差异、文化交流和文化互动对人类社会发展的意义,推动学者们开辟跨文化研究的新领域,大众旅游时代表现出包括游客与东道主在内的不同文化因子携带者的文化交流与社会互动,使得旅游人类学的研究具有更广阔的发展空间和发展潜力。

(2)整体性研究

人类学研究中的整体观,是指人类学家不论研究什么问题,都要意识到他所研究的对象只是从属于一个包括价值观、信仰、生活态度、风俗习惯等所有社会文化现象的文化系统中的一个小部分。研究对象不能从整个系统中割裂开来进行分析,进行孤立地理解,而是要进行文化系统性的思考与研究,也就是说,只有全面了解各个要素之间的相互关系之后才能看清个别要素的意义。很多案例显示,旅游业是一个关联度极高的综合性产业和社会文化事业。旅游服务任何一个环节的短缺,都会直接制约旅游服务链的良性发展。旅游业离不开相关行业和部门的支撑,离不开社会经济、政治、文化和生态等方面的扎实基础。如泰国旅游业虽然已成为泰国国民经济的重要支柱与外汇收入的主要来源,但 2018 年泰国普吉岛海滩事件也暴露出旅游基础设施、管理服务与安全管理方面的短板问题等。

(3)田野调查

田野调查是文化人类学研究的首要方法和重要途径,田野工作强调对地方族群日常生活的记录、整理。马林诺夫斯基强调从"书斋"走到"田野"中去,其经验性调查的特征通常是:①学会当地的语言,最直接地获取一手资料。②不少于一个年度周期的居住时间以了解社区(特别是农业社会)整年的生计方式、岁时节庆、仪式等文化全貌。③采用参与观察的方法,身兼主位和客位两种身份视角。④田野调查,后人类学者需要对材料进行编辑并加入理论分析,其文本称为民族志。田野调查以参与观察与深入访谈为主要内容,兼及问卷调查、数据统计、图片、录音、录像、网络及新媒体等具体的调查方式。

(4)旅游民族志

旅游民族志与传统的民族志相比既具有共性又具有个性。共性上说,两者都是使用参与观察的方法,与研究对象同吃、同住、同劳动,观察并记录研究对象的文化事项、风俗习惯、生活方式等。使用传统的人类学方法可以研究目的地社区的居民,那么如何研究移动性的游客? 因为游客可能只在目的地社区停留较短的时间,很难对其进行深入而长期的参与观察。而游客又来自于不同的社区,如何跟踪调查游客回到常居地的生活? 因此,旅游民族志的书写因游客的移动性又要有所变化和创新,有时可借用电话、邮件、网络和新媒体等手段,但旅游人类学者的高度参与观察始终作为其最基本的操作原则。

本章参考阅读与学习材料:

[1] Linda L Lowry. The SAGE International Encyclopedia of Travel and tourism[M]. SAGE Publications,2017.

[2] Theron A Nunez Jr. Tourism. Tradition, and Acculturation:Weekendismo in a Mexican Village[J]. Ethnology, 1963,2(3):347-352.

[3] Nelson Graburn. The Anthropology of Tourism[J]. Annals of Tourism Research, 1983, (10):9-33.

[4] Davydd J Greenwood. Tourism as an Agent of Change:A Spanish Basque Case[J]. Ethnology, 1972,11(1):80-91.

[5] Dennison Nash, Valene L. Smith. Anthropology and Tourism [J]. Annals of tourism research,1991,18:12-25.

[6] Noel B Salaza. Anthropologies of Tourism:What's in a Name?:World Anthropologies[J]. American Anthropologist,2017,119(4):723-725.

[7] Jonathan Benthall. The Anthropology of Tourism[J]. Anthropology Today,1988,4(3):20-22.

[8] Amanda Stronz. Anthropology of Tourism:Forging New Ground for Ecotourism and Other Alternatives[J]. Annual Review of Anthropology,2001,30:261-283.

[9] Donald Macleod, Tom Selwyn. The Scope of the Anthropology of Tourism:A Response to Tom Selwyn[J]. Anthropology Today,2002,18(2):27.

[10] Bosnia-Hercegovina, Tom Selwyn. Tourists, Anthropologists [J]. Anthropology Today, 2001,17(5):1-2.

[11] Margaret Byrne Swain. Coping with the Anthropology of Tourism[J]. American Anthropologist,1997,99(1):162-164.

[12] Frederick Errington, Deborah Gewertz. Tourism and Anthropology in a Post-Modern World [J]. Oceania, 1989,60(1):37-54.

[13] Roy Buck. On Tourism as an Anthropological Subject[J]. Current Anthropology,1982,23 (3):326-327.

[14] 张晓萍,光映炯,郑向春. 旅游人类学[M]. 北京:中国人民大学出版社,2017.

【思考题】

1. 简要阐述国外旅游人类学发展的"三次浪潮"和中国旅游人类学的发展历程。

2. 旅游人类学的研究领域主要体现在哪些方面？

3. 旅游人类学的研究内容主要包括什么？主要有哪些研究方法？旅游人类学的田野调查法有何特殊性？

4. 旅游人类学的理论价值及实践意义是什么？

5. 旅游人类学与旅游社会学的关系及差异如何理解？旅游人类学与旅游管理学之间的关系及影响体现在哪些方面？

第2章
旅游人类学的体系

【学习目标】

通过学习本章,学生能够对旅游人类学研究体系、框架、内容,以及主要的旅游活动类型有更深入的认知与了解。

理解:旅游与语言、考古、身体、文化的关系与互动

熟悉:语言旅游、旅游语言、考古旅游、文化旅游、旅游文化、旅游与身体、文化冲击、文化距离、跨文化互动

掌握:语言旅游、旅游语言、考古旅游、文化旅游、旅游文化、文化冲击、文化距离、跨文化互动

【关键术语】

语言旅游,旅游语言,文化位势,考古旅游,遗产旅游,博物馆旅游,具身性,文化旅游,旅游文化,文化冲击,文化距离,跨文化互动

【开篇导读】

旅游人类学研究的本土化问题及其在中国的实践

张晓萍:旅游人类学在中国的实践是当下探讨较多的问题。旅游人类学自从20世纪90年代被引进中国之后,在20多年的时间里,有关中国旅游人类学的研究发展迅速,研究队伍不断壮大,研究内容呈现多元化,产生了许多学术论著,召开过多次学术研讨会,对旅游研究和旅游业的健康发展已产生了积极的影响。我们欣喜地看到,许多年轻的旅游人类学研究者在认识和接受了这一新兴学科以后,大胆地结合中国的实际,提出了许多新的理论观点和反思,而且很有价值。虽然有些观点还不太成熟,而且仁者见仁,智者见智,但这种"百花齐放,百家争鸣"的学术现象,对中国旅游人类学的研究无疑起到了极大的推动作用。但我们认为,目前的研究还存在以下一些问题:①结合中国旅游业发展的旅游人类学理论研究尚未形成体系,只是就某个问题而研究某个问题,尚未能进行高度的理论概括和总结。②对旅游人类学的研究大多还停留在20世纪的研究水平,对当今国外的发展、研究新动态了解不够,理论创新的突破点也不多。③中国的旅游发展有自己的特点,由于社会历史和文化等的不

同,西方的有些研究未必适应中国的国情,我们必须结合中国的特点来加强本土化的研究。④随着旅游业的发展,一些以前未曾出现过的问题将随之出现。作为旅游人类学研究的工作者,要善于观察、发现和探索这些问题,以便进行及时和深入的研究,找出解决问题的有效办法。

张鹂:本土化可以说是在当今全球化背景下研究任何社会文化现象必须面对的一个重要话题,对旅游的研究也不例外。进入21世纪后,信息、人群、知识、科学技术、资本等都在以很快的速度流动,跨越国界及区域。当今我们已经很难找到一个没有受到外来文化影响的地方。但我们也必须意识到,全球化是一个不平衡的双向的过程,某些国家和区域(如欧美)具有主导性的地位,其文化实践、生活方式、科技方法及价值观广泛地和快速地向别的地方(如发展中国家)渗透,在这种趋势下,全球化在一些人眼中成为"西化"(Westernization)或"美国化"(Americanization)的代名词。但我认为,这种看法是不全面的,因为全球化的同时还存在着另一个不可忽视的过程,即本土化。本土化不仅仅意味着对外来的东西进行改造以适应当地的社会文化需要,同时也意味着对占据主导地位的文化实践的挑战和改造。只有这样,全球化才能成为真正意义上的双向或多向交流过程(dialogic process),而不是文化霸权的进一步扩张。在这一方面,我认为,中国具有独特的地位去参与并主导全球旅游人类学的本土化历程。

格雷本:实际上,在当今社会,任何研究都涉及本土化的问题。如人类学家在全球化的今天研究麦当劳化、迪士尼化,但细细想想,在世界各个地方他们的研究都涉及如何做好本土化的改造这一核心问题。旅游人类学的研究也面临同样的问题。当旅游人类学进入中国后,所开展的研究一定要结合中国本土的问题来进行,这是因为不同的国家有着不同的文化及经济背景。所以,人类学的研究既有普适性,也有具体性。西方人类学的一些观点或理论可以运用到中国的旅游研究当中,但并不是所有都适合中国的国情。

这次香格里拉会议上,我从以下8个方面总结了中国旅游人类学的发展历程。这8个方面的内容分别是:

①旅游和怀旧。这一话题最初由罗萨尔多(Renato Rosaldo)在其著名的《帝国的怀旧》中提出,主要针对美国人对其前殖民地的菲律宾人的态度。这个话题不仅可以应用在不同国家和地区之间,也同样可以应用在旅游研究上,意指在旅游活动中,来自中心地区的人对少数民族的操控权。

张晓萍:这个话题自从20世纪60年代被学者提出来后就得到像纳尔逊·格雷本教授和丹尼森·纳什(Dannision Nash)等一些学者的探讨。虽然几十年过去了,但这些问题仍然值得探讨,因为这些问题涉及旅游业开发对东道地的社会、经济文化及生态等方面的影响,还涉及当今在中国开展得如火如荼的遗产旅游。

格雷本:②旅游和真实性。这一话题的研究从麦康纳尔"舞台真实性"理论提出以来,一直是旅游人类学界讨论的话题之一。中国学者在对中国的旅游研究特别是少数民族旅游研究中,真实性问题也一直是他们的关注焦点。这类研究主要有两种,一种是总结和归纳西方的真实性理论,另一种是应用真实性理论分析中国的旅游现象。

张鹂:关于旅游和真实性的问题,从旅游人类学发展至今一直被不断广泛地热烈讨论是有其深刻原因的,因为它涉及旅游产品的开发和旅游者的体验。在中国也同样如此。例如民族旅游的开发和遗产旅游的开发都赋予了传统文化真实性许多新的内涵。真实性的探讨将是一个永恒的主题。

格雷本:③旅游、符号和结构。旅游、符号和结构在美国人类学领域是一个核心话题,在分析少数民族旅游中尤其重要。彭兆荣在《现代旅游中的符号经济》一文中揭示了旅游景观的符号价值,讨论了符号如何在旅游中吸引游客的注意力,并论述了社会符号和旅游的互动关系。《文化符号的建构与解读——关于哈尼族民俗旅游开发的人类学考察》以哈尼族菁口村为例,分析了民族传统文化符号商品化、神圣文化符号娱乐化的过程,指出只有让当地人参与符号制定,才能消解在旅游活动中不同符号间的文化冲突。

④旅游、仪式与宗教。旅游、仪式与宗教的研究在社会主义中国是一个特殊的问题。有些学者赞同西方旅游人类学中提出的旅游等同于或类似于一种仪式或宗教的观点。同时也有很多是在旅游框架下进行少数民族仪式研究的优秀研究成果。如仪式被作为一种符号在舞台上进行展演,这样的做法引起了学者的关注。

⑤旅游、商品化和全球化。少数民族文化商品化是否会使民族文化内涵消失一直是学术界争论的焦点之一,很多学者从个案研究出发,论证了旅游开发对少数民族文化的负面影响。但是,也有部分学者提出文化商品化是少数民族参与全球商品经济后的自然过程,并不损害文化核心价值,特别对商品经济相对不发达的少数民族地区,积极影响大于消极影响。

张晓萍:旅游带来的文化商品化问题在现在的中国已发生了变化。许多研究表明,合理的商品化会给旅游带来经济和文化上的利益。旅游文化产业在中国蓬勃发展,使传统的商品化概念在全球化的今天重新得到了审视。以格雷本教授为代表的一批西方人类学家提出了对"活态文化"(living culture)进行保护的呼吁,并认为应该给予那些文化传承人以精神和物质上的保护,因为他们才是这些文化的真正拥有者。近年来,中国对遗产,特别是非物质文化遗产方面的保护与旅游开发的关系越来越关注,因为这些珍贵的"非物质文化遗产"由于其"活态性"和"真实性、完整性"而受到旅游者的青睐。

格雷本:⑥旅游和遗产。如何在旅游开发和遗产保护中找到一条智慧的道路是中国目前在遗产旅游开发中的一个重要命题。

⑦旅游和性别研究。旅游和性别历来有着联系。旅游业的发展给传统社会中的女性赋予了新的角色,少数民族妇女参与旅游业互动发展,对经济、文化、社会等方面都起到了一定的影响。这在中国的旅游业中得到了充分体现。

⑧旅游和景观。景观研究进入旅游人类学领域开始于21世纪初,如《基于文化景观的利益主体经济互动——荆州的旅游人类学实证研究》,作者运用田野调查方法,以旅游人类学为切入点,以文化景观为中介,论述了旅游系统中不同利益主体在旅游活动中的矛盾。

张晓萍:景观分为自然景观和文化景观。从地理学和社会文化学的角度对此进行探讨,具有很好的理论意义和实践价值。这其中涉及旅游开发背景下的"人造景观"是值得探讨的一个问题。如云南楚雄的"彝人古镇",就是在旅游开发大潮下催生出来的现代"古镇"。

格雷本:通过以上对话,我们可以得出以下结论:其一,早期的人类学可以说是狭义的人类学,即局限于人类学自身的方法和理论。而现在的人类学已发展为一个广义的、跨学科的学科。所以,随着时代的发展出现了许多新的次学科,如经济人类学、医学人类学、城市人类学、心理人类学等,主要原因是这些学科都要和其他学科交叉渗透。其二,人类学家还应有自己的特点,那就是他们不仅仅只是关注一个地方的研究,而且还要研究其他的东西。如除了研究旅游者的旅游目的外,还要研究旅游者在旅游中的主体体验以及旅游后的感受等,这样才能体现出旅游人类学介入旅游研究的意义和作用。其三,谈论旅游人类学的学科属性毫无意义。一味地谈论学科归属的目的是维护各自的学科,这样的做法是短浅和狭隘的。但既然是研究旅游人类学,研究者也要具备一定的人类学基础知识和理论。其四,在研究方法上,人类学的研究更强调"定性"研究(qualitative),而不是"定量"(quantitative)研究。但在具体的旅游研究当中,这两者是可以互补的。其五,人类学和旅游学之间不应该对立,而应该融合和互补,这对人类学的发展和旅游学的发展具有重要的意义和广阔的前景。

张鹂:另外,本土化的问题已成为一个全球性的话题。任何理论框架只有通过本土化去运用,其成果才会对一个社会具有实践意义和运用价值。然而,如何做好本土化的研究并不容易,这是一个值得进一步探索的课题。同时,我们必须把实证研究的资料进行高度总结,并从理论上进行探索和阐述,实证研究才具有理论价值,研究结果才越深刻。旅游人类学自20世纪60年代出现以来,各种案例研究已充分说明,只有把跨学科理论与具体田野调查结合,才能创造出历时不衰、具有真正价值的成果。最富有创造性的研究和卓见往往是在跨学科的过程中产生!

张晓萍:中国是一个旅游大国,同时又是一个有着五千年文明历史的古国。在全球化背景下研究旅游与社会文化关系的问题,涉及传统与现代化的问题,涉及社会与文化变迁的问题。所以,用旅游人类学的视角研究中国旅游业的发展,是中国旅游人类学家现在以及将来的重要任务。这对我国旅游业的可持续发展,不断开创旅游业新的局面,都具有重要的指导意义。现在中国已有越来越多的大专院校开设了"旅游人类学"课程,有的开在人类学系,有的开在旅游系。我认为,作为大学的旅游专业,开设这门课是非常重要的。人类学介入旅游学已成为必然。

摘引自:张晓萍,Nelson Graburn,张鹂. 旅游与人类学及其在中国的实践——来自中外学者的对话
[J]. 旅游学刊,2012(1):11-16.

2.1 旅游与语言

旅游是一种跨文化的交流,首先体现在游客与东道主在语言上的交流与沟通。旅游中的语言对旅游者的异地异文化旅游体验有着直接的影响作用,สวัสดี(萨瓦迪卡)、Aloha(阿罗哈)等问候语是旅游者与当地东道主见面时的问候语,也是旅游目的地好客文化的体现。但是,"旅游与语言"的议题所引起的关注极少,近年来随着国际旅游(international tourism)的兴盛才逐渐得到重视与研究。

2.1.1　旅游与语言的关系

语言是文化的载体,与社会文化的各个方面都有联系,从社会语言学的角度而言,旅游中的语言具有一定的特殊性。

1）旅游中的语言是语言表达中的一种变异现象

语言是否在社会某一活动领域中产生变体,取决于这一社会活动是否产生最能体现本活动特色的语言表达。旅游场景下的语言影响着旅游行业的语言特色,现代旅游中出现的"星级""单飞""双飞""全陪""地陪""民宿"等,特别是"星级"一词已经成为旅游服务行业的标准词,如星级游船、星级民宿等,旅游活动是表现语言分化,扩展语言表达功能的一个新领域。

2）语言表达方式在旅游活动中的运用具有全方位性

旅游活动中的语言表达形式包括自然语言与非自然语言两大类,像旅游指南、旅游口号、旅游标识中的语言与符号;包括口头语言与肢体语言,如广泛使用的问候语、微笑服务语言以及旅游中不同工作人员的特定服务用语与态势语。

旅游中的语景复杂多变,根据不同场景、对象、话题等表现出旅游语言的多样性;而且,旅游语境中的语言具有高度精练的文化表达功能,像旅游宣传口号总能在言简意赅的词语中就显现出语言对旅游目的地的形象表达。谷建军(1997)认为旅游中的语言表达形成了一种特殊语体:"书语",以书面语为基础而形成的口头文学语言形式,介于书面语与口语之间的适应旅游场景的一种特殊语体。书语在语言表达上既有口语的自然、亲切,又有书面语的典雅规范,从当下语体类型的角度来看可以被称为"旅游书语"。

3）旅游与语言之间的互动影响

旅游开发对目的地语言文化影响的关注和研究始于 20 世纪 70 年代,研究主要包括两大类,一是旅游对语言变迁的影响,二是从旅游者与目的地居民在语言交流中所体现的权力关系。当然,旅游对语言的影响、旅游目的地语言变迁的研究仍占了大多数。

1974 年,怀特(White)从语言变迁的角度研究旅游发展与社会变化之间的关系,认为旅游可以通过经济发展、示范效应以及直接的社会接触导致语言的变化。布鲁姆和巴特勒(Brougham,Buttler,1981)指出旅游是导致斯凯岛当地盖尔语使用减少的一个主要原因[①]。艾瑞克·科恩和罗伯特·库珀(Erik Cohen,Robert Cooper,1986)通过对不同旅游情境中不同语言群体的旅游角色类型进行了语言接触及语言交流的分析,认为旅游者与当地居民的语言的关系是一种权势关系的反映,处于低位势的居民往往会学习旅游者所持语言。丹恩(G. Dann,1996)认为旅游语言是旅游话语的一部分,旅游话语可从社会语言学的角度反映

---

① Linda L Lowry. The SAGE International Encyclopedia of Travel and Tourism[M]. Thousand Oaks：SAGE Publications Inc,2017.

在真实性、陌生感、游戏和冲突的四个方面。在国内,戴凡、保继刚(1996)早就注意到旅游开发对目的地语言变化产生的影响,指出正是由于旅游的发展促使当地人产生了强烈的学英语的愿望。宗晓莲(2004)研究了旅游发展对云南丽江纳西语的变迁以及当地人对英语、汉语以及纳西态度的变化。徐致云、陆林(2007)指出外国旅游者的需求对目的地旅游语言的使用产生了影响。潘秋玲(2005)从文化地理学的角度,就旅游开发对目的地语言文化景观的影响效应进行了综合分析等。王永娟(2010)以云南大理古城为例就旅游目的地居民语言变化对旅游发展的影响进行了研究等。

当然,旅游是一把"双刃剑",旅游业发展对旅游目的地居民的语言会产生负面影响,使其消失;同时,对当地人语言的使用也有利于对语言文化的保护。当地人可以有目的地为当地濒危语言的发展创造更好的机会,可以利用旅游环境来支持弱势和濒危语言的发展和复兴,而且使用本土语言的过程体现了当地族群与地方社区及文化、地方生活实践的密切关系,游客则希望能接触当地的语言了解当地的文化,也更容易理解当地文化以及当地人作为发言者的深刻意义①。与作为交流手段的语言不同,游客将语言表达作为地方感知与旅游体验的方式,而目的地社区的语言被作为自我认同和社区文化的确证。

2.1.2　旅游中的语言

1)旅游语言(the Language of Tourism)

旅游语言,是从一个地方到另一个地方的旅游移动中发生在旅游前、旅游中和旅游后的不同境遇下的一种话语。②旅游前的旅游语言包括出国前学习国外基本词汇的语言准备;旅游中的旅游语言主要是旅游场景中发生的旅游者与东道主、旅游从业人员等不同旅游角色所进行的语言交流;旅游后的旅游语言如旅游日记等。

旅游语言的功能包括交际、信息、教育、宣传和创意。交际功能反映了旅游活动的跨文化特点,是游客与不同人群交流的工具;信息功能反映了旅游景点信息的数据与传播;教育功能反映了与他者的语言交流获得,以及对文化自信的增进;宣传功能主要与旅游促销、旅游宣传有关;创意功能与语言认同有关,它有助于通过不同的语言表达来表现塑造特定的身份。

旅游语言的类型包括书面式的旅游语言和口语式的旅游语言。书面式的旅游语言如旅游网站、旅游宣传手册、旅游杂志等;口语式的旅游语言如旅游者的讲述、电视、广播的采访节目。旅游语言也可依旅游类型分为生态旅游语言、文化遗产旅游语言、健康旅游语言、商务旅游语言等。当然,旅游语言在不断发展变化,现代技术发展在其中起着重要作用。

广义地说,旅游语言是旅游发展中使用的语言,包括旅游宣传语、旅游标识语、旅游讲解

---

① Kelly Whitney-Squire, Pamela Wright, Jason (Gaagwiis) Alsop. Improving Indigenous Local Language Opportunities in Community-based Tourism Initiatives in Haida Gwaii (British Columbia, Canada)[J]. Journal of Sustainable Tourism, 2018,26 (2):173-191.

② Linda L Lowry. The SAGE International Encyclopedia of Travel and Tourism[M]. Thousand Oaks:SAGE Publications Inc,2017.

语,以及具体旅游过程中使用的交流语言(陈丽君,2012)。旅游语言以旅游者的语言为主,而目的地社区语言的本土化意识减弱会带来的直接后果就是,目的地语言种类减少甚至面临灭亡。另一方面,旅游语言的"同质化"使旅游者找不到体验异地的新鲜感,所以方言在旅游语言本土化过程中有着特殊地位和作用,如美国夏威夷语中的 aloha(音"阿罗哈"。你好、再见,爱你的意思)、mahalo(谢谢的意思)、waikiki(泼水、水花的意思)、ala monoa(有通向大海的道路之意)等,尤其是"Aloha"及其文化在旅游场景中的使用大大增强了游客对旅游目的地的文化体验。

旅游语言的特点,简单明了且充满说服力和诱惑力。一般而言,旅游语言能详细描绘潜在旅游目的地的魅力,并试图说服、吸引、鼓励和引诱潜在的游客成为真正的游客。对旅游解说语言的研究(王美兰,2013),对旅游口号的语言应用分析(余足云,2006),对旅游广告标题的语言研究(王亚楠,2012),以及对旅游网站的语言使用,对旅游促销中的语言规划研究等都是重要的课题,这类研究对于提升旅游目的地形象与旅游吸引力有重要作用。此外,旅游语言与旅游翻译和旅游英语也有关系,这涉及到"第二外语"在旅游场景中的使用等相关问题。

2)旅游者语言

从旅游实践来看,跨语言交流、跨文化交流中的语言有着特定的交流方式,语言的不同甚至会成为跨文化交流的重要障碍。艾瑞克·科恩和罗伯特·库珀(2004)从东道主与游客所处的不同情景提出了东道主与游客的交流语言大概有三种:外语会话(Foreign talk,FT)、游客会话(Tourist talk,TT)及东道主会话(Host talk,HT),两类语言:游客语言(Tourist language,TL)与东道主语言(Host language,HL)。外语会话(FT)包括当地人与服务员、移民及移居者的谈话,这类谈话可能含有比普通白话更复杂的特征,但通常是以较简化的形式进行,也可能有独特的语调轮廓,并且比正常情况下的话语更缓慢和更清晰。从跨文化交际的视角出发,由于不同语言携带者的位势差异而形成了不同的语言交流特点。旅游情景中的"文化位势"是不对称的,通常是外国人处于较高的位势,所以旅游者有时被赋予了较高位势。也有另一种情况,有较高位势的当地人通常会与较低位势的外国人使用东道主语言(HL);或者,在后者的较低位势情况下,当地人又以游客语言(TL)来谈论更高位势的话语。

除了位势差异之外,旅游情境的几种情况有助于解释旅游情境中常见的语言逆转。第一种情况,旅游者是临时访客,他们对东道国社会的了解通常是肤浅的,与当地人的接触也是短暂的;第二种情况,旅游者是休闲旅行者,而不是到东道主地区去工作的,旅游活动常常有"商业化"的热情好客的现象,当游客与目的地社区的旅游服务从业人员之间存在经济性交往时,因暂时的位势情景、经济利益差异而会出现不同的语言表达转换。

当然,东道主与游客之间的语言互动细节也值得关注,游客越是暴露于陌生的东道主环境中,环境对游客的语言要求就越高;对团队旅游者和散客个体而言,交流的语言又有所不同。情景差异越大,语言差异表现就越明显。艾瑞克·科恩和罗伯特·库珀还对"制度化旅游情景中的语言"(Language in situations of institutionalized tourism)与"非制度化旅游情景中的语言"(Language in situations of noninstitutionalized tourism)两类进行了社会语言学角度的分析,认为游客语言(TL)是大众旅游情境中的主要通用语,大众旅游者通常希望对话者说游客自己的语言,或者是游客能说的语言。

此外,艾瑞克·科恩还引入了"语言经纪"(language brokage)及"语言经纪人"(language broker)的概念。语言经纪人在游客和当地人之间的沟通中扮演着重要角色,大众游客不会直接接触当地人,游客与当地人的互动是由各种双语人士进行协调的,包括了导游、旅游领导、专业人士及其他人等,他们被统称为"语言经纪人"。旅游中的语言经纪现象与语言翻译不同,所产生的作用也不同。在当地人和不同游客当中的语言经纪人有语言调解作用,而语言翻译者会更关注语言的准确性;语言经纪人的语言解释作用只是附带于更多任务中的一部分,因此,导游的作用还包括与当地居民的关系调解,以及对旅游地信息的传播、翻译和解释。

3)旅游文本语言

旅游语言中除了口头的表达与交流外,书面的语言使用也是重要内容。贾戈特卡(Jagotka Strezovska)对旅游手册的文本性进行了分析,他认为旅游手册的功能主要体现了东道主与游客之间的信息交流沟通,反映了两者在语言与文化上的差异。旅游手册的文化转换、语言资源及形态句法都非常独特,旅游目的地的外国游客在语言上是"孤立"的,如果使用客源国游客的语言不仅使游客获得更多信息,还使游客产生宾至如归的感觉,因此,旅游手册等旅游宣传营销物品在语言使用上应采取一种特定的翻译方式而不是直译,以突显旅游语言的特殊功能。[①]亚当(Adam Jaworski, 2012)则以明信片为例对这种具体的书面语言形式进行了深入分析,认为明信片是一种最普遍和最强大的旅游语言类型,具有"语言景观"的特殊意义,可从文字、标题、问候、景观、语言的学习和教学、旅游剧本六个方面来进行分析。"语言景观"(language scape)是旅游消费的主要符号,包括建筑、纪念碑、艺术品、交通方式等多种形式。语言景观具有多种功能,可以命名或索引地点、建筑物、机构、产品等,作为象征性的语言旅游资源可以创造"地方感",并为其生产者和消费者提供地方旅游形象。[②]

随着手机、网络等新通信工具的出现与发展,旅游明信片的使用已越来越少,而多种旅游语言的使用与游客凝视的塑造形成了一种独特的"旅游语言景观"。语言景观具有两种基本功能:信息功能和象征功能。从语言景观的功能出发展开的旅游对语言影响的实证研究,是对旅游的社会文化影响研究的有益补充[③]。

---

①　Jagotka Strezovska. German Language Tourist Information in Macedonia and the Translational Activity[J]. Procedia-Social and Behavioral Sciences, 2012,44:265-272.

②　Adam Jaworski. Linguistic Landscapes on Postcards: Tourist Mediation and the Sociolinguistic Communities of Contact [J]. SOLS, 2012,4(3):569-594.

③　徐红罡,任燕. 旅游对纳西东巴文语言景观的影响[J]. 旅游学刊,2015,30(1):102-110.

4）旅游服务语言

旅游语言还包括旅游专用词汇与旅游服务用语,如礼貌用语"欢迎光临""谢谢""需要帮忙吗"等。此外,旅游服务中游客对母语使用的态度,也会对游客的旅游体验产生影响。在国际旅游环境下,游客的旅游满意度除了受东道主与游客之间的语言交流与沟通的影响外,还受来自不同国家操不同语言的人们之间的语言交流的影响。有学者将文化语言元素整合到酒店的游客评估分析中,在对巴塞罗那酒店的多种语言服务现状调查基础上,认为文化接近度以及语言适应性、态度和期望等丰富了对游客满意度的分析。若文化接近程度较低,会阻碍旅游互动中的跨文化交流;若文化接近程度较高,特别东道主与游客的语言相近,游客满意度往往会更高。[①]所以,语言在旅游交往中至关重要,如果游客语言被接受的话,能为旅游业发展和旅游体验产生有利影响,这再次体现了旅游语言研究的特殊意义。

2.1.3 语言旅游(Language Tourism)

1）语言旅游的定义及动机

语言,是一种可以被开发利用的重要旅游资源(陈丽君,胡范铸,2010),语言旅游已逐渐成为一种受关注的旅游活动。20 世纪 70 年代以来,虽然语言旅游很少引起学界的关注,但语言旅游市场是存在的,且近年已发生了重大变化。

语言旅游是旅游者(或教育旅游者)为了学习语言前往异地进行不超过一年的旅游活动(Iglesias,2014)。伯金与威索认为,语言旅游被定义为一种海外留学经历,其中包括提高语言学习过程及文化旅游活动(Bergin,1992;Wissot,1970)。由于语言旅游总是与语言学习和教育联系在一起,也常被看做是"教育旅游"的一种。语言旅游中还包括大量关于美食、宗教、博物馆和戏剧的文化活动,所以,语言旅游又是文化旅游中的一种(Castillo,2017)。随着外语教学和学习方法的不断创新,语言教学与语言旅游已成为一个发展很快的领域(Kalantzis & Cope,2016;Richards,2002)。

语言旅游是围绕学习语言展开的旅游活动,语言旅游的动机大致包括:教育、文化和寻根三种。第一种动机是将学习外语作为语言旅游的主要动机。现在,英语是旅游领域最普遍的通用语,所以对第二外语——英语的学习是大部分学习者考虑最多的语种,此外,西班牙语与汉语也占有较大比重。根据留学语言杂志(*Study Travel Magazine*《学习旅行杂志》)发布的"2013 年全球市场报告"来看,英语教学市场在学生数量和收入方面一直在增长,2012—2013 年的学生人数增长 0.4%,达 1557891 人[②]。2012 年,语言旅游在西班牙的旅游收入中超过 2 000 万,与 2011 年相比增长了 28%,对于前往西班牙学习西班牙语的游客而

---

① Pablo de Carlos, Elisa Alén, Ana Pérez-González & Beatriz Figueroa. Cultural Differences, Language Attitudes and Tourist Satisfaction: A Study in the Barcelona Hotel Sector[J]. Journal of Multilingual and Multicultural Development, 2018.

② Montserrat Iglesiasa. Language Travel Supply: The Language Learning Programme[J]. Procedia-Social and Behavioral Sciences, 2016, 2: 242-249.

言,对语言学习的需求超越了语言所带来的问题。①第二种动机是将文化视作重要的旅游动机。语言旅游就是通过学习语言来了解外国文化,而旅游是一种学习语言与了解文化的最佳途径,自然就是语言与旅游的"契合"点。学生可以选择不同形式的语言学习方式,包括语言交流、文化旅行、考察旅行、短期课程以及带有各种娱乐活动的语言旅游体验。所以,语言旅游也是一种教育与休闲相结合的旅游形式。最后一种动机是将寻根并学习长辈所在国的"母语"作为旅游动机。如很多移民的第二代在学生时期往往会被送回国或在居住地学习原来的"母语",以获得双语教学与双重文化体验,从这个层面上来说,学习语言反映了一种身份认同。

值得注意的是,汉语是近年来很多外国学生学习第二语言的首选,且人数在逐年增加,尤以暑期学校的假期课程班为主要形式,但很少有人对这一领域进行研究。

2)语言旅游产品

广义上而言,语言旅游属于教育旅游,代表了一种非正式学习语言的方式,是一个具有增长潜力的领域。海外学习(Study Abroad, SA)与第二语言习得(Second Language Acquisition, SLA)是语言旅游的主要内容。蒙特塞拉特(Montserrat Iglesiasa, 2015, 2016)从语言旅游的供给与需求角度出发,对语言旅游产品进行了系统研究并认为,语言旅游产品包括语言学习系统和旅行系统,前者涉及某种补充的教育投入,后者包括交通、住宿、餐饮和休闲,营销和管理机构负责规划、推广、销售和提供语言旅游产品。他指出语言旅游产品的供给必须包含三个关键要素:产品组成,营销和管理机构与目的地环境和社会资源基础(表2.1)。

表 2.1　语言旅游产品供给:语言学习产品

1. 产品组成 Product composition	1.1　语言学习组成 　　1.1.1　教育投入 　　1.1.2　语言学习辅助 1.2　旅行组成部分 　　1.2.1　交通 　　1.2.2　住宿 　　1.2.3　餐饮 　　1.2.4　休闲
2. 营销和管理机构 Marketing & management structures	2.1　语言教育提供者 2.2　公共行政机构 2.3　贸易机构 2.4　旅行计划者

① Montserrat Iglesias, Xamaní. Second Language Acquisition and the Language Tourism Experience[J]. Procedia - Social and Behavioral Sciences, 2015, 17(8):139-145.

续表

3. 目的地的环境和社会资源基础 Destination's environmental & social resource base	3.1 地方文化 3.2 东道主社区 3.3 地理背景 3.4 现状(政治,经济,社会,技术,环境和法律因素)

资料来源:Montserrat Iglesias, Xamaní. Second Language Acquisition and the Language Tourism Experience[J]. Procedia - Social and Behavioral Sciences,2015,17(8):139-145.

语言旅游产品的组成是一个语言学习系统,包括教育投入和辅助的语言学习方式。其中,教育投入包括非正规和正规的教育投入,正规教育中包括了项目设计、教育环境、生源情况、课程时间、学习重点、课堂活动、学习资源、评估和认证等内容。

语言旅游者的关注重点是语言学习,因此,他们在旅行期间获得的教育回报是语言旅游体验的决定性因素,这不仅可以促进他们的语言习得,而且可以促成他们在其他方面的自我实现等。

2.1.4 研究趋势

随着大众旅游的快速发展,语言与旅游的关系越来越突出,旅游对于社会语言学而言是一个理想的分析场所和重要研究领域,因为旅游的交流、实践对一般意义上语言的互动、沟通及多语言使用来说都具有特殊性,甚至对于语言本身的发展都具有重新认识的重要性。莫妮卡等人(Monica Heller,2014)认为旅游可以作为后现代社会语言学更广泛讨论的视角,[①]旅游中语言移动性、商品化以及多种语言资源是值得关注的。语言的游戏性、展示性和竞赛性三种状态对于讨论其中隐藏的真实性问题也提供了很多的案例。

旅游语言已成为当代旅游经济、国际政治和社会变革的重要窗口,很多学者都注意到旅游与语言的重要关系及互动影响,失去语言在一定程度上就失去了文化,所以对民族旅游地区旅游对语言的影响应加强调查与研究。也有学者注意到语言旅游已成为逐渐增长的教育旅游或文化旅游的一部分,但是研究还明显不足。在逐渐增长的对第二外语习得的需求下,对语言旅游的研究应逐渐加强,如旅游对语言学习与文化认知影响程度如何?旅游业是否会影响个人"洋泾浜"的出现?在第二外语的习得过程中现代传媒所起的作用是什么?现有旅游语言研究大多局限于单一语言的范畴,旅游目的地多种语言对旅游者的语言认知与体验影响究竟如何?语言对于旅游目的地选择相关性到底程度如何?等等。

21世纪以来,语言学领域的多模态话语分析(Multimodel Discourse Analysis)已进入旅游研究领域。多模态话语是运用听觉、视觉、触觉等多种感觉,通过语言、图像、声音、动作等多种手段和符号资源进行交际的现象,有学者认为多模态话语分析大致有几种研究路径:系统功能语言学、多模态话语分析、社会符号学、多模态隐喻分析、多模态互动分析、会话分析、地

[①] Monica Heller, Adam Jaworski, Crispin Thurlow. Introduction:Sociolinguistics and Tourism-mobilities[J]. Markets, Multilingualism, Journal of Sociolinguistics,2014,18(4):425-458.

理符号学、多模态民族志、多模态语料库分析、多模态感知分析等。[①]随着话语分析理论的发展以及科技进步所带来的新的交际方式和信息传播渠道,人们开始关注与语言相关的其他符号资源,已经对旅游宣传片(刘磊 等,2016;刘芳 等,2016)、旅游形象标识(张明,2015)、旅游官网(丰海利,2019)、旅游网页广告进行相关研究,多模态话语分析成为话语分析发展的必然趋势,对旅游话语的多模态分析已展现出其独有的研究特色。

本节参考阅读与学习材料:

［1］ Erik Cohen, Robert L Cooper. Language and Tourism, Contemporary Tourism：Diversity and Change［M］. Amsterdam：Elsevier, 2004.

［2］ Linda L Lowry. The SAGE International Encyclopedia of Travel and Tourism ［M］. New York：SAGE Publications, 2017.

［3］ Dann G. The Language of Tourism：A Sociolinguistic Perspective［M］. Wallingford：CAB International, 1996.

［4］ Erik Cohen, Robert L Cooper. Language and Tourism［J］. Annals of Tourism Research, 1986, 13（4）：533-563.

［5］ Graham M S Dann. The Language of Tourism：A Sociolinguistic Perspective.（Review by Michael Hitchcock）［J］. Journal of the Royal Anthropological Institute, 1998, 4（3）：562.

［6］ Montserrat Iglesiasa. Language Travel Demand：New Insights into Language Tourists' Perceptions［J］. Procedia-Social and Behavioral Sciences, 2015, 19（9）：149-156.

［7］ Montserrat Iglesias, Xamaní. Second Language Acquisition and The Language Tourism Experience［J］. Procedia-Social and Behavioral Sciences, 2015, 17（8）：139-145.

［8］ Montserrat Iglesiasa. Language Travel Supply：The Language Learning Programme［J］. Procedia-Social and Behavioral Sciences, 2016, 23（2）：242-249.

［9］ Muhammad Arfin Bin Salim. Noor Aireen Binti Ibrahim, Hanita Hassan, Language for Tourism：A Review of Literature［J］. Procedia-Social and Behavioral Sciences, 2012（66）：136-143.

［10］ Mar Gómez, Brian Imhoff. David Martín-Consuegrab Arturo Molinaa, María Leticia Santos-Vijande, Language Tourism：The Drivers that Determine Destination Choice Intention Among U. S. students［J］. Tourism Management Perspectives, 2018（27）：125-135.

［11］ Nadezhda Malenkinaa, Stanislav Ivanova. A Linguistic Analysis of the Official Tourism Websites of the Seventeen Spanish Autonomous Communities［J］. Journal of Destination Marketing & Management, 2018（9）：204-233.

［12］ Okafor, L E Khalid, Then T. Common Unofficial Language, Development and International Tourism［J］. Tourism Management, 2018（67）：127-138.

---

① 潘艳艳,李战子. 国内多模态话语分析综论(2003—2017)——以 CSSCI 来源期刊发表成果为考察对象［J］. 福建师范大学学报,2017(5)：49-59.

［13］Hayley Stainton. The Commodification of English Language Teaching in Tourism：A Sustainable Solution？［J］. Tourism Management Perspectives，2017（25）：123-130.

［14］Adam Jaworski. Linguistic Landscapes on Postcards：Tourist Mediation and the Sociolinguistic Communities of Contact［J］. SOLS，2012（4）：569-594.

［15］Monica Heller. Adam Jaworski and Crispin Thurlow，Introduction：Sociolinguistics and Tourism-mobilities，Markets，Multilingualism［J］. Journal of Sociolinguistics，2014（4）：425-458.

［16］Whitney-Squire K，Wright P，A Lsop J G. Improving Indigenous Local Language Opportunities in Community-based Tourism Initiatives in Haida Gwaii（British Columbia，Canada）［J］. Journal of Sustainable Tourism，2018（2）：173-191.

［17］谷建军. 论旅游与语言的关系［J］. 旅游学刊，1997，12（4）：48-51.

［18］陈丽君. 基于资源概念的旅游语言研究［M］. 上海：上海社会科学院出版社，2012.

［19］陈丽君. 论方言在旅游语言本土化中的地位与作用［J］. 浙江学刊，2012（2）：106-110.

［20］袁玉梅，燕明先. 话语分析与旅游文化研究［J］. 时代文学（下半月），2010（5）：143-144.

［21］吴琰. 旅行——学习语言与文化的最佳途径［J］. 理论观察，2014（7）：58-59.

［22］刘磊，聂小凤，李鸿. 吴中旅游形象宣传片多模态话语分析［J］. 湖北科技学院学报，2016（9）：105-109.

2.2　旅游与考古

2.2.1　旅游与考古的关系

旅游与考古，两个看似有"穿越感"的词汇，实际上却有着千丝万缕的联系。考古的领域常被理解为一种历史的神秘，最早的考古学家也可被看作游客，他们在寻找神秘城市和遗失文物方面有着丰富的工作经验与旅行经历。考古学是通过各种手段发现过去社会的物质文化与历史遗存，与"遗产"相关。遗产本身含有极大的历史价值、文化价值和经济价值，具有旅游开发价值。因此，考古学的实践涉及遗产旅游的发展，无论遗产是作为考古的副产品还是正当时的"遗产热"，考古学和旅游业在社会实践层面早就连接在一起了。

关于遗产旅游研究的文献资料很多，直到20世纪90年代末才有学者关注"考古旅游"的主题。考古旅游市场作为大型遗产旅游市场的重要组成，涉及世界各地考古学家、旅游专家和遗产地管理者的互动，考古旅游已呈现出不断增长的趋势。

过去，考古遗址的传统游客主要是受过教育的少数群体，他们在许多方面与考古学家和历史学家有相似之处，能满足于对历史的关注、对遗址的探访及对历史信息的获得。考古旅游是一个不断发展的行业，它有效地将考古学家的工作引起了公众的注意。考古旅游在许多方面使考古学受益,可以被视为当地社区的一种赋权工具。考古旅游可以创造性地用来促进考古学家和普通人的互动,生产和建构过去与现在的文化连续体,同时促进社会、文化、环境和经济等方面的可持续发展。尽管考古旅游具有诸多好处,但它也往往成为不同利益相关群体之间紧张关系的焦点,如所有权、管理权、使用权等问题;由于旅游研究的分散,考古旅游也常常被分散到遗产与博物馆的相关话题之中(图2.1)。

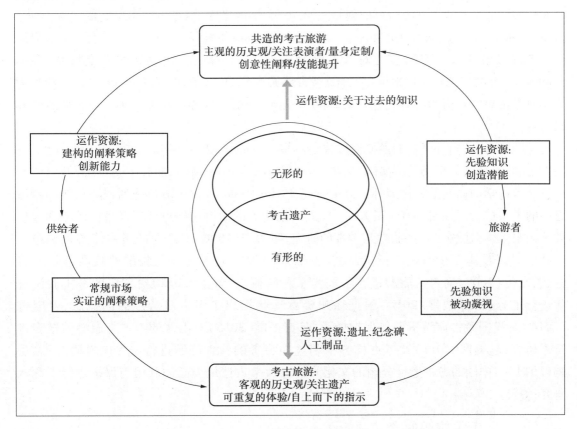

图 2.1　考古旅游的共造框架

资料来源: David Rossa, Gunjan Saxenaa, Fernando Correiaa, et al. Archaeological Tourism: A Creative Approach[J]. Annals of Tourism Research,2017(67):37-47.

2.2.2　考古旅游的源起

考古旅游,最早可追溯至公元前 1600 年,公元前 1200 年西方贵族社会中就已经流行埃及金字塔游。18—19 世纪的欧洲考古热催生了世界近代考古旅游,发掘后的意大利庞贝城遗址、希腊迈锡尼王宫遗址和克里特宫殿遗址等都很快成为当时的旅游胜地。19 世纪下半叶到 20 世纪初期,西方国家对中亚(西域)地区的考古探险推动了东方国家考古旅游的发展。但这些旅游活动属于个体性的偶然活动,其目的是文化猎奇、寻找宝藏,并不属于现代意义的旅游。现代考古旅游的发展始于 20 世纪 80 年代,当时的旅游者主要来自欧美国家,旅游目的地主要有埃及、墨西哥、秘鲁等。

21 世纪以来,考古旅游在全世界扩张,成为当今世界发展势头较为迅猛的新兴专项旅游。2006 年,欧洲参与考古旅游的人数已经比 1999 年增加了 3 倍。我国考古旅游的发展开始于 20 世纪 90 年代中期,进入 21 世纪,考古旅游需求增长迅速,政府、旅游行业、考古界共同协作的考古旅游供给水平也有明显提高。

国外考古旅游研究起步于 20 世纪 90 年代中期,西班牙学者迪亚斯·蒙特萨洛(Diaz Montexano)是世界考古旅游研究的创始人①。1995 年他出版了《考古与历史之谜》(*Arqueolog Enigmas dela Historia*)和《历史考古学》(*Arqueo Historia*)等著作,并于 2000 年创立了世界第一个考古旅游学会。美国学者对考古旅游进行了一些研究,代表性的有摩特森(Lena Mortensen)对洪都拉斯库班地区(Copán)考古旅游的研究,缪萨法(Mairna Musafa)以约旦为个案对考古旅游者行为的研究等。从 2006 年开始,秘鲁已经连续举办了多届考古旅游国际研讨会。

总的来看,国内外考古旅游研究成果还不多。Cameron Jean Walker 与 Neil Carr 在《旅游与考古学:可持续的聚场》(*Tourism and Archaeology*:*Sustainable Meeting Grounds*,2013)中对旅游与考古学的话题及案例展开了大量研究;Pedro Paulo A. Funari 等人对巴西旅游与考古之间的关系进行了探讨②;David Rossa 等人从创造力的角度重新思考了考古旅游的理论框架③。国内学者也做了一些旅游与考古的研究,谢崇安(1996)对广西的考古旅游资源进行评估的同时对其存在问题进行了研究;王雄平(1997)对考古学与旅游的关系进行了讨论;王京传(2009)对考古旅游进行了较为系统的梳理;粟惠(2012)对重庆的考古旅游现状进行了分析,陈素婷(2014)根据徐州资源现状提出了考古旅游产品的概念,曾宝栋(2014)对我国考古旅游资源的保护做了探讨,王霞(2015)对山西的考古与旅游的融合进行了研究;赵英梅(2011)就考古旅游中利益冲突者的管理问题进行了多层次研究;席岳婷(2013)对中国的考古遗址公园的文化旅游以及考古遗址公园的利用与保护进行了深入研究;等等。

2.2.3 考古旅游的含义

1)考古旅游(Archaeological tourism 或 Archaeotourism)**的定义**

王京传(2009)将考古旅游定义为:以考古活动、考古发现的古代物质文化遗存为旅游吸引物,具有游览观光、学习求知、参与体验、休闲娱乐等功能的专项旅游④。考古旅游资源是考古活动和考古发现的古代物质文化遗存。考古活动包括田野调查、考古发掘和考古研究;

---

① 王京传.考古旅游:互动视野下的考古与旅游[J].旅游学刊,2009(8):58-65.

② Pedro Paulo A Funari, Fabiana Manzato, Louise Prado Alfonso. Tourism and Archaeology in Brazil:Postmodern Epistemology in Two Case Studies[J]. International Journal of Historical Archaeology,2013(17):261-274.

③ David Rossa, Gunjan Saxenaa, Fernando Correiaa, et al. Archaeological Tourism:A Creative Approach[J]. Annals of Tourism Research,2017(67):37-47.

④ 王京传.考古旅游:互动视野下的考古与旅游[J].旅游学刊,2009,24(8):58-65.

考古发现的古代物质文化遗存通常分为遗迹和遗物,属于文物的范畴。遗迹是指不可移动的古代城址、宫殿、村落、墓葬、窑址、祭坛、石窟、洞穴等,其中,有一定规模的遗迹连同其所存在的空间又统称为古遗址;遗物是指可以移动的古器物,如工具、武器、装饰品等,多以博物馆为媒介来保存和展示。因此,考古旅游的基本类型有考古活动游、考古遗迹游和考古遗物游。作为活动,考古旅游是考古活动与旅游活动的互动融合;作为业态,它是考古领域与旅游业的互相渗透;作为学科,它是考古学与旅游学的交叉领域。从广义的角度而言,考古旅游是游客参观著名之地(如历史地标、古迹和考古现场)并参与到它们的物质生产体验的旅游活动(David Rossa, et al,2017),这一定义强调了考古遗址是考古旅游的核心部分并以传统的考古遗产分类为切入点。

2)中国考古旅游的发展模式

我国考古旅游发展的基本模式是以博物馆为载体的参观模式。近年来,新的开放型游览模式、多功能型休闲模式、创意型体验模式、考古活动参与体验模式等已经逐步成为市场的主导[①]。

(1)封闭型参观模式

该模式是指依托城市博物馆发展考古旅游的模式。出于保护条件和利用率的考虑,加之某些历史、政治和体制因素的影响,考古发现的遗物或部分遗迹经常被移动到城市内的综合类、历史类博物馆进行保存、研究与展示。由此,这些城市博物馆得以依托这些资源开展考古旅游。

从旅游供给的角度,城市博物馆实际上是最早的专业化考古旅游产品的生产者,其展览就是最初形式的考古旅游产品。该模式的优点是景点交通条件好、可进入性强,产品的内涵与城市及其地区的历史、文化结合密切,旅游设施完善。但这种模式中遗物因脱离了原有的存在空间,其价值表达容易被加工且不完整,社会和环境等附加信息严重缺失;橱窗展览式的简单形式、充满专业术语的讲解、处处受到限制的行为和封闭的活动空间等经常会使参观者的旅游体验不足。该模式的主要客源是文化学习者,他们一般具有较高的文化水平,能够独立地认知和解析考古资源的文化内涵。2020年以来,受公众考古、免费开放以及技术进步等因素的推动,该模式旅游产品出现了一些新的变化,电子导游、多媒体展示、虚拟场景再现、模拟考古等新元素陆续进入参观者的视野。

(2)开放型参观模式

该模式是指依托遗址博物馆发展考古旅游的模式。其旅游产品的核心景观包括两部分:一是覆盖遗址的全部或局部,展示考古发掘后遗址原貌的遗址博物馆;二是专门的遗址展示区。该模式最初是以单纯的遗址博物馆旅游形式出现的,其较早的实践者是定陵博物馆、秦始皇兵马俑博物馆等。

---

① 王京传.考古旅游:互动视野下的考古与旅游[J].旅游学刊,2009,24(8):58-65.

目前,遗址展示区的地位不断提高,成为该模式旅游产品中最有吸引力的新元素。该模式使旅游者的参观由封闭式变为开放式,活动内容增加了参观遗址、参观考古现场、模拟考古等新形式,旅游者和旅游对象之间关系也由橱窗式隔离变为多种形式的直接接触。而且遗址博物馆保持了遗迹和遗物的原貌,保留了它们的原态(即最初发现时的状态)环境,旅游者获取的知识实现了由物到环境、社会、人等因素的延伸。但是,该类型旅游产品所依托的资源大都远离目的地交通中心,提供的旅游产品要素构成不完整(主要表现在旅游通达性相对较差和旅游设施不完善两个方面),历史文化的时间延伸有限。其客源主要是中小学生和高学历者,大众旅游者进入的难度较大。

(3)开放型游览模式

该模式是指依托遗址旅游区发展考古旅游的模式。遗址旅游区是指由遗迹、遗物、博物馆及其所依托的设施、空间、环境等构成的旅游区。该模式体现了大遗址(指规模和文化价值突出的文化遗址)的概念,是目前我国大遗址旅游发展的基本模式,其在中国的快速发展开始于20世纪90年代。

与开放型参观模式相比,该模式的优势体现在两个方面:一是旅游者的旅游活动实现了时间和空间的进一步延伸,游览的开放性和自主性得到保障;二是产品的专业性减弱,公众接受程度高,从而极大地扩大了考古旅游客源市场,而且该模式特别注重旅游产品要素的健全和旅游服务的完善,是考古资源真正的旅游化开发模式。以四川三星堆遗址旅游区为例,其建设有博物馆、展示区、旅游通道、游客中心、休闲娱乐设施、餐饮住宿设施等,能够满足旅游者的多样性需求。但是,近年来遗址旅游区外部空间延伸过大、设施过度旅游化、产品功能泛化特别是娱乐化和庸俗化的现象十分突出。

(4)功能型休闲模式

该模式是指依托考古遗址公园发展考古旅游的模式,是在保持历史性和文化性的基础上将考古遗址开辟成公共性、大众性的城市公园。这是我国大遗址保护与开发协同实现的新模式,是具有文化学习、文化休闲、文化体验等功能的新型考古旅游产品。

国内考古遗址公园建设以北京为最早。1985年北京就建成了团河行宫遗址公园,后又陆续建成元大都城垣、明城墙、皇城根等遗址公园。我国《"十一五"期间大遗址保护总体规划》提出建设殷墟、大明宫遗址、阳陵、圆明园遗址4处考古遗址公园示范区,从而探索遗址公园建设的新模式。该模式使考古旅游拓展了休闲功能,实现了保护、展示、文化、环境、游览、休闲等功能的开放式融合。2006年9月开建的殷墟遗址公园规划有文物区、文化区、休闲互动区、创意区、旅游配套区,其中,殷墟博物苑、王陵遗址等文物区是核心区,其发展定位是成为全国最大的集文物博览与服务、遗址展示、文化休闲、园林绿化和环境保护于一体的考古遗址公园,该模式下旅游产品的细分类型丰富、形式多样,能够满足多层次的旅游需求。其客源既包括文化学习者、文化研究者等高层次群体,也包括游览者、文化娱乐者等普通旅游者。

(5)创意产业型体验模式

该模式是文化创意产业发展的催生物,是考古旅游发展的新模式。其核心就是运用文化创意深度开发考古资源,形成深度体验型旅游产品,从而满足体验经济时代旅游者实现深度休闲和体验的要求。

2008 年 4 月 18 日建成的云南"世界恐龙谷"是国内该模式的最早实践者。世界恐龙谷是依托禄丰县恐龙化石遗址创意开发的集遗址保护、科学研究、学习体验、旅游休闲等功能为一体的恐龙文化主题园。恐龙谷的核心区是恐龙化石遗址馆(原貌展示),外围有入口景观广场、重返侏罗纪、侏罗纪历险、侏罗纪嘉年华、恐龙大本营、阿纳休闲观光带等延伸区。常州淹城春秋乐园是国内首家春秋文化主题公园,整个园区以情景体验的形式,将春秋文化意境下的静态观赏型项目、互动演艺型项目和体验式游乐项目相结合,使游客与春秋文化"零距离"交流、快乐"玩"春秋。

(6)考古活动参与体验模式

该模式依托的是各种类型的考古活动,主要形式有参观考古现场、模拟考古、实地考古调查和发掘、考古探险。

国外考古发掘现场大多数对公众开放。进入 21 世纪,国内考古发掘也开始对公众开放,见诸报端的有北京老山汉墓(2000 年 9 月 15 日)、安徽尉迟寺遗址(2001 年 10 月 1—7 日)、山东汶上分水龙王庙遗址(2008 年 5 月 7 日)和陕西周公庙凤凰山遗址(2008 年 10 月 25 日)等的考古发掘。国内模拟考古开始于北京大葆台西汉墓博物馆,之后逐渐在城市博物馆、遗址博物馆和遗址旅游区中普遍开展。因受到法律的限制,旅游者一般不能独立进行实地考古调查和发掘活动。国内旅游者一般是通过参与公众考古活动而进行此类活动,如在陕西周公庙凤凰山遗址公众活动日中,旅游者就可以在专家指导下进行遗址和墓葬的实地发掘;国外一般由非官方机构和专门旅行社组织,如 2006 年 6 月英国布拉温西岛维多利亚时代遗址发现后,旅行社就曾多次组织旅游者前往参与发掘。考古探险是国外早期考古旅游的主要形式,目前国内考古探险还处在萌芽阶段。

2.2.4　考古旅游与博物馆旅游、遗产旅游的关联

1)博物馆旅游(Museum Tourism)

在西方,博物馆的起源可以追溯到公元前 3 世纪。建于公元前 290 年左右的亚历山大博学园中的"缪斯神庙"是世界上公认的最早的博物馆。"缪斯(Muses)"是古希腊神话中掌管文学与艺术的九位女神的通称,西方博物馆"Museum"一词就源于此。17 世纪英国牛津阿什莫林博物馆建立后,"Museum"一词才成为博物馆的通用名称。我国古代没有"博物馆"之说,到 19 世纪中期才开始传入中国。我国最早的博物馆是张謇 1905 年建立的南通博物苑。国际上通行的博物馆定义是 1989 年国际博物馆协会章程中对博物馆的界定:"博物馆是向大众开放的为社会及社会发展服务的非营利的永久机构,它为研究、教育、欣赏之目的征集、保护、研究、传播并展示人类及人类环境的见证物"(王宏钧,1996)。这一定义突出了博物馆的基本性质和基本职能,博物馆是非营利性的社会机构,收藏、研究、教育、展示是博物馆的基本职能。

到 2018 年 12 月底,美国博物馆与图书馆服务协会(Institute of Museum and Library Services, IMLS)统计,美国博物馆数量已经达到 30 171 家。《中国文化文物统计年鉴(2017)》数据显示,随着国家对社会公共文化事业的重视,我国的博物馆数量从新中国成立时的 21 家增长到 2016 年的 4 109 家,但是与西方发达国家相比,我国的博物馆事业发展还有很大的差距。2008 年 1 月开始,我国公共博物馆免费开放,掀起了一股"博物馆旅游热",强调"了解一个城市,首先从博物馆开始"。博物馆旅游,从外延上来看既包括惯常意义上的博物馆、美术馆、科技馆中的游览,也包括在遗址、故居、纪念馆、展览馆以及具有博物馆性质的文化机构中进行的旅游;从内涵上来看是以博物馆为游览对象满足游客教育、审美、休闲娱乐等需求的文化遗产旅游。

我国《博物馆条例》指出,博物馆是指以教育、研究和欣赏为目的,收藏、保护并向公众展示人类活动和自然环境的见证物,经登记管理机关依法登记的非营利组织。博物馆的类型有很多种分类标准,常用的标准有三种:一是按收藏物类别划分为综合类、纪念类和专门类;二是按隶属关系以主管部门和领导系统划分;三是按博物馆的性质和陈列教育活动内容划分。从旅游资源开发的角度,可以将博物馆划分为藏品博物馆、遗址博物馆和生态(包括准生态)博物馆三类。其中,遗址博物馆就是基于考古发现发展起来的博物馆,如秦始皇陵兵马俑博物馆、四川广汉三星堆博物馆。遗址博物馆依托的只有遗址本身,这既是遗址博物馆在市场竞争中最强有力的资源优势,同时也是博物馆发展的桎梏,而且遗址博物馆旅游要处理好旅游发展和文物保护、社区利益之间的关系,因此,展演型的藏品博物馆与活态的生态博物馆及民族文化生态博物馆往往更受到游客的青睐。

借鉴国外遗址博物馆的经验,遗址博物馆可以向遗址公园发展。将遗址的核心部分独立出来,通过门票来调节游客数量以达到保护的目的,遗址博物馆的外围可以社区化、公园化,通过开发休闲娱乐设施回馈当地社区,扩展游客体验。例如成都武侯祠博物馆将博物馆分为三个部分,中心是文物保护区,区内重点保护汉昭烈庙、武侯祠、惠陵等文物古迹,面向游客;左侧是园林区,区内可以游船、喝茶、打牌,面向当地社区;右侧是集成都小吃、旅游购物及民风民俗为一体的锦里古街。成都武侯祠遗址博物馆是文物展示和保护与旅游发展都做得比较好的典型代表。

2)**遗产旅游**(Heritage Tourism)

需要注意的是,遗产概念并不能等同于文化,它只是文化范畴中的一部分,是有意识的选择和具有明确价值的,以及被公众分享的部分。"遗产(heritage)"一词大约产生于 20 世纪 70 年代的欧洲,其涵义与"继承(inheritance)"紧密相连,通常指从祖先继承下来的东西。从 20 世纪 80 年代中期开始,"遗产"的含义被不断引申,地方文脉、历史人物等都被认作是一种遗产,并越来越多地被用作商业用途。20 世纪 80 年代晚期,一些民间艺术、民族建筑就被认为是遗产,遗产进入大众化阶段。

大家所熟知的是"物质文化遗产"与"非物质文化遗产",这些概念也是经历了一个发展的过程。受美国"物质遗产"(physical heritage)概念影响,1982 年,联合国教科文组织

(UNESCO)设立了"非物质遗产"(non-physical heritage)部门,专门处理相关遗产事务,从而出现了"物质—非物质遗产"的分类。后来,受日本文化遗产保护法的一些概念和分类——"有形遗产/无形遗产"(tangible heritage/intangible heritage)的影响,UNESCO 于 1992 年正式将原来的"物质/非物质"分类名称改为"有形/无形"遗产(我国在翻译上出于译名和使用上的延续和习惯,今天仍沿用"物质/非物质"的概念)。1997 年 11 月,联合国教科文组织在第 29 届会议上通过了《宣布人类口头与非物质遗产代表作申报书编写指南》,又被"人类口头与非物质遗产"所取代。后来,UNESCO 考虑到"人类口头"原属于"非物质文化遗产"中的内容、形态和形式,便采用了"非物质文化遗产",就是今天所说的"非遗"。2003 年 10 月,UNESCO 通过《保护非物质文化遗产公约》,"非物质文化遗产"从此成为正式的官方用语和操作概念,这些"非物质文化遗产"包括以下几个基本方面:①口头传说与表述;②表演艺术;③社会风俗;④有关自然界和宇宙的知识和实践;⑤传统的手工艺技能等。与此同时,人们也开始认识、接受并有意识地保护各种"非物质文化遗产"。

从旅游者动机的角度来理解,遗产旅游是"关注我们所继承的、能够反映这种继承的物质与现象——从历史建筑到艺术工艺、优美的风景等的旅游活动"(Yale P,1991)。根据遗产的类型,遗产旅游大致包括物质文化遗产旅游与非物质文化遗产旅游。近年来,遗产旅游得到长足发展,在许多发达国家,遗产旅游是旅游业的重要组成部分。世界旅游组织(World Tourism Organization)认为,将近 40%的国际旅游涉及遗产与文化。据 UNESCO 公布的数据显示,1998 年全球有近 5 亿人游览了 552 个世界遗产地,2000 年,仅美国的自然与文化遗产就有 4.3 亿人次的游览量。英国的遗产业被称为"吸引海外游客的主要力量(Mark Well,1997)",每年约 28%的旅游收入来自遗产业(Carr,1990)。

3)考古旅游与博物馆旅游、遗产旅游、文物旅游的相关性

(1)真实性追求

对"真实性"的追求是四者最大的共同点。"真实性"一词最早来源于博物馆,用来说明博物馆里的展品是否是真的,其价值是否与价格相符。博物馆对这种客观真实性的评价有客观和绝对的评价标准,比如实物和遗址是否是历史上流传下来的,艺术品和服饰等是否由当地人制作,节庆和仪式是否符合传统习俗等。普遍认为人们到博物馆旅游较为关注的就是客观真实,所以被认为是学生的"第二课堂",学生可以从博物馆中的某一专题学习到书本外的"真实性"知识。

真实性的内涵很丰富,在贾法瑞(Jafari,2000)主编的《旅游人类学百科词典》中对"authenticity"的解释是:真实性是一种现代的价值观念和理想状态,其产生是由于现代社会的非正式经历和疏远的人际关系所致。1999 年,王宁(1999)提出"存在真实性"的概念对真实性进行了反思,认为真实性的研究视角从客观主义的真实性、建构主义的真实性拓展到存在主义的真实性。麦康纳尔借鉴戈夫曼(Erving Goffman)"拟剧理论"中的"前后台"观点并将其引入到旅游研究中,提出了"舞台真实性"(Staged Authenticity)理论。他将旅游景观系统(旅游区域)划分为前台和后台,认为前台是旅游者与旅游服务人员接触和交往的开放性

空间,后台是指为前台表演做准备的封闭性空间,为了保持"前台"的真实性就必须塑造"后台"的封闭性和神秘感。但是,旅游活动不仅是一种文化活动还是一种经济活动,在一定程度上旅游产业化就必然会商品化;对真实性的追求仍是大多数旅游活动所追求的,博物馆旅游、遗产旅游等尤其典型。

（2）保护性重视

考古资源具有典型的稀缺性、原生性、脆弱性特征,一旦破坏就难以恢复,因此保护是非常重要的。在此,还有一个相近的概念"文物旅游"是必须提及的,它与博物馆旅游、遗产旅游、考古旅游一样都重视对相关资源的保护与管理。

文物是人类在社会活动中遗留下来的具有历史、艺术、科学价值的遗物和遗迹,是人类宝贵的历史文化遗产。文物是指具体的物质遗存,它的基本特征是:第一,必须是由人类创造的,或者是与人类活动有关的;第二,必须是已经成为历史的过去,不可能再重新创造的。2017年12月1日,《公共服务领域英文译写规范》正式实施,将文物的标准英文命名为"Cultural Relic"。但是,各个国家对文物的称谓并不一致,其所指涵义和范围也不尽相同,因而迄今尚未形成对文物共同确认的统一定义。例如北京故宫,1961年经国务院批准定为全国第一批重点文物保护单位;1987年,被联合国教科文组织列入世界文化遗产名录,既需要将其作为我国文物保护单位进行保护,也需要遵守世界文化遗产保护的规则。

在我国,文物依照其特点、历史文化背景、规模大小有很多分类,但没有统一的分类方法。主要有时代分类法、区域分类法、存在形态分类法、质地分类法、功用分类法、属性（性质）分类法、来源或价值分类法等。根据存在形态分类法的含义,在对文物进行归类时,具体划分方法为依文物体量的动与静分类。据此,我们可以把文物划分为不可移动文物和可移动文物。不可移动文物基本上都是文物史迹,如古建筑、石窟寺、石刻、古遗址、古墓葬、近代现代重要建筑、纪念地等,这些史迹一般体量大,不能或不宜整体移动。可移动文物主要是指馆藏文物和流散文物。它们体量小、种类多,主要有:石器、陶器、铜器、铁器、金银器、玉器、瓷器、漆器、工艺品、书画、古文献等。

文物大多是考古、挖掘、修复后的遗迹、遗址,是重要的博物馆"收藏品",还是重要的人类遗产。不同的是,考古旅游强调考古工作,文物旅游侧重在文物发现。文物是必须要保护的,它的保护管理涉及各个不同的职能部门,涉及国家级、省级、市级、县级等多层行政部门。《中华人民共和国文物保护法》《中华人民共和国非物质文化遗产法》等法律法规确立了"保护为主、抢救第一、合理利用、传承发展"的遗产和文物活化利用方针。

（3）利益性协调

在众多的考古遗址、文化遗产、非物质文化遗产、文物单位中都涉及"利益相关者"的概念,即遗产等资源在旅游开发过程中涉及各种利益群体或个人,他们包括当地社区、政府、企业以及旅游者和其他一些相关人员。需要指出,社区是遗产地最重要的利益相关者。在很多发展中国家,很多遗产如建筑、人类遗址、古城、博物馆等都处于当地社区中,当地居民已经是遗产不可分割的一部分,他们的存在有助于增加遗产地的活力,也有助于保持遗产地旅游吸引力。政府在旅游开发与发展中起着重要作用,是遗产的规划、管理、营销者,也是遗产地旅游开发的主导者。在推动旅游发展方面,当地政府主要是建设基础设施,提供公共管理,进行遗产规划与保护,对遗产进行宣传营销。企业经常是遗产地旅游的开发者或投资者,调查表明,企业在遗产地建设的人造景点很难被当地居民和游客认同为遗产的一部分,同时一些曾被当地居民认同的遗产很难通过企业行为改变他们的认识。在旅游开发过程中,还涉及与这些利益相关者有关的文化认同、利益分配、权益归属、管理保障等问题,一些跨国性的遗产甚至在一定程度上体现出政治利益问题。值得一提的是,考古资源是国家的公共文化遗产,对考古资源的利用要以实现社会效益为准则,以公益性为属性,以文化传播、社会教育、精神凝聚为主要功能。

(4)多元化发展

考古旅游、博物馆旅游、遗产旅游与文物旅游存在极强的关联性,受到不同语境、不同国家和地区以及不同认知角度影响而存在各种差异,考古旅游的基本类型有考古活动游、考古遗迹游和考古遗物游,考古旅游还可衍生出修学旅游、科普旅游、探险旅游等;博物馆旅游更侧重博物馆的载体形式和社会功用,遗产旅游更侧重不同于文化的遗产特性。

此外,考古遗址、文物发现、遗址博物馆、文化遗产与非物质文化遗产都极具符号象征性,如三星堆出土的太阳神鸟金饰是中国文化遗产标志,在博物馆旅游中成为重要的文创产品和旅游纪念物;这些资源具有极强的文化艺术审美价值,不仅是静态展示也可动态展演,旅游体验同样是融教育、娱乐、审美和逃避为一体的综合性体验。随着大众的旅游需求多样化发展,考古旅游、博物馆旅游、遗产旅游和文物旅游也在朝着多元化方向发展,如虚拟现实(VR)技术等高科技手段在博物馆旅游中的运用,人们足不出户就可游览、参观,使人们在身临其境时获得越来越多的"沉浸式"体验。

需要说明的是,目前我国的考古旅游还没有形成完整的理论体系,中国的博物馆管理体制不同于西方,需要加强研究博物馆旅游,非遗旅游在非遗展演过程中所体现出的真实性、表演性等问题也需要重视,文物旅游在活化利用的同时如何保护也需要进行深入研究。

本节参考阅读与学习材料:

[1] Cameron Jean Walker, Neil Carr. Tourism and Archaeology:Sustainable Meeting Grounds Walnut Creek[M]. California:Left Coast Press,2013.

[2] Paul A Shackel, Erve J Chambers. Places in Mind:Public Archaeology as Applied Anthropology[M]. New York:Routledge,2004.

[3] Youke rowan, Uzi Baram. Marketing Heritage:Archaeology and the Consumption of the Past [M]. Walnut Creek:AltaMira Press,2004.

[4] David Rossa, Gunjan Saxenaa, Fernando Correiaa, et al. Archaeological Tourism:A Creative Approach[J]. Annals of Tourism Research,2017(67):37-47.

[5] Carolyn L White. Marketing Heritage:Archaeology and the Consumption of the Past;The Last Undiscovered Place(review)[J]. The Public Historian,2006,28(1):144-147.

[6] Mariana Carvalho, Sagrario Fernández, Laura Pujiac, et al. Architecture, Archaeology and

Landscape[J]. An Interdisciplinary Experience in Archaeological Sites, Procedia Chemistry, 2013 (8):292-301.

[7] Doug Ramsey, John Everitt. If you Dig it, They Will Come!: Archaeology Heritage Sites and Tourism Development in Belize, Central America[J]. Tourism Management, 2008, 29(5): 909-916.

[8] David Pacifico, Melissa Vogel. Archaeological Sites, Modern Communities and Tourism [J]. Annals of Tourism Research, 2012, 39(3):1588-1611.

[9] Pedro Paulo A Funari, Fabiana Manzato, Louise Prado Alfonso. Tourism and Archaeology in Brazil: Postmodern Epistemology in Two Case Studies[J]. International Journal of Historical Archaeology, 2013 (17):261-274.

[10] Maria O'Donovan, Lynda Carroll. Going Places: The Historical Archaeology of Travel and Tourism[J]. International Journal of Historical Archaeology, 2011(15):191-193.

[11] 王京传. 考古旅游:互动视野下的考古与旅游[J]. 旅游学刊, 2009, 24(8):58-65.

[12] 谢崇安. 广西民族文物考古旅游资源述论[J]. 广西民族大学学报, 1996(2):91-93.

[13] 粟慧. 重庆考古旅游现状分析[J]. 商业文化, 2012(3):74-75.

[14] 赵英梅. 考古旅游景区开发中的利益相关方冲突管理[D]. 济南:山东大学, 2011.

[15] 陈素婷. 徐州市考古旅游产品开发策略初探[J]. 黑龙江史志, 2014(23):62-64.

[16] 王霞. 山西地区考古与旅游资源融合发展研究[J]. 旅游纵览(下半月), 2015(02):196.

[17] 王雄平. 试论考古学与旅游业发展的密切关系[J]. 旅游论坛, 1997(1):6-7.

[18] 张朝枝,保继刚. 国外遗产旅游与遗产管理研究综述与启示[J]. 旅游学刊, 2004(4): 7-16.

[19] 张晓萍,光映炯,郑向春. 旅游人类学[M]. 北京:中国人民大学出版社, 2017.

2.3　旅游与身体

西方对"身体"的认识,源于哲学领域且直接或间接地影响着相关的人文社会学科。西方的身体观研究大致经历了三个阶段[①]:①压制阶段。古希腊的哲学家柏拉图早在公元前4世纪便提出,身体是"灵魂"的坟墓,后来奥古斯丁(Aureliu Augustinus)把对身体的压制带入基督教。②漠视阶段。以笛卡尔(René Descartes)的"身心二元论"为代表,身体观由压制阶段演变到漠视阶段。经过文艺复兴和宗教改革后,虽然理性逐渐击退信仰,身体从宗教的压制中解脱出来,但还没有得到应有的关注。这个阶段,笛卡尔的身心两分法对西方的思想文化产生了深刻的影响。他认为身体是在空间中延展的,是可以分割的;心则是非空间的思

---

① 陶伟,王绍续,朱竑. 身体、身体观以及人文地理学对身体的研究[J]. 地理研究, 2015, 34(6):1173-1187.

想,是不可以分割的。"二分法"塑造了地理学者对社会和空间关系以及对知识生产的认知,表现在主体和客体、文化和自然、性和性别、本质主义和建构主义的划分。③身体决定论。尼采(Friedrich Wilhelm Nietzsche)提出"身体一元论""身体决定论",即一切从身体出发。福柯(Michel Foucault)继承了身体一元论,但与尼采的主动的身体观不同,福柯认为身体总是卷入政治领域及权力关系之中,"历史摧毁了身体"。之后,莫里斯·梅洛·庞蒂(Maurice Merleau Ponty)为代表的身体现象学研究也主张从身体角度出发进行观察。

20 世纪 70 年代以来,身体研究在人文社会学科中兴起。在"身体转向"的影响下,文化学、地理学、社会学、人类学等领域都有大量研究成果,人类学研究领域也已扩展到许多方面。对人自身的关注,除了体质特征之外就是探讨身体本身所具有的社会属性和文化属性,身体作为重要主题和分析对象从中可以看出自然、文化、社会关系、权力政治等多元的隐喻话语。

2.3.1 人类学视野下的身体研究

对身体的探讨,本质上就是对人本身的探讨。身体是人们实际参与世界的工具,包括生活经验、社会实践、知识和感受总是来自于身体。将身体研究引入旅游研究,有助于进一步理解世界对身体的态度及具身方式,对身体的观照有助于挖掘人类内心深处的需要,从而有助于深入理解旅游需求和复杂的旅游现象。

事实上,人类学领域的身体研究贯穿着整个人类学的历史,只不过对待、理解身体的方式不同。最早研究人的社会文化体系时,更多关注人的心理与社会的关系,研究人的观念体系、信仰及意义。泰勒从"万物有灵论"看人的精神世界,探讨人与自我的关系,身体只是文化的承载体,承载着人的宇宙观、社会阶层意识;福柯的身体观体现了从身体看整个社会的运转,身体承载的是政治经济的格局。从布迪厄的实践理论开始,不仅研究社会文化体系,还要研究生命经验,甚至身体可能就是文化资本的组成部分,是权力的符号,象征着特定意义的文化表达。人类学研究视野在扩展,强调为了更好地了解"人"而不再是看身体本身,强调从人的生活状态及社会环境中去理解。很多研究都关注人与社会体系的互动,关注身体与社会的关系,但是身体经验是否包含社会言语、社会体系之外的内容呢?过去,人类学研究的身体受限于传统的社会文化体系与狭义的社会文化人类学研究,当代人类学研究开始与其他学科相衔接,医学人类学、认知人类学乃至旅游人类学都在关注身体的多元社会意义。

文化人类学已不再是"纯粹的"文化人类学,身体首先是身体,是生物性的,然后是社会性的,身体与社会文化紧密相连,这两方面密不可分的,研究也必须包括这两个方面,与生态、进化有关也与社会生活、政治结构相关,因此,又回到完整的人类学领域,身体承载着一切。

一般认为,西方身体人类学研究真正开始的标志是道格拉斯(M. Douglas)所著的两本书:《纯洁与危险》(1966 年出版)与《自然象征》(1970 年出版)。身体人类学作为社会文化人类学中的一个领域,其研究议题主要涉及身体文化、身体政治、身体表达、身体感官、身体话语、性别身体、身体体验等方面。关于身体的研究有五大主线①:①作为文化象征的身体研究。研究者往往关注于作为象征系统或者话语的身体,强调身体如何被社会、权力所规训。②作为社会建构的身体研究。社会建构主义和女性主义关于身体的决定性、欲望的政治化、性别的表演性、身体的性别特质等话题都属于这一领域,此领域深刻地影响了当代身体研究的发展。③作为欲望规训的身体研究。人类学家马塞尔·莫斯(Marcel Mauss)提出"身体技术"的概念,认为人的一生其实就是通过训练获得为社会所承认的各种身体技术,从而表现自我并与他人交往的过程。④作为社会实践的身体研究。莫斯认为身体行为的一些基本方面如走、站、坐等都是社会实践的结果。布迪厄则通过"惯习"理论论述了身体社会实践的重要性。⑤作为躯干肉体的身体研究。研究者关注身体的体验,认为身体的感受、经历和体验是身体的生物性和社会性共同作用的结果。

2.3.2 旅游与身体的相关性

自 20 世纪 90 年代起,旅游者的"身体"已引起旅游研究者的关注,试图解释旅游者的身体对于旅游可能产生的影响及其相关规律。目前,对身体与旅游的研究已受到关注,如从身体的五种形态出发探讨世界身体、医学身体、社会身体、政治身体、消费身体与旅游的关系②;也有探讨身体的体验并将知觉身体、空间身体、运动身体、言语身体不同层面的身体体验运用在农业公园的景观体验研究之中③。

旅游中的身体逐渐受到关注,主要由于身体与旅游具有内在的关联性,包括:①旅游活动是一种身体移动,具有移动性。通过人的身体在时间与空间上的具身移动才能获得旅游体验感。②旅游活动是一种身体体验,具有体验性。身体通过在旅游中各种具身行为表现、表达来升华对旅游体验的感知。例如,游客通过对行李的整理、服装的装扮如休闲装、沙滩装、摄影中身体的姿势、造型来加强身体体验;目的地的文化表演者需要用旅游服装与地方文化的统一进行文化宣传与文化表演以满足游客的审美需求等。③旅游活动是一种身体实践,具有实践性。身体的旅游体验是通过旅游实践产生的,亲身体验、身临其境与书本上的文字和图片描述所存在的差异本身就很大,即使可以虚拟旅游,也挡不住游客对身临其境的追求。④旅游中的身体行为与日常生活中的身体行为是不同的,这涉及"舞台真实性"与旅游表演性问题。

身体在旅游中以多种方式实践和体验,身体既是实践的探索空间,也是幻想和欲望发挥作用的意义所在。目前,有关身体和旅游的议题主要集中在以下几方面:

1)旅游中的性别差异

20 世纪 90 年代,性别问题就是旅游研究人员感兴趣的话题。简·金迪·佩特曼(Jan

---

① 文军.身体意识的觉醒:西方身体社会学理论的发展及其反思[J].华东师范大学学报(哲学社会科学版),2008,40(6):73-81.

② 何社林.身体文化与旅游[J].佳木斯职业学院学报,2018(3):450-451.

③ 陈铭,刘芳.身体现象学视角下的农业公园景观体验研究[J].城市建筑,2017(17):48-51.

Jindy Pettman)认为旅游研究中缺少对游客身体的研究,他通过对旅游活动的关注来探讨男人与女人、性与权力、第一世界和第三世界的关系以及跨洲、国家、种族和文化边界的性别关系①。旅游中的身体具有性别差异和具身物质性,如性旅游(sex tourism)中女性、儿童以及年轻男性的身体成为了交易的一部分。对旅游中的性别研究包括以下内容:首先,旅游过程是以性别关系为秩序的社会建构;其次,性别关系是由涉及旅游发展的经济、政治、社会、文化与环境方面互相关联的因素而被形塑的;再者,权力、控制与平等是通过旅游实践中的种族、阶层与性别关系来表达的②。此外,还可以关注旅游消费中的性别意识形态、旅游开发中的性别观念、旅游消费者与旅游供给者的性别关系,以及利用旅游休闲实践重塑性别意识形态等问题。

2)旅游中的身体与心神(body/mind)

旅游研究中的"二元结构"体现在"我者"与"他者"的社会关系及互动。如林达·约翰斯顿(Lynda Johnston,2001)通过对新西兰和悉尼的两场同性恋游行进行调查与研究③认为,同性恋游行是对旅游活动中主—客、自我和"他者"、生物性别和社会性别二元对立的破坏,这种性别具象化的旅游是对西方建构的无实体男性知识的解构。

旅游领域中关于"身体与心神"问题的研究,有助于理解和探究旅游活动运行过程中的权力、意义、话语机制,同时也使研究者更加关注对旅游活动中边缘化群体的研究。在理论层面,"身心"关系被重新定义,"具身心智"为打开身体与体验的互动关系"黑箱"提供了全新的理论空间;在实践层面,随着研究者对"身—心"关系及影响机制的认识不断深入,更符合人性特征的旅游产品开发成为可能,为人工智能技术创新升级提供了理论基础,并已出现神经社会学、神经营销学、具身经济学等具有明显"具身"研究特征的交叉性研究领域。

3)旅游中的身体多感官体验

旅游体验可以被理解为是一种通过身体而呈现出"感觉—运动"学习过程的特殊情况。朱莉(Giuli Liebman Parrinello,2001)认为身体的生物学特征被重新评估,是许多学科特别是人类学和社会学研究的总趋势④,例如音乐,虽然表面上是听觉体验但实则是多维感官体验的一种形式。阿伦(Arun Saldanha,2002)对果阿的音乐旅游案例⑤进行了深入分析并揭示出"音乐与身体"之间的三种关系:首先,音乐是时间媒介在内在时间层面的展开;其次,音乐是通过空间融入而展开的,它与环境、建筑、文学、绘画结合在一起,甚至与美食的嗅觉体验、花香的嗅觉体验融为一体,以一种直接的方式触动听者的多感官体验;最后,身体与建筑的共

---

① Jan Jindy Pettman. Body Politics: International Sex Tourism[J]. Third World Quarterly,1997,18(1):93-108.

② Margaret Byrne Swain. Gender in Tourism[J]. Annals of Tourism Research,1995,22(2):247-265.

③ Lynda Johnston. (Other) Bodies And Tourism Studies[J]. Annals of Tourism Research,2001,28(1):180-201.

④ Giuli Liebman Parrinello. The Technological Body in Tourism Research and Praxis[J]. International Sociology,2001,16(2):205-219.

⑤ Arun Saldanha. Music Tourism and Factions of Bodies in Goa[J]. Tourist Studies,2002,2(1):43-62.

处以及在外在时空的环绕与包围中,身体不仅获得了多感官体验,也可实现身体与心神的高度统一。苏珊·弗罗利希(Susan Frohlick)和林达·约翰斯顿[1]则以新西兰的"100% 纯运动"和哥斯达黎加的"天然元素"两个旅游宣传活动为例,研究了旅游品牌塑造中身体和地方如何被共同建构并成为游客向往的天堂。旅游目的地塑造旅游品牌时,运用常见的景观修辞包括自然、纯净、野生和逃避等话语,赋予地方和身体以"自然""异国情调"和"浪漫",试图通过话语背后的日常体验分析,挑战话语表征霸权,但又体现出"旅游与语言"之间的感知关系。

4)旅游中的身体移动现象

旅游中的身体是移动的:移动的身体,"自我"在行动。法内尔(B. Farnell, 1999)认为对移动身体的研究可以增进对旅游作为社会行为的新理解[2],旅游中的手势、舞蹈等都是身体动态的具身实践,人们在结构化的象征空间中进行谈话或移动,以多种方式将行动符号和声音符号整合在一起而形成各种各样的环境。

旅游中的身体移动展现了人类生活经验的舞台。身体不是行为主义者所描述的纯粹的生物对象,而是可以被描绘成一个社会和文化身体的存在。不同的目的地、不同的社会角色、不同的旅游舞台都展现了旅游中身体动态的移动过程及特点。阿西诺多罗斯·克罗尼斯(Athinodoros Chronis, 2015)认为导游会参与旅游目的地的旅游表演,是作为动觉消费体验的一种典范[3],他基于分析移动的身体及其与周围空间的多种接合提出了三种旅游体验的"身体-空间"舞台化策略:空间化策略(strategies of spatialization)、在场策略(strategies of emplacement)及规训策略(strategies of regulation)。这三种模式通过重叠和交织以构建旅游舞台,同时扩展了现有旅游体验舞台化的知识系统:交流、物质和身体-空间(图 2.2),其中,身体的空间化策略,即基于身体感觉的可能性和身体对舞台上未知和姿势的感知;在场策略中,旅游表演使传统剧场转向开放式的移动的表演者与游客共建旅游舞台;规训策略主要体现为由旅游代理商控制舞台内采取何种适当的行动方式。

总体而言,对旅游者的身体研究有以下特点:①理论性研究。学者们试图基于旅游者身体的学术意义与价值,探讨旅游者身体对旅游者体验及行为形成机制的影响与作用。②系统性研究。研究者试图将神经科学、心理学的科研技术及实验方法引入研究,目的是为发现旅游情境下游客"身心"交互关系的规律及其应用。③具身表征性研究。"身体"概念的生物表征受到重视,一些特殊"身体"的群体如残障人、老年人、女性等被作为研究样本,研究目标主要为探讨相对稳定的生物变量对于旅游行为、旅游体验的限制、影响及其应用价值。

① Susan Frohlick, Lynda Johnston. Naturalizing Bodies and Places Tourism Media Campaigns and Heterosexualities in Costa Rica and New Zealand[J]. Annals of Tourism Research, 2011, 38(3): 1090-1109.

② B Farnell. Moving Bodies, Acting Selves[J]. Annual Review of Anthropology, 1999, 28: 341-373.

③ Athinodoros Chronis. Moving Bodies and the Staging of the Tourist Experience[J]. Annals of Tourism Research, 2015, 55: 124-140.

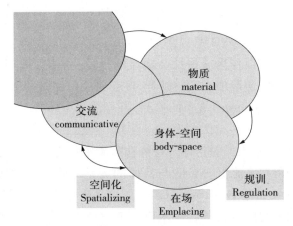

图 2.2　旅游体验的舞台化（Staging of the tourist experience）

资料来源：Athinodoros Chronis. Moving Bodies and the Staging of the Tourist Experience［J］. Annals of Tourism Research，2015，55：124-140.

2.3.3　旅游中的身体实践

1）三种实践形式

身体，不仅作为生物性的存在，也作为外部文化建构过程的产物而存在。事实上，对旅游中的身体研究涉及了人类学研究的整体观视角及方法，甚至通过物质性、社会性、文化性多角度的讨论感知身体参与旅游及获得旅游体验的具体形式，同时也可以构建出旅游中的身体知识，增强对旅游知识框架的关注。泽维尔·马图奇（Xavier Matteucci，2014）重点探讨了身体在旅游中的重要性，认为应对旅游体验的感官和具身性予以揭示，并聚焦于西班牙关于舞蹈和音乐的文化旅游体验①，指出文化旅游中的身体运用形式（Forms of body usage）大概有三种，且常常同时进行，有高度关联性。

（1）纪律性的身体（The disciplined body）

通过有纪律的身体实践（bodily practice），以寻求达到一定程度的自尊。如表演者通过高强度的练习和严格的饮食来控制身体，性感的弗拉门戈（flamenco）②舞者的刻板印象有助于塑造游客对他们身体形象的关注。

（2）表现性的身体（The expressive body）

身体实践的表达形式充分满足了自我表达和探索的需要。虽然表演是暂时的，但身体被用作具有创造力的实践以发挥个人的全部潜力，游客创造性地参与弗拉门戈舞蹈以展现他们的全部潜力。再如海滩旅游中的冲浪运动，身体也是极尽各种潜力来展现人对身体的

---

①　Xavier Matteucci. Forms of Body Usage in Tourists' Experiences of Flamenco［J］. Annals of Tourism Research，2014（46）：29-43.

②　弗拉门戈舞，一种西班牙舞，节奏快而强烈，有吉他伴奏。

高度控制力与表现力。

（3）消费性的身体（The consumptive body）

游客消费弗拉门戈舞蹈以作为获得社会地位的手段，身体则被用来对抗既定的社会结构。在对弗拉门戈舞认同的协调中，游客倾向于接受弗拉门戈舞的历史，那是关于吉普赛人（Gypsies）与安达卢西亚（Andalusia）战争的追溯，符号消费中体现了身体与经济、认同、历史及社会的关系。

通过关注身体，可以提高人们对身体及身体在旅游中特殊表现的理解，并通过旅游中的文化资本或经济资本的再生产来区分自我与身体的关系。此外，还有些领域需要引起关注如整形外科旅游（Cosmetic surgery tourism, CST）[1]，这是医疗旅游业增长趋势的一部分，一些人通过前往不发达国家和地区进行整容手术以改变自己的身体，这种跨国项目受到了经济"物质性"和旅行文化"想象力"的影响，游客将他们的身体置于最前沿以寻求医疗整形和旅游的乐趣，并推动全球的旅游部门、医疗部门和经济部门的合作与发展，在此情况下，身体不仅被商品化而且超出了旅游消费的范畴。

2）三种研究视角

（1）非表征理论（Non-representational theory）

20世纪70年代，有学者（Kitchin等人）提出了非表征理论，该理论强调日常生活中具身的、被感知的、情境化的以及基于语言和物体的技术化实践。地理学家对非表征理论的兴趣激发了对行为、实践和感知的探讨，身体研究中非表征理论不再关注身体的结构和象征转而关注身体的存在；不再关注身体是什么而关注身体可以做什么，除对视觉的关注外更关注身体综合感官感受。

近年来，旅游研究领域逐渐关注到身体在旅游体验中的非表征性。保罗·奥夫拉多-庞斯（Pau Obrador-Pons, 2003）关注梅诺卡岛海滩上的男性裸体行为[2]，研究了赤裸的感受和赤裸现象如何被他人体验，肯定了触觉在海滩上的优越性，并认为触觉为理解难以捉摸的海滩体验、身体表现力和道德品质、身体与环境的相互关系提供了新的机会。泽维尔·马图奇（Xavier Matteucci, 2014）认为旅游中的身体不只是"看"的，也有综合感官体验，旅游者用多种方式来实践和感受身体。如果说对"凝视"的关注有助于人们理解身体是如何被规训的，那么，关注那些语言不能表达的事物则有助于人们理解很少被关注却不断进行表演实践的普通人。

（2）具身认知理论（Embodied cognition theory）

21世纪以来，很多学者都认为具身理论可帮助研究者创新视角，以解释人们在不同空间的行为、认知以及态度的形成机制，具身理论的不断成熟为旅游研究提供了一个全新理论

① Erynn Masi de Casanova, Barbara Sutton. Transnational Body Projects: Media Representations of Cosmetic Surgery Tourism in Argentina and the United States[J]. American Sociological Association, 2013,19(1):57-81.

② Pau Obrador Pons. Being-on-holiday Tourist Dwelling, Bodies and Place[J]. Tourist Studies, 2003,3(1):47-66.

视角。

认知科学是逐步兴起的新兴交叉综合性学科,以理解和研究人类心智本质及其形成规律为主要目标,其理论基础涵盖了哲学、心理学、计算科学、生物学、神经科学、人类学等多个自然学科与人文学科,具有跨学科特点。作为交叉综合性的认知科学的基础理论,具身认知理论为"身体"与"心灵"两大研究领域的知识融合提供了系统性的理论框架。与传统旅游研究相比,从具身视角出发更有利于研究者融合生物学、神经学等自然科学研究成果,以跨学科视角去解释旅游者在社会及自然环境中的身心互动关系,探讨身体在限制性条件下旅游者的态度、感觉、知觉、情绪等内隐性体验及其与旅游情境中其他要素之间的协同关系和影响机制,这些研究成果将对旅游发展研究有重要参考价值。

具身(Embodiment)的概念,已越来越多地出现在旅游研究相关文献中,反映了人作为生物与其环境的关系。法内尔(1999)认为旅游是身体动态的具身表演,是寻求存在和意义的体验场所,[1]身体具有多重性意义,包括社会和物质的"两个身体",也包括个人身体、社会身体和政治身体的"三个身体",或者还要增加消费身体和医疗者的身体。

还要看到,旅游中的具身现象很复杂,包括具身空间(embodied space)、具身实践(embodied practice)、具身表演(embodied performance)等形式,特别是具身空间的概念将身体中的不同概念及状态都结合在一起了。第一,具身空间强调身体作为生物性的存在以及在日常生活中的重要性,具身空间是一个集说话与行动于一处的地方,也是强调空间中身体的隐喻和物质,以及与现有社会结构进行交流、转换和竞争的身体空间[2](Setha M. Low, 2003)。第二,具身空间是与旅游实践与表演性相关联的地方,如旅游体育活动、登山探险等都需要游客的具身实践。所以,旅游也被认为是一种实践,游客的具身实践通常是日常的"非表征"实践。第三,具身表演中的"表演"可以与作为权威话语的惯习和实践重复合并在一套社会规范中强制执行;旅游表演既可以是有意识的也可以是无意识的,而游客主要从不同环境与旅游舞台中的旅游实践以寻求"自我"。[3]

(3)具身体验理论(Embodied experience)

起源于哲学的"体验"一词是一个内涵丰富的概念,现象学家胡塞尔和存在主义学家海德格尔将体验的概念引入认知领域并提出从具身角度理解个体的主观体验,具身性被认为是体验的基本特征。梅洛-庞蒂指出基于心理现象理解体验现象是不够的,体验是"意识内在地与世界、身体及他人建立联系",即只有深刻地认识到体验与身体、世界以及他人的复杂性系统关系才能发现客观的体验规律。从具身体验视角来看,身体的生物属性包括人的身高、体重、四肢长度、姿势、肌肉、皮肤、消化系统、感觉器官、神经等,与外部嵌入环境之间的互动关系即身体体验是人类"体验"形成的基础条件。

① B Farnell. Moving Bodies, Acting Selves[J]. Annual Review of Anthropology, 1999,28:341-373.
② Setha M Low. Embodied Space(s), Anthropological Theories of Body[J]. Space & Culture, 2003,6(1):9-18.
③ Xavier Matteucci. Forms of Body Usage in Tourists' Experiences of Famenco[J]. Annals of Tourism Research, 2014(46):29-43.

综上,身体从来都不只是简单的身体,身体与心灵或精神亦非泾渭。关于"旅游与身体"的实践意义还在于可以促进旅游产品品质的进一步提升。张进福认为品质旅游对精神的观照应投射到"身体"层面,不应忽略身体甚至更应关注身体。身体转向视角下对身体的重视与体认,反映了身体所承载个体的觉醒,凸显了当前大众旅游中的身体需求。旅游不仅要满足"高层次"需求,更要考虑"低层次"需求;既要考虑"精神",又要取悦身体(张进福,2018)。例如,乡村旅游虽强调"记住乡愁"、回归自然等形而上的精神需求,但取悦身体的乡野美食品尝却也是当前普遍的客观事实。当然,脱离身体讨论品质将是一种空谈。漠视身体或过度关注身体都难以获得很好的精神与情感体验,因此,通过旅游供给服务,使"身体"与"精神"相融合,是更高旅游品质的要求与体现。

本节参考阅读与学习材料:

[1] Jan Jindy Pettman. Body Politics: International Sex Tourism[J]. Third World Quarterly, 1997,18(1):93-108.

[2] Lynda Johnston. (Other) Bodies And Tourism Studies[J]. Annals of Tourism Research, 2001,28(1):180-201.

[3] Nancy A Wonders, Raymond Michalowski. Bodies, Borders, and Sex Tourism in a Globalized World: A Tale of Two Cities—Amsterdam and Havana[J]. Social Problems, 2001,48(4):545-571.

[4] Giuli Liebman Parrinello. The Technological Body in Tourism Research and Praxis[J]. International Sociology,2001,16(2):205-219.

[5] Arun Saldanha. Music Tourism and Factions of Bodies in Goa, Tourist Studies[J]. 2002,2(1):43-62.

[6] Pau Obrador Pons. Being-on-holiday Tourist Dwelling, Bodies and Place[J]. Tourist Studies,2003,3(1):47-66.

[7] Karl Cater, Paul Cloke. Bodies in Action the Performativity of Adventure Tourism[J]. Anthropology Today,2007,23(6):13-16.

[8] Sally Everett. Beyond the Visual Gaze?: The Pursuit of an Embodied Experience through Food Tourism[J]. Tourist Studies,2009,8(3):337-358.

[9] Diana Mincyte Monica J, Casper C L Cole. Bodies of Nature Politics of Wilderness, Recreation, and Technology[J]. Journal of Sport & Social Issues,2009,33(3):199-205.

[10] Fernando Santos-Granero. Hybrid Bodyscapes A Visual History of Yanesha Patterns of Cultural Change[J]. Current Anthropology,2009,50(4):477-512.

[11] Jane W Davidson. Bodily Movement and Facial Actions in Expressive Musical Performance by Solo and Duo Instrumentalists: Two Distinctive Case Studies[J]. Psychology of Music, 2012,40(5):595 -633.

[12] Susan Frohlick, Lynda Johnston. Naturalizing Bodies and Places: Tourism Media

Campaigns and Heterosexualities in Costa Rica and New Zealand[J]. Annals of Tourism Research,2011,38(3):1090-1109.

[13] Athinodoros Chronis. Moving Bodies and the Staging of the Tourist Experience[J]. Annals of Tourism Research,2015,(55):124-140.

[14] B Farnell. Moving Bodies, Acting Selves[J]. Annual Review of Anthropology,1999,28:341-373.

[15] Setha M Low. Embodied Space(s), Anthropological Theories of Body, Space and Culture[J]. Space and Culture,2003,6(1):9-18.

[16] Margaret Byrne Swain. Gender in Tourism[J]. Annals of Tourism Research,1995,22(2):247-265.

[17] 陶伟,王绍续,朱竑. 身体、身体观以及人文地理学对身体的研究[J]. 地理研究,2015,34(6):1173-1187.

[18] 何社林. 身体文化与旅游[J]. 佳木斯职业学院学报,2018(3):457-458.

[19] 邓萍,王丽,马小骅. 旅游风景中的身体认知隐喻[J]. 贺州学院学报,2011,27(2):64-67.

[20] 潘海颖. 身体美学与休闲——舒斯特曼美学思想的理论与实践[J]. 旅游学刊,2013,28(9):114-120.

[21] 樊友猛,谢彦君. 具身欲求与身体失范:旅游不文明现象的一种理论解释[J]. 旅游学刊,2016,31(8):4-6.

[22] 谢彦君,樊友猛. 身体视角下的旅游体验——基于徒步游记与访谈的扎根理论分析[J]. 人文地理,2017(4):129-137.

[23] 麻国庆. 身体的多元表达:身体人类学的思考[J]. 广西民族大学学报,2010(3):43-48.

[24] 胡艳华. 西方身体人类学:研究进路与范式转换[J]. 国外社会科学,2013(6):125-132.

[25] 任赟娟. 人类学视野中身体研究新转向——《身体化的人类学》评介[J]. 内蒙古师范大学学报,2016,45(6):44-49.

[26] 潘宝. 空间秩序与身体控制:博物馆人类学视域中的观众[J]. 中国博物馆,2014(4):37-44.

[27] 章立明. 中国身体研究及其人类学转向[J]. 广西民族研究,2008(2):46-55.

[28] 吴俊,唐代剑. 具身认知理论在旅游研究中的应用:以跨学科为视角[J]. 商业经济与管理,2017(6):71-77.

[29] 张进福. 身体转向与品质旅游的"逆向"需求[J]. 旅游学刊,2018(12):1-3.

2.4 旅游与文化

2.4.1 旅游与文化的关系

1)文化在旅游中的重要性

文化在旅游中扮演着重要角色,"如果没有文化在其中发挥作用,每个地方看起来都是一样的"①。文化对于旅游的重要作用主要表现在:文化决定着旅游者对旅游目的地的选择,也影响着旅游者的旅游信息搜集、旅游出行决策、旅游消费行为、旅游体验以及旅游感知和评价。文化决定旅游资源的特征、多样性、丰富度和吸引力,对旅游资源的组合开发也有影响,文化还可以不断形成新的旅游资源。没有文化的旅游资源是没有吸引力的,不同文化背景下旅游资源的开发模式有很大差异。文化是联系旅游主体和旅游客体的纽带和桥梁,对旅游业的内涵、核心竞争力与旅游经营管理模式等多方面都有影响。

2)旅游的文化属性

旅游与文化相伴相生。1981年,著名经济学家于光远就曾指出:旅游是经济性很强的文化事业,又是文化性很强的经济事业。"文化是旅游的灵魂,旅游是文化的载体",因为旅游活动从本质上讲是一种文化活动,无论是旅游开发、旅游经营还是旅游消费活动都具有强烈的文化属性。旅游是综合性的人类社会活动,具有经济属性、政治属性、社会属性与文化属性等多重属性,其文化属性主要体现在三个方面:文化是旅游者的主要旅游动机,旅游者是依赖于一定社会文化背景而产生的,是旅游者的出发点和归结点;文化是旅游资源的主要内涵;文化是旅游业的依托和灵魂,旅游业设施服务是一定社会文化环境的自我表现。

3)旅游与文化的互动影响

旅游与文化的互动影响是多方面多层次的,旅游业发展会对旅游目的地文化产生各种积极影响与消极影响,积极影响有:可以促进地方经济和文化的发展,有利于保护自然栖息地,推动旅游目的地的区域性发展,有利于保护、复兴当地传统和文化,有利于成为可持续旅游的重要形式等;消极影响有:造成地方文化尤其民族文化的商业化趋势,破坏自然环境和文化环境,不利于环境承载环境的改善,导致"文化污染"甚至是"文化冲突"。

---

① Priscilla Boniface. Managing Quality Cultural Tourism[M]. New York:Routledge,1995.

4）文化旅游与旅游文化

文化旅游（Cultural Tourism）一词，最早是国外学者麦金托什（McIntosh）于 1986 年提出。在国内，魏小安（1987）在《旅游文化与文化旅游》一书中最早提出"文化旅游"的概念，指出文化旅游具体体现在制度文化、传统文化、民族文化、民间文化四方面。张晓萍（2005）认为，文化旅游是指那些以文化作为旅游的灵魂和核心，以文化吸引物为主要外部因素，去寻找不同文化形式的生活体验、拓展文化视野、完善自我的发展性旅游。

"旅游文化"（Tourist Culture）一词，是 1977 年美国学者罗伯特·麦金托什和夏希肯特·格波特在《旅游学——要素·实践·基本理论》一书中首次使用，认为它是"在吸引和接待游客与来访者的过程中，游客、旅游设施、东道国政府和接待团体的相互影响所产生的现象与关系的总合"。1984 年版《中国大百科全书·人文地理》指出，旅游与文化有着不可分割的关系，旅游本身就是一种大规模的文化交流，从原始文化到现代文化都可以成为吸引游客的因素。

一般认为，"文化旅游"与"旅游文化"是两个截然不同的概念，马波先生在《现代旅游文化学》中指出，文化旅游属于动态的活动范畴，是旅游的一种类型；旅游文化属文化的范畴，是文化的一个门类。

2.4.2　文化旅游的内涵（Cultural Tourism）

1）文化旅游的源起

文化旅游的源头可以追溯到"大旅行"（The Grand Tour）时期[①]。16 世纪开始，英国一些富人到法国、意大利等地旅行游历以学习外国语言，观察外国文化，了解异地的艺术、礼仪、文化和社会。17 世纪后期和 18 世纪，这种为了获得教育和文化的旅行不断增长，"大旅行"发展达到巅峰。19 世纪，大规模的铁路和轮船技术也得到发展，托马斯·库克组织了一次中产阶级旅行团的旅行，参与者们认为通过对这些所谓高级文化的了解就可以了解上层社会的文化如文艺复兴时期的绘画、罗马的雕塑与建筑及法国语言[②]。

19 世纪后期以前，对文化旅游的理解集中于差异概念，即与欧美"文明"相对的一种文化差异。后来，旅游被视为轻松逃离现代性和工作压力的手段，如夏威夷开始被作为太平洋上的"天堂"进行营销，有机会就去度假，清除精神"蜘蛛网"，享受快乐而"温柔的"文化。

20 世纪前半叶，世界经济、政治、文化格局不稳定，旅游业陷于停滞状态。第二次世界大战后，旅游活动大规模增长。20 世纪 70 年代后期，文化旅游开始被认为是一个独特的产

---

① Melanie Smith，Mike Robinson. Cultural Tourism in a Changing World：Politics，Participation and（Re）presentation［M］. Bristol：Channel View Publications，2006.

② Linda L Lowry. The SAGE International Encyclopedia of Travel and Tourism［M］. Thousand oaks：SAGE Publications Inc，2017.

品,那时的旅游从业人员和旅游研究人员已意识到文化旅游可以更深入地了解目的地的文化或遗产(Tighe,1986)。最初,它被认为是一种专门的小众活动,被认为是少数受过良好教育的富裕的游客所追求的,他们正在寻找标准沙滩、阳光和海洋假期以外的其他东西。

20 世纪 80 年代以来,文化旅游有所发展,并在旅游与休闲的讨论中逐渐独立出来。作为一种特殊兴趣的旅游类型,文化旅游主要是寻求和参与新的和深层次的文化体验。20 世纪 90 年代,随着大众旅游的发展,文化旅游有了更大规模的增长,其中有 35% ~70% 的国际旅客被视为文化游客(Richards,1996),文化旅游一词也成为与生态旅游一样广为流行的旅游术语。

2)文化旅游的定义

"文化旅游"的定义有很多。在早期的研究中,文化旅游被认为是"一个没有理论家园的领域"(Robert A. Stebbins,1996),文化旅游参与度不高,只是一种严肃休闲(serious leisure)。罗伯特(Robert)认为文化旅游在严肃休闲理论的框架内被视为一种文科类的爱好[1],这种严肃休闲具有"五个品质":对业余兴趣、爱好或志愿者活动的系统追求;通过征服逆境产生对活动的积极感受;通过努力获得特殊的知识、培训或技能;具有独特的风格和特殊的成长经历,参与者往往强烈地认同他们所选择的追求;具有自我实现、自我充实、自我表达、自我再生或自我更新、成就感与自我形象的增强以及互动和归属的益处,所以文化旅游是一种严肃的休闲或从日常生活延伸的概念[2]。

随着旅游业的发展,学界对文化旅游的关注度越来越高,出现了很多文化旅游定义。雷辛格(Reisinger,1994)将文化旅游定义为一种为了特殊兴趣和体验的"新形式",是为了寻求或参与审美、知识、情感或心理的深层的文化体验。西伯贝格(Silberberg,1995)提出一个广义的文化旅游定义:东道主社区以外的人出于对某一社区、地区或机构的历史、艺术、科学、生活和遗产感兴趣的参观访问,包括各种博物馆、节日、建筑、遗产的文化旅游目的地,以及与食物、语言和宗教相关的各类文化景点。玛丽安娜·西加拉(Marianna Sigala)与大卫·莱斯利(David Leslie)指出,文化旅游是"新旅游"中一种"最古老"的形式。泰格(Tighe,1986)指出,文化旅游的目的是要了解和体验目的地文化,包括历史遗产、艺术手工艺品及展览会、节日、博物馆、表演和视觉艺术等。霍尔和齐佩尔(Hall 和 Zeppel,1990)从体验的角度定义文化旅游,认为游客的主要目的是参与和体验表演艺术、视觉艺术和节日活动;文化旅游和遗产旅游的一个重要共同点即文化体验,无论是访问景观、历史遗址、建筑物还是纪念碑都是在体验。弗里奇(Fridgen,1991)从游客的角度描述了文化旅游,指出:对于外人来说,一个地区的文化本身就代表一种吸引力,对文化感兴趣的游客会寻求接触当地的行为和传统,

---

① Robert A Stebbins. Cultural Tourism as Serious Leisure[J]. Annals of Tourism Research, 1996.

② Theopisti Stylianou-Lambert. Gazing from Home:Cultural Tourism and Art Museums[J]. Annals of Tourism Research, 2011,38(2):403-421.

接触不同的生活方式或正在消失的生活遗迹①。厄兹兰·科扎克(Ozeland Kozak, 2012)则从文化旅游的动机角度出发将文化旅游者分为五个独特的群体：追求放松型(Relaxation Seekers)、追求体育型(Sports Seekers)、家庭导向型(Family Oriented)、逃避现实型(Escapists)和追求成就与自主型(Achievement and Autonomy Seekers)。②

要从众多的定义中把握文化旅游是非常困难的，可以通过与相关概念的区别来理解与把握。

首先，文化旅游与民族旅游既有联系也有区别。瓦伦·史密斯(1978)认为，民族旅游(ethnic tourism)常常以古老的土著或异国民族的古朴风俗进行推销；伍德(1984)以关注生活在文化认同中的人们来定义民族旅游。文化旅游与民族旅游是"连续体"中的同一概念，民族旅游强调少数族群，文化旅游更关注文化的内容。

其次，文化旅游与遗产旅游、艺术旅游关系密切但有不同侧重。霍华德·休斯(Howard L. Hughes, 1996)认为常用的文化旅游是指前往参观历史建筑、遗址、博物馆、艺术画廊，参观当代绘画和雕塑或参加表演艺术，前者被称为"历史旅游"或"遗产旅游"，后者是"艺术旅游"。理查德(Richards, 1996)提出了文化旅游的概念定义和技术定义，概念定义是指"为了满足人们的文化需求远离其常住地在文化景点的移动"；技术定义是指"外来者在其常住地之外的文化景点的旅游，文化景点如特定遗址、艺术和文化表演、艺术和戏剧"，这些定义基本涵盖了"遗产旅游"(与过去的文物有关)和"艺术旅游"(与当代文化生产有关)的内容，文化旅游、遗产旅游、艺术旅游、民族旅游和许多其他术语在使用中甚至可以互换。

最后，需要指出的是，文化概念的复杂性影响了对文化旅游的理解。文化旅游被认为是英语中最复杂的词汇之一，甚至使用混淆，其原因主要是由于文化旅游的范围、类型、时间及旅行方面界限模糊，范围上的宽与窄、时间上的传统与现代、类型上的对象与表现、旅行上的背景与非背景都造成了人们对文化旅游理解的不同③。例如，从范围层面来看，文化旅游者的兴趣可能是广泛的也可能是狭窄的。游客着眼于最广意义上的体验和访问旅游目的地的艺术、手工艺、工作、宗教、语言、传统、食物和服饰等各种文化，这即是广义的文化旅游，在这个意义上，"文化旅游"的使用也是最普遍的。鲍勃·麦克克尔与希拉里·杜克罗斯(Bob McKercher, Hilary du Cros)指出，几乎不可能用一两句话来掌握文化旅游的全部本质。可以从以下四个方面来理解文化旅游(Bob McKercher and Hilary du Cros, 2002)④(图2.3)。

---

① Marianna Sigala, David Leslie. International Cultural Tourism: Management, Implications and Cases[M]. Amsterdam: Elsevier Ltd, 2005:6.

② Richards Greg. Cultural Tourism: A Review of Recent Research and Trends[J]. Journal of Hospitality and Tourism Management, 2018(36):12-21.

③ Howard L Hughes. Culture and Tourism: a Framework for Further Analysis[J]. Managing Leisure, 2002(7):164-175.

④ Bob McKercher, Hilary du Cros. Cultural Tourism: The Partnership Between Tourism and Cultural Heritage Management [M]. New York: The Haworth Hospitality Press, 2002.

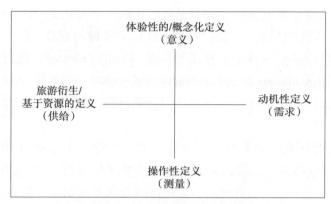

图2.3　文化旅游的定义领域

（1）旅游衍生性定义（Tourism-Derived Definitions）

将文化旅游置于更广的旅游学和旅游管理理论框架内，文化旅游被认为是一种特殊兴趣的旅游方式，其中，文化是吸引游客或激励人们旅行的基础和目的。若将其置于旅游系统中，它涉及人、地点和文化遗产之间的相互关系。从管理角度来看，文化旅游涉及旅游景区以及各种景点的开发和管理。

（2）动机性定义（Motivational Definitions）

有学者认为文化游客的动机不同于其他游客，因此在定义文化旅游时必须将动机视为一个重要因素。世界旅游组织（WTO）做了如下的文化旅游定义：人们出于文化动机的旅游，包括研学旅行、观看表演艺术文化，参加节日及其他文化事件旅行，参观遗址，观赏与参观自然、民俗、艺术或宗教朝圣[①]。

（3）体验或意愿性定义（Experiential or Aspirational Definitions）

文化旅游是一种体验活动，动机因素并没有包含文化旅游的全部内容。有学者认为文化旅游更多涉及体验，是对独特的社会机构、遗产、特殊地点的不同程度的接触、体验。游客希望通过体验文化而受到教育和娱乐，有机会了解社区或者学习地方文化；尤其可以通过引导游客了解文化传统，并帮助游客从不同的角度理解当下。

（4）操作性定义（Operational Definitions）

操作性定义是最常用的定义方法。前三种定义包括一系列的操作要素，如"文化旅游是参观……"，即文化旅游是参加任何一项活动或经历，如果有人访问其中一个景点，那个人必定是文化旅游者，那种活动必须是文化活动。

可以看到，文化旅游的定义是松散的，这主要受限于"文化"的内容。对文化旅游的理解其实还很有限，文化旅游的概念主要围绕文化资源展开，而"娱乐"被排除在外，"文化旅游通常不包括现场娱乐，像综艺节目、哑剧、流行音乐会、民间音乐、舞蹈、马戏、喜剧和魔术

---

① Marianna Sigala, David Leslie. International Cultural Tourism: Management, Implications and Cases[M]. Amsterdam: Elsevier Ltd, 2005:6.

等"①。随着文化旅游市场的发展,文化旅游的范围越来越宽泛,文化旅游消费不再局限于
"严肃"而涵盖了"高文化"和"流行文化"等各个方面②,还包括城市文化旅游与乡村文化旅
游,涉及传统与现代、自己国家与其他国家,日常生活的刻板印象和异国情调的各种对比③。

3)文化旅游类型与文化旅游者类型

文化旅游是一个宽泛的概念,从宏观与微观的角度对其进行理解的话,文化旅游主要有
以下几种类型(表 2.2)。

表 2.2　文化旅游的分类

文化旅游类型	旅游产品/活动
遗产旅游 Heritage tourism	·自然和文化遗产(与自然或生态旅游密切相关) ·物质的:建筑遗产、建筑遗址、世界遗产、国家和历史纪念馆 ·非物质的:文学、艺术、民俗 ·文化遗产:博物馆、藏品、图书馆、剧院、活动场所、与历史人物相关的记忆
文化主题线路 Cultural thematic routes	·广泛的主题和类型:精神、工业、艺术、美食、建筑、语言、方言、少数民族
文化城市旅游/文化线路 Cultural city tourism, cultural tours	·"经典"城市旅游,观光 ·欧洲文化之都 ·城市,作为文化旅游的创意空间
传统/民族旅游 Traditions, ethnic tourism	·当地文化的传统 ·族群多样性
节事旅游 Event and festival tourism	·文化节事:音乐节事(经典和轻音乐或流行音乐)、美术节事
宗教旅游/朝圣路线 Religious tourism/pilgrimage routes	·访问宗教场所和地点,有宗教动机 ·参观宗教场所和地点,没有宗教动机 ·朝圣线路
创意文化/创意旅游 Creative culture/creative tourism	·传统文化和艺术活动:表演艺术、视觉艺术、文化遗产和文学 ·文化产业:印刷品、多媒体、新闻、电影、视听和唱片产品、工艺、设计

资料来源:János Csapó. The Role and Importance of Cultural Tourism in Modern Tourism Industry, (Kasimoglu, Murat)Strate-gies for Tourism Industry—Micro and Macro Perspectives[M]. London:InTech,2012.

同时,也可以对文化旅游者进行类型划分。理查德(Richard,1994)认为可分为"一般文
化旅游者"(general cultural tourist)与"特定文化旅游者"(specific cultural tourists)两大类。
前者更倾向于传统的文化旅游者,如年长的、富裕和受过良好教育的旅游者,他们在"遗产"

①　Howard L Hughes. Redefining Cultural Tourism[J]. Annals of Tourism Research,1996,23 (3):707-709.

②　Greg Richards. Cultural Tourism:Challenges for Management and Marketing, Trends in Outdoor:Recreation, Leisure, and Tourism[M]. London:CABI, 2000:187-196.

③　Ioan Petroman, Cornelia Petroman, Diana Marin, et al. Types of Cultural Tourism[J]. Animal Science and Biotechnolo-gies, 2013,46 (1):385-388.

景点(如博物馆和纪念碑)的停留时间更长;相比之下,后者可能是年轻人、自营职业者,他们往往会在艺术景点停留并参与艺术节事活动。西伯贝格(Silberberg,1995)基于加拿大安大略省的实证研究以文化旅游在旅行决策中的重要性来进行细分,确定了四种类型的文化旅游者:受文化激励的人,有部分文化动机的人,文化在旅行决策中扮演辅助角色的文化游客,不打算去文化景点的游客但在旅途中的某个时间参观了文化旅游景点。①麦克彻(McKercher,2001)在此基础上将体验深度增加为第二维度,认为即使旅游者的动机水平表面上相似,不同的游客也可能有不同的体验,并确定了五种文化旅游者类型(表2.3):

①有目的的文化旅游者,文化是主要关注点,能非常敏感地认识文化和遗产,且有丰富的文化体验。

②业余的文化旅游者,有很高的积极性,仅关注文化亮点,有较浅的或游览业余的文化体验。

③偶尔的文化旅游者,目的地的文化和遗产对旅游决策起着一定作用,是休闲文化旅游者,但个人的体验很少,不一定深入参与文化体验。

④偶然的文化旅游者,出于文化或遗产原因,而不是出于旅行的目的,但仍然参观文化景点,旅游体验不够,甚至以正式方式参与文化体验。

⑤意外的文化旅游者,主要出于旅行的动机,而不是出于文化原因,文化体验可能不重要,但在目的地时新的文化体验会很吸引人。

这种分类在学界的使用较为广泛。但是,时间可用性、旅行合作伙伴、旅行团参与、意识水平、兴趣水平、教育、种族背景和其他因素也可能会对整个旅游过程产生影响。

此外,他还结合旅游者的体验深度和参与程度,设计出由五种不同类型的文化旅游者组成的二维模型:有目的的文化旅游者(高中心性/深度体验)、业余的文化旅游者(高中心/浅层经验)、偶尔的文化旅游者(适度的中心/浅层体验)、偶然的文化旅游者(低中心/浅层经验)和意外的文化旅游者(低中心/深度体验)。

表2.3　文化旅游者的类型及参与活动

细分	描述	首选活动
有目的的文化旅游者 Purposeful cultural tourist	文化旅游在旅游决策中起着核心作用,有深厚的文化体验	·在智力上挑战学习经历 ·历史博物馆、艺术画廊、寺庙和遗产地,鲜为人知
业余的文化旅游者 Tour-amateur cultural tourist	文化旅游在旅游决策中起着核心作用,但有较肤浅的文化体验	·长途跋涉到目的地 ·游览和在街上游逛是最受欢迎的活动 ·访问偏远地区
偶尔的文化旅游者 Occasional cultural tourist	文化旅游在旅游决策中起着温和的作用,有着肤浅的文化体验	·参观易于到达的景点和寺庙 ·会探索,但不是旅游文化游客

① Bob McKercher, Pamela S Y Ho, Hilary Du Cros, et al. Activities-Based Segmentation of the Cultural Tourism Market [J]. Journal of Travel & Tourism Marketing, 2002, 12(1): 23-46.

续表

细分	描述	首选活动
偶然的文化旅游者 Incidental cultural tourist	文化旅游在旅游决策中起着微不足道的作用,根本没有任何作用,文化体验也肤浅	·易于到达且可在城镇中找到的景点 ·遗产主题公园 ·避开寺庙和其他宗教场所
意外的文化旅游者 Accidental cultural tourist	文化旅游在旅游决策中起很小的作用或根本没有任何作用,参加活动后才有肤浅的文化体验	·没有典型的游客

资料来源:Bob McKercher, Pamela S Y, Hilary Du Cros et al, Activities-Based Segmentation of the Cultural Tourism Market [J]. Journal of Travel & Tourism Marketing,2002,12(1):23-46.

4)文化旅游市场及文化旅游产品

文化旅游已成为主流的大众旅游活动,市场规模不断拓展。早在多年前,世界旅游组织就预计文化旅游占所有旅游活动的 37%,且每年增长 15%(Richards,1996)。泰德·西尔伯格(Ted Silberberg, 1995)指出,以博物馆与遗产地为主的文化旅游是重要经济效益来源,20世纪 80 年代文化旅游增长 48%,20 世纪 90 年代文化旅游增长 88%。[①]文化旅游市场的增长与文化旅游产品的品质、旅游者对文化旅游产品的体验需求增长都是分不开的。

文化旅游产品的范围很广,其类型包括旅游目的地的有形文化遗产和无形文化遗产两大类,如考古遗址、博物馆、城堡、宫殿、历史建筑、著名建筑、废墟、艺术、雕塑、工艺品、画廊、节日、活动、音乐等文化遗产资产;以及舞蹈、民间艺术、戏剧、"原始文化"、亚文化、民族社区、教堂、大教堂和代表人类及其文化的其他事物。文化旅游产品还包括现有基础设施和吸引物的系列产品,其规模可以是一个建筑物、一个建筑群、街道景观、一个城市内某区域、整个城市或城镇、一个地区,也可以是整个国家。[②]

总的来说,文化旅游的综合性很强,基于前述四个方面的理解可以认为,强调文化差异及文化体验的获得对把握文化旅游的本质有重要意义。文化旅游是一种特殊兴趣的旅游方式,是出于文化动机而进行的旅游体验活动。东道主目的地文化与游客来源地文化差异越大,文化旅游产品的吸引力越大,文化旅游产品品牌越突出,游客也越能获得高品质的文化旅游体验。[③]

① Ted Silberberg. Cultural Tourism and Business Opportunities for Museums and Heritage Sites[J]. Tourism Management, 1995,16(5):361-365.

② Bob McKercher, Hilary du Cros. Cultural Tourism: The Partnership Between Tourism and Cultural Heritage Management [M]. New York: The Haworth Hospitality Press,2002.

③ Bob McKercher, Pamela S Y Ho, Hilary Du Cros et al. Activities-Based Segmentation of the Cultural Tourism Market [J]. Journal of Travel & Tourism Marketing,2002,12(1):23-46.

2.4.3　旅游文化(Tourism Culture[①])的结构

1)旅游文化的研究

文化景点、文化吸引物和文化活动为旅游提供了重要的动力,旅游也发展形成了一种旅游文化,当然,它并不是"旅游"与"文化"的简单合并。人类学家詹姆斯·克利福德(James Clifford)最早将20世纪晚期出现的旅游现象定义为"旅行文化"(traveling cultures),并从人类社会、族群、时空、历史、文化等背景来讨论其发生与发展。肖洪根(1994)指出,西方是把旅游者放在旅游文化结构研究框架的中心位置,以跨文化交际为媒介,研究旅游过程中主客"碰撞"而产生的各种文化现象,突出这个概念的动态特征。国内对旅游文化的研究始于20世纪80年代,后来,有一些高校还开设了"旅游文化学"课程。20世纪90年代中后期,学界探讨了旅游的学科地位,提出旅游文化也应该有自己的学科地位。

对于旅游文化有多种不同的定义。魏小安(1987)指出,旅游文化是通过旅游这一特殊的生活方式满足旅游者求新、求知、求乐、求美的欲望而形成的综合性现代文化现象。马波(1998)认为,旅游文化是旅游者和旅游经营者在旅游消费或旅游经营服务过程中所反映、创造出来的观念形态及其外在表现的总和,是旅游客源地社会文化和旅游接待地社会文化通过旅游者这个特殊媒介相互碰撞和作用的过程和结果;并从旅游主体结构的角度出发,将其分为旅游消费文化(如旅游消费行为文化、旅游审美文化)与旅游经营文化(如旅游产品经营文化、旅游企业文化、旅游目的地经营文化)两大类。刘敦荣(2008)从旅游的三要素出发,认为旅游文化是旅游主体文化、旅游客体文化和旅游介体文化三者结合在一起的特殊文化形态。赵红梅(2014)梳理了国内从1986年到2013年之间有关"旅游文化"的论文,指出长期以来在国内学术界"旅游文化"经常被等同于"文化旅游资源""文化旅游产品",而完全忽略了对旅游文化的主体——人的研究,注重概念思辨,产生了大量有旅游文化之实而无旅游文化之名的研究成果。她指出,在人类学意义上,旅游文化是多元文化主体在相互接触中所形成的自我协调的意义系统,这一系统是由各介入主体围绕旅游活动而创造产生的。

一般地,可将旅游文化理解为:以旅游活动为核心而形成的文化现象和文化关系的总和。旅游文化具有多元二重性,主要表现在:①旅游文化是旅游消费文化和旅游经营文化的对立统一;②旅游文化是文化求异与文化认同的统一;③旅游文化是暂时性与延续性的统一。

有学者认为,若用克鲁伯与克拉克洪于1952年提出的文化定义来对照旅游文化,则可对旅游文化的性质作如下阐释:其一,旅游文化不啻为一种外显与内隐的行为模式,至于它是否通过象征符号而获得和传递还需大量案例研究予以支撑。其二,在某种意义上,旅游文化有可能体现人类的成就,例如有形的旅游建筑、主题公园或无形的旅游创意等,但前提是

---

① 旅游文化,也作"Tourist culture"。

它们产生了积极的旅游效应并与一般文化价值相契合。其三,旅游文化虽算不上一种传统,但它携带丰富的价值观并有可能制造意义感。如格尔兹所言,旅游文化亦是由人自己编织的意义之网,它是一套协调的意义系统,各相关主体可从中寻求价值或意义感。其四,旅游文化是活动的产物,亦是进一步活动的决定因素,活动是关键词,各文化主体之间旅游活动的张力使旅游文化得以产生。无论是行为模式、人类成就、意义系统还是所谓活动,旅游文化所指涉的内容都比其他类型的具体文化要狭窄得多。

2)旅游文化的形成与发展

"旅游"与"文化"之间影响广泛、联系密切,旅游文化已成为一种重要的文化形态。东道主与游客不仅受到旅游业发展的影响,彼此之间也会产生互动。一方面,游客自己会受到旅游经历的影响,也会与东道主文化进行文化适应的改变;另一方面,东道主会受到旅游业发展要求与进程影响,还会与游客在"文化距离"下产生各种文化互动。因此(于是),东道主文化在各种影响下产生文化变迁。同时,旅游中的跨文化交流、新的文化变革和创造力产出可能来自东道主与游客的相互作用及其过程,而这些可能会导致新的和独特的文化景观的发展——旅游文化①。因此,旅游文化可能会受到旅游业的发展和衰退而产生促进或破坏;旅游文化也可能会以可持续的方式塑造当地旅游环境以及所在地的主客关系。甚至,旅游文化与东道主文化、游客文化一起存在、发展、适应、融合,共同传达文化的意义(图2.4)。

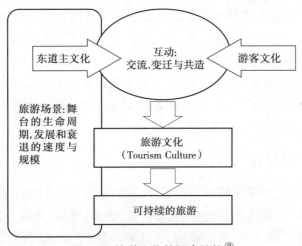

图 2.4　旅游文化的概念结构②

布伦丹·卡纳万(Brendan Canavan,2016)认为,旅游文化最好被理解为东道主文化与游客文化之间的密切联系、相互作用及文化混合的产物。旅游的产生与实现离不开旅游者的到访,也离不开东道主与游客的文化接触,所以,"旅游文化"一词在使用上常用"tourist cul-

①② Brendan Canavan. Tourism Culture: Nexus, Characteristics, Context and Sustainability[J]. Tourism Management, 2016(53): 229-243.

ture"而不是"tourism culture",但卡纳万主张用"tourism culture",以表示东道主与游客之间的平行地位以及旅游行业的动态影响。因为,东道主文化反映了一种本土文化,如特定的艺术、手工艺、语言、传统角色、节日和行为方式等,那只是旅游文化的其中一个方面(图2.5)。

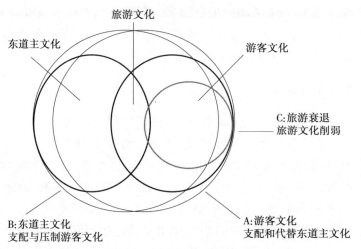

图2.5 旅游文化的连续体①

当然,文化、东道主社区和生态系统不是一成不变的,容易受到各种影响而随时改变,东道主与游客之间的相遇和互动是一个重要因素,这两种文化之间的相互作用可被看作是两种文化对新旅游文化的创造、协商和演变。因此,旅游文化的特点主要体现为:交流、变迁与创造力,特别是东道主文化与游客文化之间的文化交流可能会产生价值、态度、行为、消费模式和生活方式的变化以及文化的创造力。反之,旅游文化不仅影响着周围旅游环境的持续演变;也由于东道主和游客之间在交流、变迁和创造力方面的特定作用,许多旅游目的地都有自己独特的文化风格。此外,旅游文化对东道主社区及地方社会还会产生一定示范效应影响并激发一种"注意力效应"(attention effect),即东道主社区受到外来者兴趣的影响,会探索、复兴和重新解释当地的文化认同。

2.4.4 相关话题讨论

旅游与文化是旅游人类学领域涉及面最广,探讨也最多的议题,这与文化的内容广泛、旅游的移动性分不开。文化具体地包括语言、服饰、饮食、建筑、交通、信仰、艺术、民俗……,都与旅游有关;旅游对文化的正、负面影响,文化商品化,文化真实性、文化认同、文化保护、文化传播都有大量讨论,这里再对以下话题作补充说明。

1)**文化变迁**(Cultural Change)

文化变迁,是文化人类学研究的重要话题之一。任何时代、任何地方、任何族群都处在

---

① Brendan Canavan. Tourism Culture:Nexus,Characteristics,Context and Sustainability[J]. Tourism Management,2016(53):229-243.

不断发展变化之中。所谓文化变迁,是文化在一定时期内的发展和变化,指由于族群社会内部的发展或不同族群之间的接触而引起的族群文化的改变。伍兹认为,文化变迁可以分为无意识的变迁和有意识的变迁,后者又包括主动变迁、指导性变迁和强制变迁三种类型。其中,涵化(acculturation)是文化变迁理论中的重要概念,是指两种或两种以上的文化在接触的过程中所发生的大规模变迁。涵化是文化变迁最主要的方式之一,是一个漫长的宏观过程。

卡特和比顿(Carter and Beeton,2004)在对"文化变迁与旅游模式"的研究中提出了基于文化表达网(Cultural Expressions Web)的文化变迁模型,以探索和理解旅游发展中的文化变迁(图 2.6)。

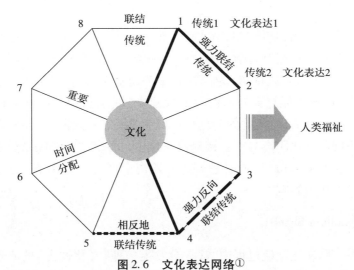

图 2.6　文化表达网络①

图示说明:多边形的点代表文化表达(1 到 8)。文化表达,可以通过个人和社区分配给表达传统的时间(文化核心的线条长度)来观察,交叉线的粗度表示了对维持社会结构的重要性,文化表达是相互关联的(多边形的两侧)。线条联接可以是正向的或反向的,分别用实线和虚线表示,也就是说,一种传统的实践与另一种传统可能相似,但以单一传统为代价,连接线的粗度表示这些关系的强度。文化表达在社区中起作用,并有利于提供治疗、精神、生产和资金并维持社会秩序,有利于加强和保护文化传统并提升社区价值。

文化表达的重要性与马斯洛的需求层次结构有关:如果与需求层次中的较低层次相关联,文化表达对社区可能更有意义。旅游发展会使社区文化得到加强或减少甚至消失,如文化表演会增加练习时间和参与成员数量从而增强文化保护;而社区居民可能不经常穿着传统服装,仅用于特殊活动或表演,当成员个体经常穿着传统服装时,多边形的形状会发生变

---

① R W Carter, R J S Beeton. A Model of Cultural Change and Tourism[J]. Asia Pacific Journal of Tourism Research, 2004,9(4):423-442.

化,服装的穿着变化就在旅游表演或旅游代理人引导的影响下改变着文化表达的表现形式。①

2）文化距离（Culture Distance）

文化距离的概念来自于文化接触（cultural contact）以及其中所存在的文化差异（cultural difference）,这一概念最早是在国际贸易的领域运用较多,近年来也被运用在对旅游者行为的分析研究中。有学者认为游客文化与旅游目的地文化之间的差异越大,国际游客前往目的地学习文化和遗产的可能性就越大,学习将在更深层次上进行。相比之下,文化背景相似的游客可能仍然会游览很多文化景点,但由于文化差异较小而没有特别的旅行动机且产生较肤浅的体验②。

旅游研究中的文化距离,是指客源国文化与东道地区文化的差异程度,即使游客和东道主来自相似的文化背景并被相互理解,但休闲的游客和工作的东道主之间的态度差异也可能产生社会障碍,特别在沟通风格、行为模式和服务质量标准等方面。③由于文化距离的存在,文化上"遥远"的游客可能想要与旅游目的地建立"联系",但寻找文化联接对于文化上接近的游客来说不那么重要,可能是因为他们已经感觉到了"联系"。因此,游客对待旅游目的地的态度大有不同。文化距离与社会接触对东道主与游客之间的关系以及旅游者感知产生了重要影响,"社会导向接触"对游客感知文化距离会产生负面影响,"服务导向接触"则对感知文化距离产生积极影响④。

3）文化冲击（Culture Shock）

在跨文化接触与跨文化交流过程中,常常会发生一种"文化冲击"的心理现象。文化冲击被定义为"对不熟悉环境的初步调适过程"（Pederson,1995）,文化冲击常被解释为"ABC模式"的发展过程,即影响（affective）、行为（behavioral）与认知（cognition）的过程。在影响过程中,文化冲击常是基于游客到一个未知的不熟悉环境并与之发生联系后的压力影响;在行为过程中,由于对新的文化环境的调适困难,特别是当缺乏一种文化相关性交流技巧的时候就易产生文化冲击;在认知过程中,文化冲击的形成主要涉及一种自我感知与他人感知（如群际关系过程）的心理机制⑤。旅游中的文化冲击,特别容易发生在国际学生在接受高等教育的环境与过程中,文化冲击的结果之一就是文化适应。

---

① R W Carter, R J S Beeton. A Model of Cultural Change and Tourism[J]. Asia Pacific Journal of Tourism Research, 2004,9(4):423-442.

② Bob McKercher, Pamela S Y Ho, Hilary Du Cros, et al. Activities-Based Segmentation of the Cultural Tourism Market[J]. Journal of Travel & Tourism Marketing,2002,12(1):23-46.

③④ Daisy X F Fan, Hanqin Qiu Zhang, Carson L Jenkins, et al, Does Tourist-Host Social Contact Reduce Perceived Cultural Distance?[J]. Journal of Travel Research,2017,56(8):998 -1010.

⑤ Alfred Presbitero. Culture Shock and Reverse Culture Shock: The Moderating Role of Cultural Intelligence in International Students' Adaptation[J]. International Journal of Intercultural Relations,2016(53):28-38.

文化冲击可能也是一种"反向文化冲击"(reverse culture shock),即再次进入新环境下的再适应与再调整,比如在国外生活多年后回国,就可能经历反向文化冲击。需要指出,文化冲击是一种与心理、社会文化适应性相关的问题,"文化冲击"与"反向文化冲击"都会经历一个从心理适应到社会文化适应的过程。未知可能是可怕的,"文化冲击"也并非不能避免,但它必定会对旅游者的生活产生影响,旅游者初入陌生的旅游目的地、再访旅游目的地的旅游过程就是一个经历从心理适应到文化适应的过程。

4)跨文化交流与跨文化互动(Intercultural Interaction)

旅游本身就是一种跨文化交流,跨文化交流的特点就是文化接触、文化交流、文化互动、文化分享的过程。旅游人类学对跨文化交流的研究通常从三个层面来展开:一是东道主层面,从涵化和发展的视角看旅游;二是游客层面,从个人经历转换的视角看旅游;三是客源地层面,从上层建筑层面看旅游。由于旅游场域的特定性,使得跨文化交流特别是中外游客的跨文化交流呈现出"一边倒"的势头。外国的强势文化对少数民族的弱势文化形成强大的文化辐射及影响力,在文化碰撞中,外国文化被羡慕、被学习、被模仿,外国文化对于旅游地的少数民族居民形成一种单向式的文化示范,或直接或间接、或短期或长久地影响着民族文化的变迁①。

旅游过程中的文化接触、文化参与及旅游体验都会对旅游跨文化交流产生影响②。跨文化互动(Intercultural Interactions)被定义为来自完全不同文化背景的人之间的"面对面接触",社会心理学侧重于游客与东道主之间的跨文化交流,社会学则强调游客与东道主之间的互动关系。旅游体验最简单的形式同时也是"旅游结构"的核心,就是东道主和游客之间的互动,因此旅游交往被视为一种特殊的人际关系形式,包括文化接触、社会阶层等问题。一些研究显示,东道主与游客之间的社会关系强度越高,游客对东道主文化的感知就越有利,对住宿和体验满意度也就越高。③

本节参考阅读与学习材料:

[1] Greg Richards. Cultural Tourism:Global and Local Perspectives[M]. New York:The Haworth Hospitality Press,2007.

[2] Bob McKercher, Hilary du Cros. Cultural Tourism:The Partnership Between Tourism and Cultural Heritage Management[M]. New York:The Haworth Hospitality Press,2002.

---

① 撒露莎.论民族旅游场域中的跨文化交流与认知——以云南元阳箐口哈尼族村为例[J].云南民族大学学报,2012(6):33-38.

② Han Chen, Imran Rahman. Cultural Tourism:An Analysis of Engagement, Cultural Contact, Memorable Tourism Experience and Destination Loyalty[J]. Tourism Management Perspectives,2018,26:153-163.

③ Jiyun Yu, Timothy Jeonglyeol Lee. Impact of Tourists' Intercultural Interactions[J]. Journal of Travel Research, 2014, 53(2):225-238.

［3］Melanie K Smith. Issues in Cultural Tourism Studies, Routledge［M］. London：Taylor & Francis Group,2003.

［4］Melanie Smith, Mike Robinson. Cultural Tourism in a Changing World：Politics, Participation and （Re）presentation［M］. London：Channel View Publications,2006.

［5］Ted Silberberg. Cultural Tourism and Business Opportunities for Museums and Heritage Sites ［J］. Tourism Management,1995,16（5）：361-365.

［6］Brendan Canavan. Tourism Culture：Nexus, Characteristics, Context and Sustainability ［J］. Tourism Management,2016,（53）：229-243.

［7］Howard L Hughes. Redefining Cultural Tourism［J］. Annals of Tourism Research,1996,23 （3）：707-709.

［8］Howard L Hughes. Culture and Tourism：a Framework for Further Analysis［J］. Managing Leisure,2002（7）：164-175.

［9］Greg Richards. Production and Consumption of European Cultural Tourism［J］. Annals of Tourism Research,1996,23（2）：261-283.

［10］Rojek C, Urry J. （Book review）Touring Cultures：Transformations of Travel and Theory （1997）［J］. Journal of Transport Geography,1998,6（2）：167-169.

［11］Robert A Stebbins. Cultural Tourism as Serious Leisure［J］. Annals of Tourism Research, 1996,（23）：948-951.

［12］Robert Shepherd. Commodification, Culture and Tourism［J］. Tourist Studies,2002,2（2）：183-201.

［13］Bob McKercher, Pamela S Y Ho, Hilary Du Cros, et al. Activities-Based Segmentation of the Cultural Tourism Market［J］. Journal of Travel & Tourism Marketing,2002,12（1）：23-46.

［14］Antonio P Russoa, Jan van der Borgb. Planning Considerations for Cultural Tourism：a Case Study of Four European Cities［J］. Tourism Management,2002,（23）：631-637.

［15］Chris Ryan. Tourism and Cultural Proximity：Examples from New Zealand［J］. Annals of Tourism Research,2002,29（4）：952-971.

［16］Chris Ryan, Charlie Panakera. Cultural Tourism Product：Pacific Island Migrant Perspectives in New Zealand, Jenny Cave［J］. Journal of Travel Research,2007,（45）：435-443.

［17］Chris Ryan, Opal Higgins. Experiencing Cultural Tourism：Visitors at the Maori Arts and Crafts Institute, New Zealand［J］. Journal of Travel Research,2006,（44）：308-317.

［18］R W Carter, R J S Beeton. A Model of Cultural Change and Tourism［J］. Asia Pacific Journal of Tourism Research,2004,9（4）.

［19］Hongliang Yan, Bill Bramwell. Cultural Tourism, Ceremony and The State in China ［J］. Annals of Tourism Research,2008,35（4）：969-989.

［20］Tagey Debes, Anatolia. Cultural tourism：a Neglected Dimension of Tourism Industry

［J］．An International Journal of Tourism and Hospitality Research, 2011, 22（2）: 234-251.

［21］ Theopisti Stylianou-Lambert. Gazing From Home: Cultural Tourism and Art Museums ［J］．Annals of Tourism Research, 2011, 38（2）: 403-421.

［22］ Noel B Salazar. Community-based Cultural Tourism: Issues, Threats and Opportunities ［J］．Journal of Sustainable Tourism, 2012, 20（1）: 9-22.

［23］ Han Chen, Imran Rahman. Cultural Tourism: An Analysis of Engagement, Cultural Contact, Memorable Tourism Experience and Destination Loyalty［J］．Tourism Management Perspectives, 2018, （26）: 153-163.

［24］ Ioan Petroman, Cornelia Petroman, Diana Marin, et al. Types of Cultural Tourism ［J］．Animal Science and Biotechnologies, 2013, 46（1）: 385-388.

［25］ Agata Niemczyk. Cultural Tourists: An Attempt to Classify Them［J］．Tourism Management Perspectives, 2013, （5）: 24-30.

［26］ Kim Lehmana, Mark Wickhama, Ian Fillisb. A Cultural Tourism Research Agenda ［J］．Annals of Tourism Research, 2014, （49）: 156-158.

［27］ Richards Greg. Cultural Tourism: A Review of Recent Research and Trends［J］．Journal of Hospitality and Tourism Management, 2018, （36）: 12-21.

［28］ Ángela Martínez-Pérez, Dioni Elche, Pedro M, et al. Cultural Tourism Clusters: Social Capital, Relations with Institutions, and Radical Innovation［J］．Journal of Travel Research 2018, （6）: 1-15.

［29］ Antónia Correial, Metin Kozak and João Ferradeira. Impact of Culture on Tourist Decision-making Styles［J］．International Journal of Tourism Research, 2011（13）: 433-446.

［30］ Calogero Guccio, Domenico Lisi, Marco Martoranal, et al. On the Role of Cultural Participation in Tourism Destination Performance: An Assessment Using Robust Conditional Efficiency Approach［J］．Journal of Cultural Economics, 2017, （41）: 129-154.

［31］ Michel Picard. "Cultural Tourism" in Bali: Cultural Performances as Tourist Attraction ［R］．Indonesia, 1990, （49）: 37-74.

［32］ Jiyun Yu, Timothy Jeonglyeo Lee. Impact of Tourists' Intercultural Interactions［J］．Journal of Travel Research, 2014, 53（2）: 225 -238.

［33］ 朱桃杏,陆林. 近 10 年文化旅游研究进展——《Tourism Management》《Annals of Tourism Research》和《旅游学刊》研究评述［J］. 旅游学刊, 2005（6）: 82-88.

［34］ 徐菊凤. 旅游文化与文化旅游:理论与实践的若干问题［J］. 旅游学刊, 2005（4）: 67-72.

【思考题】

1. 旅游中的语言现象主要表现在哪些方面？如何理解"旅游语言景观"的功能？

2. 旅游中语言的类型及特点有哪些？如何理解旅游中语言交流的"文化位势"？

3. 如何理解语言旅游的特点？语言旅游与教育旅游的关联和差异是什么？

4. 旅游与考古的关系是怎样的？考古旅游的类型有哪些？如何理解"遗产旅游热"现象？

5. 如何理解考古旅游与博物馆旅游、遗产旅游、文物旅游的相关性？

6. 人类学视野下的身体研究是怎样体现"整体观"的？如何理解身体人类学视角的旅游研究意义？

7. 旅游与身体的关联性有哪些？如何理解旅游中身体的具体表现形式？旅游中的具身性内容包括哪些？

8. 如何理解文化旅游的源起、发展？什么是文化旅游？文化旅游产品的类型包括哪些？

9. 如何理解旅游文化的概念？如何理解文化旅游与旅游文化两者的区别？

10. 如何理解旅游人类学的研究体系？

第3章
旅游民族志的书写

【学习目标】

通过学习本章,学生能够了解旅游人类学的方法论及具体的研究方法。

理解:跨文化研究,田野调查,深入访谈,旅行书写,旅游民族志,多点民族志

熟悉:跨文化研究,田野调查,深入访谈,旅行书写,旅游民族志,民族志旅行,主体间性

掌握:田野调查,深入访谈,民族志旅行,旅行书写,旅游民族志

【关键术语】

跨文化研究,田野调查,深入访谈,旅游民族志,民族志旅行,旅行书写,主体间性,自反性

【开篇导读】

旅游民族志

一、人类学研究中的短期与长期的问题

今天,旅游学的研究遇到同样的问题,那就是对一些暂时性状况和事件的探究。对博物馆参观者、体育赛事、朝拜、军事活动及暂时性迁移的对比研究,实际上就是对不同仪式中参与者进行研究。其中的问题如下:

1.事件的短暂延续性和参与者的即时参与性。这让即使是最勤勉的人类学家也只能在仅有的机会下进行深入的田野调查。考虑到研究有瞬时性的局限,人类学者进行大量有效数据的采集的唯一方法就是无数次地重复观察和询问成百上千的旅游者,但是这种方法显然会采集到大量的没有研究深度的定量数据。确实如此,这就是一些人类学家指出的调查方法不可避免的缺陷所在。

2.参与者的特定心理状态:包括精神高度集中的、陷入沉思的、注意力分散的、严肃认真的、心理状态不稳定的。以上的这些状况在对他们进行访谈、填表,甚至在观察、拍照的时候就事先影响到他们了。

3.相应地,旅游者在参加这些"仪式"的时候可能不会表现出他们的真正心理状况,或是

当时的心理感受是多变的,再加上当时场景下的其他可能影响会导致调查出现不真实和混乱不堪。

4. 从人类学者来看,研究参加短期性活动的参与者,在没有将之放在前后连贯的生活背景下,尤其是这些短期性活动对他们平常生活有着象征和标志意义的时候期待着能去说明什么是没有意义的。这也是为什么人类学家很长时间都嘲笑剪贴板式的研究方法的原因所在,比如说,参观博物馆的旅游者,包括参观前或参观后,或是不同的"站在玻璃橱窗前观瞻者"。伯克利研究员琳达·德拉佩尔(Linda Draper, 1984)在为期两年的"有关旧金山科学探索博物馆参观者"的研究项目中,她不仅在参观者参观前、参观中和参观后都进行了访谈,而且选了些子样本中的参观者进行了更为深入的、自由问答式的访谈。最后,在几个月后对一小部分参观者(经常去参观的)在他们的居所中进行了提问,以尽力去得知参观博物馆的经历在他们整个生活中的地位和意义。这种人力密集的拓展式的研究很少,仅仅在(1988)拉贾山朝拜和(1998)欧洲弗雷朝拜旅游研究中被系统地运用。

如果人类学者能在旅游人类学研究中真正得到些东西,不管是在短期研究的充分运用还是在参与者长期生活方式研究中被揉入其中,旅游人类学都将会为社会科学研究做点什么。

二、旅游人类学的早期研究

游客不是当今世界上唯一的旅行者。旅游人类学和其他的当代人类学在很多特点上是一样的。旅游也是一种"迁移"的形式:就像朝拜、商人的商务旅行一样都是短期性的,其与劳工及教育迁移等长期性或是永久移民等是相区别的。这些与资本、技术、文化政治价值的流动一样是跨国流动的一部分,我们也常常将其称为"全球化"(globalization)(Appadurai, 1991)。

正如被经常指出的(Boissevain, 1977;Dann et al, 1988:2),旅游人类学最有可能的是在较传统现象进行人类学研究时的副产品。很多人类学家都因他们被认为应该是某个地方人而感到不安或是害羞。因为当他们回到家乡的时候,他们将成为解读这样一些奇怪事情的专家。他们会被单纯地看成"游客"(Kottak, 1983),因为有时当地人会把人类学研究者和游客一起列入"令人恼怒的需要被不断介绍的外乡人"这么一类人(Errington and Gewertz, 1989)。

人类学的早期"旅游"是非常有趣的,比如在人类学被引入前对有多少种旅游的存在分析。这些研究也许都是历史人类学角度的,其引用了一般历史学资料的研究方法(Towner and Wall, 1991)。他们可能是建立在早期旅行者自己的人类学研究或是借鉴了更广泛的历史文献的基础上的(Adler, 1994)。因为旅行者也是人,所以后者的研究形式的确可以比"早期人类学者"提高更多对旅行者更具洞察力的特点和经验分析。

三、参与式观察

好的人类学调查方法的特点就是参与式观察并抓住"当地人的观点"(Malinowski, 1922)。如何让旅行者变为"当地人"?普遍的一种参与式观察就是让观察人员成为旅行者中的旅行者。这样他们可以知道在这些事件中普遍会发生什么,得到在特定场合下作为一名游客的一些具体的客观可靠的描述。大多数的旅游人类学家都会参与到一些自我人类学研究调查(Selanniemi,1996),尽管其他人仅仅就是观察者而已(Crick,1994)。到 20 世纪 80 年代,这种自我调查(在其中既观察自己也观察别人)被认为是不妥的,以这种方法做的研究记录都经常作为不同档案保存着,像马林诺夫斯基著名的日记(Malinowski,1967)。

评估旅游人类学定性研究方法,里雷和拉乌(Riley and Love,2000)在新近的一篇文章上归纳了登金和林肯(Denzin and Lincoln)的研究方法(1994)。这些人类学研究方法在时间顺序上可分为五个形式:①"传统型":实证研究;②"现代型":严格的后实证主义研究方法;③"混合型":包括了多种方法,比如男女平权论、符号论、解构主义等;④"代表危机":就是在田野研究中加入个人的反应感想(Galani Moutafi,1999);⑤最后一个是舍弃大段的论述,记录当地人的描述和支持的材料。里雷和拉乌(Riley and Love,2000:179)认为,到现在为止,第四种方法很难触及旅游人类学研究的本质;至于第五种,他俩认为是完全缺失的。本文试图透过一般人类学理论提炼出研究方法发展的一个大概,并提出关键问题,什么是旅游人类学? 旅游人类学是做什么的?

在联系越来越紧密的世界里,大多数人类学者在进行社会研究中都是游弋于观察人群的。有些科研项目中尽管学者就生活在研究人群里,但是由于阶层和社会地位的不同,他们也许比其他的生活圈外的人更让研究人群害怕或憎恨。在这样的研究中,如果没有特定的科研接触和问询,自我式的旅游人类学研究很难深入窥探到旅行者的状况。不像那些具有与人群相同文化背景的学者,一些学者很有前瞻性而且有机会全天候地对旅行人群进行参与式观察。当然,这样的研究是将以旅游人类学作为基础来规划整个研究而不是将之作为其他研究的副产品。

对旅游进行人类学研究一般是采取时段性(part time)的参与式观察的。换句话说就是研究人员在对目标人群的语言、文化的熟悉上是大致公平的,对人群的观察、访谈的那段特定时间在旅行人群的整个旅程上只是很小的部分。疲惫饥饿的朝拜旅行者离开卡米诺后弗雷为他们准备夜宿;她亲密友善靠近旅行者的行为让她了解到了旅行者社会、精神、身体方面的有人类学研究价值的科学数据。她也坚持到了终点——圣地亚哥城,与旅行人群一起相互帮助,一同回味旅程,体会在到达目的地过程中旅途的成就和挫折。通过电子邮件、信件交流建立起来的长期的私人关系进行人群调查,这让她有机会通过进入研究对象的生活见到他们的家庭成员、当地朝拜社团人员。

即使没有进行深入的访谈,研究者也能通过观察了解到很多。旅游活动的短暂性常常要求在研究中使用"快速而老土的方法"。例如,日本学者收集到一些不同类型有关西方游客在亚洲旅游时的图片,比尔从这些短期而不断重复的观察中总结出一些结论(Beer,1993)。其他一些学者研究了游客回家的图片资料,从这些资料中可以了解到他们国内的文化形式和社会网络。立特尔(Littrel,1990)、李(Lee,1993)和莫兰(Moeran,1995)把研究扩展到游客购买的纪念品,很多情况下游客会将纪念品带回家。尽管从这些细致调查中可以了解到所观察人群所在社会的经济文化信息,但学者却很难对旅游人群作深入的人类学研究。

四、非参与式观察

在没有亲自参与到仪式活动情况下进行人类学的研究也是可能的。普遍的一个方法就是在旅游者结束旅行后与他们进行谈话。这种方法在很多方面与"救助人类学"相似,21世纪早些时候美国人类学者就将此法用于研究中了。他们与主要的被观察对象一起试图去发现已消失了的文化社会形态(Heizer and Kroeber, 1979)。当然,面对着已被破坏逝去的文化,尽管双方都在分享回味着比现代日常生活更好的一些前人生活点滴,当地被调查者心里充满的是愤怒、迷失,而对于处于新近游历中游客却是增加了值得庆祝和兴奋的发现(Dann, 1994;Graburn, 1995)。很多旅游人类学的田野研究就在使用这种方法,例如:旅行途中就可以依靠这些数据,亦或是运用他们近期的一些经历,甚至在一些田野调查中研究者与被调查者一起进行参与式观察。仪式结束后一起探讨活动经历有助于揭示其他层面上的一些问题,当调查后的回忆与当时记录相违背时可以了解到研究经验是不断变化的。弗雷能够在研究中用这种多路径的方法,现今有些日本学者有时也在用。

其他一些可能的有效的研究工具大多运用在田野研究之后。这些工具包括:写作、为后期研究准备的由旅行者拍的一些图片,这些都可以被研究人员作为记忆工具用来检查访谈对话的内容。例如有些研究对象会和研究者交流他们自己写的日志,塞南尼米(Selanniiemi's)对他的共同参与者关于旅行目的内容的额外提问被证明也是很成功的。他可以更进一步地深究那些可能已经记录在或是暗含在研究日记上的内心思想和观点。加拿大学者哈里森(Harrison, 2001)以类似的方式在做相关研究,她带着研究人群的备忘录和图片资料最后来到旅行者家中对他们进行访谈。即使她没有参与到旅行的过程中,但她与被调查人群相同的阶层背景、国籍、教育水平,也许还包括年龄、性别等有助于深入地展开对被调查者的人类学研究。立特尔(Littrel, 1990)也通过对被调查者旅行回来的访谈发现了他们所带来的纺织物纪念品的巨大价值。

五、结论

总之,可以有把握地说,随着对四处流动的现代人进行的研究,今天游客和旅行者的角色标志(国际的、国内的、已婚的、短期的、女性的、目标工作者)有时没有准确反映他们内在现实或是他们自己的最初期望。比如,学者最初愿望是参观 Sharmel Sheikh 见识下大规模的旅游,这种愿望发端于对沃哈伯(1995)基于这种主要国家工程计划描述的专业好奇心。攀登附近神圣的西奈山和参观凯瑟琳圣徒修道院变成了一种个人环境或文化的旅游行程。反过来,这个欧登赛与在那一重要时刻在几千英里之外的里斯本预产的长孙结合起来,将成为特有风格的年龄和命运思考放在一起的一个内在和外在旅程。这就是现代人的命运,像阿巴特的社会学家一样,不仅去参加旅行历程而且像游客一样生活,并且反过来把自己当作游客和现代人去验证某人的内在旅程和外在旅程。

摘引自:纳尔逊·格雷本(Nelson Graburn).旅游民族志[J].杨玲,译.广西民族学院学报,2005(4):8-18.

3.1　旅游人类学研究方法述要

3.1.1　一般性研究方法

1）田野调查（Fieldwork）

所有实地参与现场的调查研究工作，都可称为"田野研究"或"田野调查"，人类学的田野调查更强调：参与当地人的生活，在一个有严格定义的空间和时间的范围内，体验人们的日常生活与思想境界，通过记录人的生活的方方面面，来展示不同文化如何满足人的普遍的基本需求、社会如何构成。

田野调查是人类学研究的核心方法，田野伦理是进行田野调查的基本原则，一般以不对研究对象造成伤害为第一位。美国已经建立了相应的伦理审查制度，并设立管理机构，要完成科研项目的田野调查必须要遵守伦理指南。在进行田野调查之前，必须要通过伦理考试并得到伦理审查委员会批准才能展开问卷调查等田野工作，而且在有效期失效后必须再次申请。中国没有建立这样的机制，但是也必须遵守基本的工作伦理，包括不暴露研究对象隐私，不对其构成政治威胁、生命威胁、生育威胁等。

田野调查时必须"入乡随俗、入境问禁"，尊重当地人首先要了解当地的一般社交礼仪和习俗禁忌等；也要注意个人形象。旅游人类学的田野调查中，会有旅游者与调查者两种身份，不能因旅游者身份影响调查，也不能因调查者身份而忽略旅游者的体验。无论如何，在当地人眼中，田野作业者是"外人"，而不是属于当地人系统的"内人"。因此，田野工作时要扮演好自己的角色，也就是人类学、民族学研究者的角色，尤其不能介入到当地人某些社会关系矛盾中。只有相当熟悉之后，当地人才会把你当作"自己人"。

田野调查可分为五个阶段：准备阶段、开始阶段、调查阶段、撰写调查研究报告阶段、补充调查阶段。田野调查必须做好充分的准备，包括"5W1H"：Where——何地，Why——为什么，What——什么，When——何时，Who——谁，How——怎样，否则难以获得理想的成果。准备阶段尤其要做好文献资料搜集与"问题格"准备工作，边调查边整理资料。每天做田野笔记，是大多数人类学民族学田野调查的习惯。当然，团队式调查与个人式调查有很大不同，团队调查时要注意分工整合，加强团队协作；个人调查时要注意个人安全、观察要细，提高效率。通常是白天调查、访谈，晚上整理资料并调整制订第二天的调查计划。在调查阶段还有一些问题较为重要。

第一，选择调查点。确定好研究对象及研究选题，就要选择合适的田野点。研究对象的选择需要根据个人研究的具体内容和目标而确定，旅游人类学的研究对象通常为发展旅游的目的地社区、开展旅游业务的机构和个人、参与旅游活动的旅游者。对旅游目的地社区可以采用人类学传统的田野调查法，旅游者、旅游中介机构和旅游服务者的研究该如何确定田野工作的地点,这需要研究者仔细考量,田野有时也可以是在网络、电话等虚拟世界中。因此,现代"田野"的范围具有延展性,并非固定在一个或几个社区。

第二,进入田野环节。人类学者常用的装备除了生活用品外,通常还有笔记本电脑、录音笔、手机等。进入田野点有几种常见方式——通过行政组织上级单位(如旅游局、旅行社总部)的联系进入、通过熟人引荐进入和单独进入田野点。每种进入方式各有利弊,如通过行政组织进入的方式,其优点有进入方式正式化,可以收集到官方资料,并能够保障调查人的安全;缺点是有些被调查者会有所顾忌,不愿意告知较为敏感的内容。进入田野点后,妥善安排田野点的生活,拜访村干部以获得他们的支持。

第三,重要报道人的选择。报道人是人类学的专用术语,指被问询的、向调查人讲述相关内容的个人。选取主要报道人通常由随意性的谈话开始,再逐渐确定对相关议题较为了解的、时间灵活充裕的、口头表达能力较强的个人作为主要报道人,随后进行参与观察和深度访谈等。

2)参与观察(Participate Observation)

顾名思义,参与观察由参与和观察两部分组成。所谓参与,即以当地人的主位视角参加社区的日常生活,与当地人同吃同住同劳动,获得社区居民对文化的主观经验和感悟,使得外来者能够尽最大可能地理解当地人的文化实践。所谓观察,即从调查者的角度审视社区文化的"意义之网"。有时,当地人因为对本文化被浸入已经很难说明文化的功能,因此需要人类学者从更为广泛的文化背景或自然条件等因素考察文化产生的原因和原初意义。具体的参与观察内容主要包括:

①参与观察当地的自然环境和人文环境。文化的生成离不开其自然环境,如贵州的喀斯特地貌产生了石板屋等建筑形式,同样产生了依山势形成的梯田。人文环境包括历史、族群特征、语言等,独特的人文环境可形成独具特色的传统和文化。

②对日常生活、人际交往等进行细致的观察和体验。首先要了解和经历当地人的生活,才能够发现由日常生活体现的文化内涵。日常生活包括食宿行及休闲活动,人际交往不仅能反映出人群间的亲疏关系,更能体现由人际关系而产生的社会结构,帮助调查者理解社区文化。

③生活在当地、学习当地语言、入乡随俗。人类学者必须住在社区居民的家中,而不是村外的酒店和宾馆,将自己看作当地人,以便尽快融入社区。调查者可以在参与观察的过程中学习当地语言,拉近与社区居民的距离,也能学习得更快捷更地道。当地社区可能有一些风俗习惯是外来者无法理解或无法接受的,调查者务必尽可能地入乡随俗,把自己放在与当地人同样的位置上。

3)深入访谈(In-depth Interview)

人类学的访谈通常需要深度访谈。访谈首先需要确定访谈对象,访谈对象可以是一个人,也可以是一群人。刚刚进入田野点,一般会从聊天开始,通过一段时间的了解后确定主要报道人,再展开深入访谈。

访谈的形式有结构性访谈、半结构性访谈和非结构性访谈。结构性访谈指人类学者根据自己的研究内容事先设计好访谈提纲,按照提纲逐条询问报道人。半结构性访谈指访谈中既有封闭式的结构性问题,又有部分开放问题可以让报道人开放性地回答。而非结构性访谈指调查者仅对报道人提供大概的主题,或完全没有主题,让报道人自由谈论自己所知道的关于社区历史、风俗、传说故事等文化的各方面,人类学者再根据其所陈述整理自己所需要的材料。

人类学访谈最重要的技巧就是能够与报道人愉快地聊天,所以有时人类学者需要通过与报道人一同吃饭、出行、劳动等非正式方式使报道人毫无芥蒂地、心情愉悦地说出自己心中所想、日常积累所得。由于时间有限,人类学者要适时地引导报道人向自己需要的研究方向发展,当主题偏离时将报道人重新"拉回"中心议题。

通常,人类学者与报道人的访谈有时甚至很大一部分时间是在非正式场所,随时携带笔记本并记录下访谈内容不太现实,所以有时需要录音。录音涉及到人类学的伦理,即是否在录音前需要告知报道人。原则上,我们需要在录音前征求报道人的意见,再进行录音。录音后最好在较短时间内将其整理为文本,以减少由于时间过长造成的录音整理负担。整理过程中如发现不清楚的地方或需要补充的地方,可通过回访、电话或邮件等进行补充。

4)问卷调查(Questionnaire Investigation)

人类学领域的调查问卷不同于其在旅游管理或社会学中的重要作用,它在人类学方法中属于辅助手段。调查问卷的设计至关重要,其质量受设计者的知识水平影响很大。一份好的调查问卷需要首先讲明调查的意图和初衷,请被调查者积极配合;每道问题都要切合主题,不要询问与主题无关的问题;调查问卷的长度不能过长,1～2页为佳,答案最好可选择打勾,尽量少设计需长篇回答的开放性问题,以减少被调查者的回答时间,为被调查者提供最大的便利。

调查问卷最好一对一发放,待被调查者填写完好再收回离开,以保证问卷的真实性和回答质量。对无法阅读问卷的被调查者需要口述问卷内容,帮助其填写。问卷收回后,可以用Excel、SPSS 等软件进行分析。

5)旅游民族志(Tourism Ethnography)

民族志是将通过人类学田野调查方法获得的资料进行归纳、整理,运用人类学理论进行归纳提炼并形成最终的文本。将旅游研究中的所见、所感、所闻用文字的形式记录下来,并运用旅游人类学方法进行分析,最终形成的文本形态就是旅游民族志。

事实上,世界各国的很多航海家、旅行家、学者们很早就有了异地旅行的经历并成为重要的人类学研究资料或民族志的重要补充。史密斯认为,旅游民族志在研究对象上概括起来就是所谓的"四个 H":旅游景区与景致、历史、遗产和工艺品。格雷本则指出,旅游民族志的书写可采取"参与式观察"与"非参与式观察"等多种形式,有短期的也有长期的研究;从"旅游书写"到"旅游民族志"的演进、对民族志与旅游民族志的对比、对书写主体的主体间性分析可以对旅游民族志的特点有更深的了解。

中国古典地理著作《山海经》中早已有对"他者"的著述和联想,有人认为《山海经》中的神马记述反映了北狄文化和旅行者的见闻,中国古代旅行书写的主流是以游记和山水诗为主的文学作品,同时也有其他类型的旅行书写作品,如柳宗元的山水散文奠基之作《始得西山宴游记》,历史题材的如郭松年的《大理行记》,日记体题材的如徐霞客的《徐霞客游记》,文化题材的如元代周达观的《真腊风土记》、清代余庆远的《维西见闻录》、杜昌丁的《藏行纪程》、杨慎的《滇程记》、姚荷生的《水摆夷风土记》,以及后来的现代期刊作品《旅行杂志》,现代文化游记《滇藏川大三角文化探秘》等,如《徐霞客游记》反映了中原名士对边地文化的探险考察活动,有大量的山水游记和各种见闻记录。但是,大多是传统学者或文人为主的旅游者对"他群"文化的亲历观察和描述,所以,旅游民族志的文本还离不开"双重立证"①:"他者+旅游者""他者文化+旅游文化"的阐释,这些旅行书写对旅游民族志的中国本土化研究有重要意义。

6)历史追踪法/回访(Re-fieldwork)

旅游研究面临的现状是,如果想研究旅游者就必须花费很长的时间,因为游客是"移动"的;同时,人类学者必须做长远打算,不断回到你所调查的社区,对比社区的变化。因为世界在不断变化,人类学者需要关注我们的田野点正发生着什么。格雷本持续研究爱斯基摩社区60多年,每次回访都会像当地人一样在社区生活,与当地手工艺人一起制作艺术品。当然,为了与当地人保持长期联系与交流,现代通讯设备、网络视频等高科技手段都可以采用。因此,人类学者的田野对象可以是长期的。

7)个人生活史/口述史(Oral Narrative)

个人生活史研究是对报道人进行深入访谈,将其个人的生活经历记述下来;口述史即以搜集和使用口头史料来研究历史的一种方法。一般来说,讲述个人生活史的报道人通常具有丰富的个人经历,且其个人经历具有典型性,能够反映某段时期或整个社区的普遍性生活;或者报道人的生活经历具有特殊性,与其他社区成员形成鲜明对比,且能表现群体间的互动关系。如黄树民撰写的民族志《林村的故事》(2002),全书以福建厦门农村党支部书记叶文德富于戏剧性的生命史为主轴,展现铺陈出一幅贯穿时空背景的社会文化变迁图像。口述史与个人生活史不同的是,口述史可以是个人的口述历史,也可以是群体的口述历史。像民间故事、传说、风俗等口头及非物质文化遗产,往往是通过口耳相传的方式传承,尤其需要口述史的记述与研究。

8)田野日志(Ethnographic Fieldnotes)

田野日志是由人类学者个人记述的非正式文字资料。经过一天的田野调查,人类学者将一天的所见所闻所感以日记的方式留存下来。一般认为民族志是公开的、学术性的,而田野日志是隐私的、非学术性的。田野日志可作为重要的田野资料,成为日后写作民族志的基础。《一本严格意义上的日记》是马林诺夫斯基在20世纪20年代田野调查时写作的,真实

---

① 光映炯.茶马古道上的旅行者和旅游文化[M].昆明:云南大学出版社,2015.

地反映了人类学者在田野工作时所面临的各种困境。该日记出版后,引发了持续的争议,因为这本日记与其严肃著作中对于当地人的态度相去甚远、充满矛盾。

　　旅游研究中的田野调查需要运用多样化的方法,对移动群体的人类学研究方法大多采用参与式观察、访谈、问卷、日志、档案、媒体等(表 3.1),不同方法在运用上的效果也有差别,就要针对不同的地区和人群采取相应的方法;此外,还有其他一些辅助性研究手段如摄影、录像、画图等。现代科技发展所带来的新方法正在探索和使用中,所产生的新现象与新问题已逐渐进入研究领域,如抖音旅游类视频等。

表 3.1　移动群体的人类学研究方法

	1	2	3	4	5	6	7	8	9
旅行中参与式观察	*	*	*	*	*	*			
旅行前、后的参与式观察	*	*	*	*	*				
现场面谈	*	*	*		*		*		*
问卷		*	*						
日志			*						
访问	*								*
档案	*								*
电视、媒体				*	*				*
种族		*	*			*	*	*	*

　　①N. 弗雷,卡米诺·德圣地亚哥,西班牙和其他欧洲国家。②T. 塞兰尼米,芬兰太阳崇拜度假者,地中海和芬兰。③D. A. 康斯和 D. R. 康斯,RV 高级人员,美国和加拿大。④N. 格雷本,在日本的日本人和中国。⑤J. 比尔,东亚和东南亚的日本人。⑥J. 郝斯廷,跨太平洋游艇上的美国人,游历中的 G. 佛斯特。⑦P. 范登·博格,在墨西哥的北美和欧洲人。⑧J. 哈里森,在加拿大旅行的加拿大人;M,立特尔,在美国的美国人。⑨S. Yamashita,在巴里和伯拉的日本人(主要是后来定居在巴里和伯拉的日本游客)。

资源来源:纳尔逊·格雷本(Nelson. Graburn).旅游民族志[J].杨玲,译.广西民族学院
　　　　学报,2005(4):14-24.

3.1.2　研究方法的特殊性

1)田野点的移动性

　　一门学科成立的条件,除了特定的研究对象与理论外还有一套独立的研究方法。旅游人类学的方法主要是参与观察法,但是作为一门学科的旅游人类学的研究方法也是一个系统的方法。明显地,旅游人类学的研究对象有着特殊性并直接影响着具体研究。由于旅游活动的"暂时性"和"移动性"而使得田野工作变得困难,对游客的调查要达到"深度的田野作业"就更难。传统的研究方法主要是研究"小型社会",是"乡土性"的,"田野"相对比较"固定"(当然旅游人类学的个案选择也少不了这样的案例);旅游不仅是移动的,是"现代

化"的,更是繁杂的社会现象,因而其"田野"是"移动"的,于是,研究对象主要包括"移动"的旅游者、"不稳定"的旅游企业、"游离"于旅游场域的乡村和城镇等。因此,调查者及其调查工作往往容易陷于"漂移"与"客位"状态,甚至会大大降低田野调查的信度和效度。

2)研究对象的复杂性

传统的研究方法大大制约和影响了旅游人类学的研究,多元的研究方法可作为必需的手段,包括社会统计法、政治—经济还原法等。旅游是现代性的人类行为,现代化的方法与手段同样需要,如对网络与旅游的研究;旅游业是一复杂的社会现象,包括"三要素""六环节"以及复杂的旅游市场等。因此,研究时需要把握以下要点。

第一,对研究对象的主体性把握。旅游人类学调查的"异文化"包括很多,首先要确定是游客、导游,还是某一族群、乡村,还是旅游企业、旅游景区……(见表3.2)特别对于移动的游客所能选取的最佳方式就是,统计数据或问卷调查,再将定性的观察与定量的分析相结合,以更好地实现跨文化与整体性的研究。

表3.2　研究对象的对比

	文化人类学	旅游人类学
异文化	劳作与生计(也涉及旅游)	旅游,旅游及有关事项(吃、住、行、游、购、娱)
他者	族群或民族	族群或民族、游客(东道主与游客)、导游、旅游族群、旅游移民,旅游城镇、旅行社、旅游饭店、旅游景区、主题公园、旅游企业、旅游司机、有关政府部门
状态	生活的	市场化的,异地生活的
特征	乡土的(也有现代的)	乡土的,现代的

第二,对调查对象特质的把握。在"漂移"中把握"稳定",并选择相应的调查手段和方式。旅游市场是一个不断变化的动态市场,旅游行为已从观光型转变到休闲度假型,如丽江"东巴宫"的"离去"、多变的旅游企业人事变动等。总之,对于"村落"与"旅游"中的"人"的研究是不同的,其"时空位置"和"行为特征"具有极大的差异性,要把握好整体与个体、传统与现代之间的关系。

第三,对"双重"身份的把握。人类学与旅游有着天然的密切联系,重要的一点就是调查形式的相同,即进入异时空中对异文化进行了解。调查者即旅游者,旅游者也即调查者(见表3.3);以游客的身份很难调查到"真实",而以调查者的身份也会少很多游客的体验。同时,这种双重身份也影响了研究的主、客位需要,并易形成"客位"的研究模式。

表3.3　"田野"与"调查"的异同

	文化人类学	旅游人类学
田野地	村落、村镇	村落、旅游村镇、旅游城市、旅游景区、主题公园、旅游企业、旅游演出、旅游商店、旅游线路
时间	较长的一段时间(节日)	较长的一段时间,旅游节事

续表

	文化人类学	旅游人类学
身份	调查者	调查者、游客、导游
方式	参与观察、深入访谈	参与观察、深入访谈、统计资料、现代网络

这种双重身份需要调查者根据情况进行适时的调整。因为,旅游民族志的文本具有明显的双重特征①,充分展现了特别是东道主与游客之间的文化交流。其次,旅行者所记录的旅游图景呈现的是"多点式"的"田野",即旅游线路上的旅游移动行为,体现了旅游场景的转换与流动,主位与客位的深层互动。最后,旅游民族志是在客观描述基础上进行的主观描述,主观的旅游体验、感受和抒发是不可避免的,就可以采用多种文体和格式来撰写,当然叙述体仍是主要形式,不仅在表述文化也需要对文化给予一定的创作而体现出旅游的独特魅力。

3)研究角度的多样性

人类学方法在旅游人类学领域的运用,尤其在分析旅游开发所引起的社会文化变迁、旅游所导致的影响和文化适应性方面具有极强的适用性。因此,人类学的方法更适合于研究旅游与社会文化之间的问题,研究东道主与游客的互动关系及游客对文化的旅游体验等。

但是,旅游是人类一项复杂的社会活动,旅游研究必须承认研究方法的多样性、合理性。人类学的理论和方法对旅游的整体性研究十分重要,人类学方法还与以下旅游研究领域相关:①研究资源。对可能转化为旅游产品的资源进行研究;②阐释遗产。对作为潜在旅游资源和产品的文化遗产和自然遗产的阐释;③分析影响。对旅游业对社区的影响以及对游客影响的分析;④旅游政治的作用;⑤旅游营销的作用;⑥理解旅游中介(mediation in tourism,如图像、指南、代理);⑦游客分析、旅游记忆研究;⑧作为一种系统的旅游,一种导致人移动和文化意义流动的系统②。

人类学对旅游研究的意义非常明显,人类学研究方法对旅游研究的积极贡献主要体现在三个方面:①方法论层面。人类学与其他学科的主要区别在于它对田野调查、整体观和比较方法的关注。人类学的田野调查是基于参与观察和与所研究人群的共处,并试图以共情的方式解释和理解所要解决的社会文化问题。②理论及概念层面。为了理解旅游,一种客观和功能性的定义是不够的;相反,有必要向参与旅游的社会代理人询问旅游对他们的意义,因为人类学主要采用综合的、以学科为导向的旅游研究方法(如整体主义、比较观和文化相对论)。③重要参考。民族志在帮助理解旅游这种复杂现象的过程中已经起到参考作用。这些民族志的目的是解释旅游的作用(例如旅游在文化再创造和生产中的作用)并帮助我们

---

① 光映炯. 茶马古道上的旅行者与旅游文化[M]. 昆明:云南大学出版社,2015.

② Greg Richards, Wil Munsters. Cultural Tourism Research Methods[M]. London:CABI,2010.

更好地应对旅游业的影响,从而增强人类学方法的适用性。这些民族志有助于为旅游目的地制定更负责任的旅游指南,也可能将游客变成更好的"旅行者"。①

3.2 旅游民族志的研究与文本

3.2.1 民族志的源起

民族志,英语为"ethnographies",原意为对某地方或某族群的社会和文化的全面描述,是英语的"ethnography"、希腊语"ethonos"(人们,民族)和"graphien"(写、记述)的合成语。它最早于1801年出现在德语中,1834年在英语中出现,中文将其翻译成"民族志"。

一般来说,民族志的记述对象主要是那些非西方社会以及第三世界的社会文化。在20世纪前及本世纪中叶前的欧洲国家,由于殖民扩张而存在与自己不同的认识和记述,成为人类学兴起时的一个重要特点。作为真正的人类学田野调查的研究方法,民族志的研究是人类学之父马林诺夫斯基奠定的,代表作是1922年出版的《西太平洋上的航海者》,后来在人类学的领域里形成了"民族志"的研究范式。

民族志大致经历了早期业余民族志、科学民族志和反思民族志三个阶段②。在民族志发展的三个阶段,观察者进入对象世界的深度、在文本中留给对象作为主体的空间以及对读者的心态都表现出巨大差别。第一个阶段的主要特征是大多来自探险者、旅行者的游历经历,书写业余,内容大多是走马看花、浮光掠影,写作的理由和阅读的动力主要聚焦于"新奇"。第二个阶段的主导特性是以专业训练的素养深入对象社会进行参与观察,语言工具熟练,居住时间够长久;文本作为体现"科学"的工具,以客观描写为主。第三个阶段的主要精神是对民族志方法的反思,并涌现出一些书写的新形式。

作为一种研究方法,民族志是建立在田野调查工作基础之上的关于文化习俗的撰写或是关于他者文化的描述,以此来解释和理解社会并提出理论的见解。同时,民族志也指一种写作文本,是对他者文化呈现的过程与结果,由于其特殊表现而成为文化人类学研究方法的显著特征之一。但是,由于民族志所描述的具体研究对象以及书写方式的差异而相应地产生了不同的类型如文化民族志、教育民族志、历史民族志、音乐民族志等。文本民族志以文字形式为主来描述生产生活文化,影像民族志主要强调通过影视、录像等手段对研究对象进行描述的一种类型,互联网的出现及大量使用引起了对虚拟民族志的讨论。作为人类学者对文化的一种记录资料,还可区分为"宏观民族志"和"微观民族志"两种,即研究复杂社会、多样社区、多样社会机构或含有多样生活型态的单一社区;仅仅描述某个小部落、社区中一小群人的单一社会情境、单一社会制度却含有多样社会情境地。在现代社会的复杂性等多

---

① Greg Richards, Wil Munsters. Cultural Tourism Research Methods[M]. London:CABI, 2010.
② 高丙中.民族志发展的三个时代[J].广西民族学院学报,2006,28(3):58-63.

元因素影响下,民族志研究出现了"多点民族志"(multi-site ethnography)、"移动民族志"(mobile ethnography)、"自我民族志"(autoethnography)等一些新形式。

　　民族志研究的重要性,主要表现在两个方面:一是 20 世纪 60 年代出现的"解释人类学",因为它代表了人类学者的注意力从建构文化整体理论转移到反思民族志的田野工作和写作上①;二是 20 世纪 60 年代以后兴起的"旅游人类学",旅游人类学中的田野作业显然对传统民族志的范式提出了尖锐的拷问,原因是它的两个前提条件已经发生根本的变化:①通过对旅游活动和行为这样具有极大"游动性"人群、阶层、活动来反映当代社会、反映不同文化体系之间的接触与交流。②由于调查对象在时间上的"暂时性"特性,旅游活动的许多外在现象具有"万花筒"的特点,使得民族志写作面临着一个学术困境。②

　　在人类学的研究方法体系中,民族志已在迎接现代社会所带来的各种挑战,有学者称"在人类学内部,民族志田野工作和写作已经成为当代理论探讨和革新中最活跃的竞技舞台。"③

3.2.2　旅行书写到民族志的发展脉络

1)旅行书写(Travel Writing)的历程

　　旅行书写,被认为是一个广泛且不断变化的类型,具有复杂的历史,但尚未得到足够关注。

　　写作和旅行,一直是密切相关的。旅行者的故事与故事本身一样古老,旅行书写的例子如圣经和典籍中关于旅行的故事,《出埃及记》《该隐的惩罚》《埃涅伊德》等,都为现代作家提供了很多参考范文。西方基督教认为生活本身就是一种旅程,朝圣者往往被认为是现代游客的"祖先",旅行书写以浪漫的文学叙事为主要形式。到中世纪,马可·波罗和约翰·曼德维尔的叙述标志着中世纪晚期的一种新开始,即从宗教朝圣和十字军的传统范式转变为注重体验和对生命的好奇。

　　在业余民族志阶段,民族志的书写早已包含了对过去旅行及相关内容的描述;人类学家也几乎完全依赖于传教士、商人和旅行者对其民族志材料的描述,两者的关系并没有相对独立,对人们以及与其相关的自然、习俗、宗教、政府和语言的描述都嵌入在 16 世纪后在欧洲产生的旅行书写中。

　　16 世纪时,写作是旅行中的重要组成部分。在这个时期,"远方"的故事总是吸引公众关注的重要内容,人们关注旅行者所看到的,尤其是通过"亲眼所见"的旅行者的世界。文艺复兴时期,旅行者发现了一个基于经验和观察而不是古代权威的真实的"新大陆",这实际上就是旅行书写,它不仅提供了传递新信息的工具,也为 17 世纪的科学和哲学革命奠定了基础。

---

　　①③　马尔库斯,费彻尔.作为文化批评的人类学——一个人文学科的实验时代[M].王铭铭,蓝达居,译.北京:生活·读书·新知三联书店,1998:35.
　　②　彭兆荣.旅游人类学视野中的"旅游文化"[J].旅游学刊,2004(6):25.

16 世纪到 19 世纪,欧洲出版的关于旅行的文学作品中大多都是描述世界、学习地理的百科全书,这是旅游书写的一个特殊时期。《格列佛游记》(1726)或许是旅行书写的一种现代版。19 世纪,基于学术研究、分类比较等话语对民族学研究产生了重要影响,而旅行书写的"成长"为独立民族志的产生奠定了基础。

19 世纪初,亚历山大·冯·洪堡(Alexander von Humboldt)前往美洲旅行,标志着旅行书写的转折点,他为查尔斯·达尔文(Charles Darwin)的研究提供了资料。那时的人们强调"学习自然而不是书",旅行者通常会追随他们的直觉去旅行,旅行者的怪癖和奢侈也吸引了许多读者去阅读不同类型的旅行书写文本。19 世纪末,在卢梭及其浪漫主义的影响下,许多旅行者都在寻找各种各样的"原始",特别是前往苏格兰、南威尔士等地的旅行者在寻找一种被称为"风景如画"或"浪漫"或"崇高"的风景,当然,那时的旅行仍是富人与强者的旅行。1841 年,托马斯·库克第一次组团旅行的出现,关于旅行与探险的书写就全面展开了。

20 世纪 30 年代,文学旅游的写作十分丰富,出现了一些政治旅行书写。20 世纪 70 年代以后,旅行书写经历着重大转变。当时,最常从事旅行写作的三个学科是人类学、历史学和地理学,甚至社会学家也将这种关注扩展到旅游学和其他旅行实践和隐喻研究中。人类学的许多重要资料都是从旅游书写那里"复制"而来,大部分时候人类学都在强调其严肃目的、专业精神和科学方法,旅行书写则被称作"后现代拼贴画"①。现代旅行书写的体裁有散文、小说等;且内容繁多,对建筑、交通以及旅行者自己进行描述与记录,尤其是第一人称所写的小说,他们关注"自我"的中心性,关注经验细节,关注线路上的旅行实践和地点间的移动,读者也希望看到旅行书写中的"真实性"。

这里要提到的是普拉特(Mary Louis Pratt)的《帝国之眼:旅行书写与文化互化》一书。该书是一部围绕欧洲人关于世界非欧洲地区的旅行书,对 1975 年以来欧洲"旅行书写"进行了详细解读。普拉特提出了"接触区"(contact zone)的概念,即帝国遭遇和接触的地带,原本在地理上和历史上分隔的空间开始相互接触并建立起持续的关系,这种关系通常包含了压制、激烈的不平等和冲突。她还提出了"文化互化"(transculturation)和"自我民族志"(auto-ethnography)两个概念,即强调被殖民者的自我塑造和积极表达,并以拉美和非洲文化对欧洲文化的重写解释了强势文化的主体性;它对殖民者与被殖民者之间的关系进行重新理解,不再将其看作单向流动,而是一种文化互化的结果②。旅行者与旅行地之间的接触与交换是本质意义,通过旅行书写体现了旅行对主体生成的意义③。

2)旅行书写中民族志的兴起

旅行书写,以旅行作为其生产各种各样书写的必要条件,并以多种形式出现也最好以其多元体裁来定义④。旅行书写的类型很多种,这与"旅行者类型"有关。许多早期旅行记录

---

① ④ Peter Hulme, Tim Youngs. Travel Writing[M]. Cambridge:Cambridge University Press, 2002.

② Moira Ferguson. (Review)Imperial Eyes: Travel Writing and Transculturation. (by Mary Louise Pratt), Eighteenth-Century Studies, 1993,26(3):481-484.

③ 唐宏峰. 帝国之眼:近代旅行与主体的生成[J]. 读书,2010(9).

包含着可能有效的民族志,它们都是由朝圣者所写的,以宗教沉思作为叙事的主要焦点。根据旅行者的类型,旅行书写文本大概有宗教主题的、"书斋式"的民族志和"旅行者—民族志学者"为一体的现代人类学的书写文本。

从旅行书写到民族志的转变过程,是从旅行者用于各种有实际目的的叙事转变到历史学者或其他学者的精编版的写作过程,民族志的文本是按表现类型,或按时间顺序、特定事件、地理位置进行"组织的"世界,体现了对冒险旅程叙述中各种"关系"的描述或分析。

旅行书写中民族志的兴起,可以看作一系列基本书写方式分类的历史,反映出不同的表达体裁、语言表达以及语言阐述重点的变化。像政治主题的旅行书写中对某些话题表现出一种反复的兴趣,如王权、贵族、战争和正义、民族或族群、城市贸易经济活动,以及宗教中开放的仪式、节日、寺庙和宗教精神,婚姻中的女人和性,礼服与纹身,生活习惯,卫生环境,语言和文化,文学和科学,技术导航和其他艺术等,且一直影响到 20 世纪的民族志写作。欧洲旅行者还大量记录了他们对地方和当地人的观察,成为了关于人与自然的、经验性的新话语的重要贡献者。学术研究单位的书籍、期刊评论以及大学的新科学制度化发展,对旅行者和旅行书写产生了重大影响,这种重要变化与其说在"描述什么"不如说反映了占主导地位的科学概念和意识形态范式。

旅行书写文本的不同表达不仅因文化或社会环境所造成,也由作者的发言权所决定,特别是作为文化的表达主体由于他/她的"自我"、思想、观念的不同而造成了文本的不同。例如"旅行叙事"(travel narraive),旅行者以有序的方式记录所见所闻,在重点上可能有所不同,都反映了同一时期相同题材的旅行故事。16 世纪,旅行叙事成为一种流行的文学形式。除了出版旅行类书籍的著名作家如拜伦、雪莱、福楼拜、劳伦斯外,一般来说文学家更关注旅行的主题。这个时候,人们提出了"旅行艺术"(travel art),就是将早期的旅行经历形式化,旅行研究者可以直接使用那些旅行手册及旅行文本,将这些编写成旅行研究报告并影响旅行者,以一种可接受的文化标准将旅行经历与旅行体验传达给更广泛的受众。此外,"旅行文学"(travel literature)也在旅行书写中发挥着重要作用。无论人们在世界各地哪个地方工作,又作为历史学家,文学评论家或民族志学者如何展开工作,想要了解旅行的历史都可来了解这些旅行者对外国文化的描述;旅行者会也对学者们感兴趣的内容进行考察。需要指出的是,不同的书写文本都体现了不同人类群体的想象,反映出描述和理解外界文化的不同方式。

20 世纪 30 年代,民族志与旅行书写还存在许多相似之处,明显地体现在作家强调自己前往另一个地方体验"他者"的旅程以及浪漫想象在其中的作用,现代民族志的文本生产主要受社会人类学的实证主义历史的影响,主张中立而非个人和科学的特征。旅行文学与民族志之间有着密切关系,过去学者甚至将民族志看作"旅行者故事";现在民族志学者有许多选择,他们可从各种人类学研究"模式"中进行选择,使混乱的资料变得更加连贯。特别在马林诺夫斯基的田野调查产生危机时,在对民族志写作进行反思时,对"旅行文学"的理解又进一步推动了旅行书写的发展,因为它也是一种重要的描述方式。

旅行书写对探索和研究科学的民族志文本提供了一种参考甚至替代,在它的叙事结构中允许呈现出更为个人的、主观的叙述。旅行书写也可以作为一种文本实践被分析,以揭示"帝国文体"(imperial stylistics)的象征符号,它对构建殖民地和后殖民地的文化认同与地理空间产生了一种想象,如赛义德所谓的东方主义。再就是,"我们""他们""旅行者"的含义被重新看待与理解,由于旅行者参与的方式不同而展现了主体的各种存在空间①。因此,旅行书写的概念可被视为一个隐喻,一个对语言意义的延伸;旅行书写也是一个旅行的生产空间,在一个流动的断裂的空间中被构建。

3)民族志中的旅游研究

旅行创造了不同背景人们的相遇空间,一方面,人类学家使自己变成了旅行者并成为人类知识的生产者;另一方面,人类学家拒绝并尽量避免成为游客,然而,旅游业后来变成了一个人类学"合法"的研究对象,不再被视为平庸和浅薄。主要原因有②:①旅游生活的到来。旅游业的发展已是一个不容忽视的社会文化事实,人们已生活在一个旅游世界。②文化无处不在。在分析文化接触与文化流动时,必须要联系文化进行解释,文化存在于越来越多的地方。有人说旅游业是一种消耗文化的活动,旅游者是带有文化的"游牧民族"并带来流动。③旅游新形象。旅游已成为新文化的生产者,为了理解这些新形式就有必要研究旅游,它是观察文化生产的重要窗口。

对移动的游客及其旅游体验进行民族志研究是必不可少的,尽管看起来很棘手,数以百万计的游客从来不会聚集在一个地方,也不会长时间呆在任何地方,他们有不同的民族身份、社会经济阶层、职位、年龄、性别、种族和民族认同、职业和工作生活,而且每个人都有独特的个人史及旅行经历。无论他们如何定义自己,或了解他们自己的旅行动机,或者他们如何被他人归类(如旅行者、旅游者、流浪者、冒险家等),或者他们如何描述自己的旅行生活,他们都是一个复杂、分散和高度流动的人口群体。如何才能以民族志方式研究这样一个"流动性"群体?如何对缺乏任何"集体习惯"的群体进行民族志研究?苏珊·弗罗利希(Susan Frohlick)等人认为,这是可以实现的,这为如何做民族志理论基础研究、进行批判性反思提供了一个良机③,那就是只需面对两件事情:一是人类学家研究的是"一个包含知识生产过程的空间";二是所有民族志是"部分真理",特别对于好的民族志研究而言其重要核心就是"真诚与务实"。

要进行旅游民族志研究,关键问题是如何靠近这些游客。马瑟斯(Mathers)的旅游民族志研究有三个部分即旅行前、旅行中及旅行后与游客的接触。旅游是一种情境性的术语,游客也是一种暂时性的身份。作为旅游者不是一个固定的类别,所以需要采用一些方法来解决一直困扰田野调查的问题,"具身性"就对旅游研究有所帮助。旅游者常处在特定的旅游

---

① Joanne P Sharp. Writing Travel/travelling Writing: Roland Barthes Detours the Orient[J]. Environment and Planning D: Society and Space, 2002, 20:155-166.

② Greg Richards, Wil Munsters. Cultural Tourism Research Methods[M]. London:CABI, 2010.

③ Susan Frohlick, Manitoba, Julia Harrison. Engaging Ethnography in Tourist Research An introduction[J]. Tourist Studies, 2008,8(1):5-18.

场境中,可以通过旅游场景中的具身能力缓解来自于身体和情感体验的挑战。而且"游客"和"东道主"两者之间显然是中立的"玩家",关系复杂。由于参与观察的密集性和具身性,民族志学者需要为自己划出界限并创造"安全区",通过对特定地区的实证研究以及细致入微地理解旅游体验,避免一种"民族志亲近"(ethnographic intimacy)(与日常、感官及与他人的近似关系)的混乱和尴尬。

但是,民族志文本与其他类型的文本有相似性,所以,民族志的写作格式和修辞风格必须在其他写作形式如旅行、传教信、日记和新闻的背景下进行审视。有学者就对"旅行书写"与"民族志"进行了对比研究[①],认为历史学和人类学的发展中涉及了旅行实践历史,旅行书写经历了被民族志取代的转变。人类学在 20 世纪七八十年代的阐释学转向就强调了这样一个事实:即其他文化知识被记入文本且被广泛纳入思考,这些文本知识的源头就是旅行。旅行写作文本和人类学报告的不同之处就在于:旅行写作文本或多或少地以"叙述"方式进行,民族志文本或多或少地以"描述"方式进行。民族志文本倾向于掩盖旅行者的具体人物以及发生变化的确切时间和地方环境,因此民族志知识不是以"原始"形式提供的,而是以一种使其适应人类学学科概括的方式进行的"半加工",民族志文本就被认为是最符合马林诺斯基式田野工作的文本形式[②]。

4)旅游民族志(Tourism Ethnography)研究

(1)开放的多样化观察

广义而言,"民族志"常用于指一种"描述"的研究方法,可以分享学习者的生活,获得对事物的统一认识,整体方法和日常生活观察;狭义地看,是指对特定群体的基于较长工作周期所进行的参与观察、深入访谈、实地调查和问卷调查之上的"描述性"写作。其中,参与观察是旅游民族志研究的首要方法与重要手段之一。伯吉斯(Burgess,1997:21)认为有三种形式的"观察":①"成为本地人",即研究者在所研究的情境中会尽量学习表现为"本地人";②"隐藏的代理人",研究者在很大程度上试图没有被注意并进行一些模糊的参与活动;③"律师",研究者试图帮助和改善被研究者个人地位的一种情况,特别是将民族志观察应用于自己的社会文化背景时就会出现这些问题。视觉人类学的方法也是一种重要的观察手段,它能够重新发现研究对象所处的背景以及与研究文本有关的问题,如:①全景式观察:处理识别全球化背景下社会群体生活的特征及问题;②选择性观察:重点观察划定的范围以更深入地了解它;③横向观察:例如观察系统中的各种复杂性;④纵向观察:在一段时间内跟随一个人或一个团体。[③]民族志的参与观察,是人类学家创造的一门研究技术,也被其他社会研究者使用。人类学家遵循人类学研究的理论原则和方法论,并将特定的理论、概念和方法论集合在一起,旅游领域就是其涉足的一个独特研究领域。

---

①②　Justin Stagl, Christopher Pinney. Introduction:From Travel Writing to Ethnography[J]. History and Anthropology, OPA(Overseas Publishers Association), 1996,9(2):121-128.

③　Greg Richards, Wil Munsters. Cultural Tourism Research Methods[M]. London:CABI, 2010.

旅游民族志研究中包括"参与式观察"与"非参与式观察"。旅游民族志看似简单,却由开放式观察和深描所构成,且是无法预先确定的。帕尔默(Palmer C,2001)以遗产旅游和英国民族认同为重点进行的研究指出了对游客进行观察与访谈的民族志方法中出现的具体问题①。例如,虽然可以用录音和摄影方法,但手工记录仍是资料收集的最佳方法;"开放"的民族志学者会影响或改变被观察者行为,对游客的观察有时就是"隐蔽"的,而这样又会使"参与式观察"变成"非参与式观察";旅游场景变化不定,研究环境会对游客与访谈者的谈话造成影响并产生各种变化,研究报告就从这些观察与访谈中复制和整理而来,对内容及细节的陈述、修改、分析等都影响到最后的文本。因此,"深描"(Geertz,1973)的描述方式对于解决这些问题有更突出的适用性,不仅对于旅游活动,对于特定社会环境中游客行为的分析和解释也大有益处,而且,一系列广泛且复杂的社会环境也需要得到研究,如东道主与游客、个体和其他游客团队,以及游客与自己所处环境的相互影响。

(2)旅游民族志研究的注意事项

由于存在"非参与式观察",对游客行为进行"隐蔽"观察并搜集游客意见时就面临如下困难:①客观/偏见。研究者的想法、情绪及反映都会影响被访谈者,甚至会提醒他/她可能出现的问题,不同个人情感的持续相互作用会对研究产生各种影响,因此要时刻保持客观态度。②选择性。由于无法跟踪每位游客或旅行团,无法记录每次对话,也无法对游客的详细情况进行猜测,就必须采取选择性的问题进行调查。③匿名性。这需要采用各种策略,如使用"隐蔽"的小型笔记本。当评论被注意时,研究者通常会确保他在"其他地方"而不是直接看到被观察者。④写作空间。调查和研究时所处的旅游空间会给记录写作空间带来一些影响。特别是那些在非常受欢迎的景点、旅游旺季,写作空间也相对很少。⑤笔记记录。由于不可能跟随每个人写下所说的一切,研究者也不具备速记能力,于是采取自己的"快速"笔记记录方法,以确保以后的易读性,因此很快下这些笔记很重要,且最好在当天或最迟第二天完成。⑥需要写/听/思考/观察。这需要一些实践来实现,实际上也会大打折扣。观察与访谈中的语言并不是持续性的,受旅游表演或旅游活动影响,谈话可能是间断的或非逻辑性的,"隐蔽"观察的对话可能无法正常记录,但逐字地记录和回答应当是可能的。尽管有这些困难,但在某种意义上它们对研究也是有利的,因为它们折射出研究所处的环境。

因此,研究者在进行观察与访谈时需要注意以下问题:①调查者必须要始终对周围发生的事情以及人们首次访问这些地点的原因保持敏感;②调查者在任何时候与被观察者保持距离是重要的;③调查者要确保访谈的评论及笔记仅是根据学术研究要求进行的,最终目的是提高研究水平而不是暴露个人信息;④调查者必须对笔记的公开程度持有相应的伦理态度,并非所有内容都可以记录下来;⑤调查者必须保持与旅游者长期而短暂的社交往来以进行观察和描述。特别是最后一条注意事项,民族志工作的有效性是建立在与研究对象的互动之上的,并通过这种方法获得对社会文化的洞察力。

---

① Palmer C. Ethnography:a Research Method in Practice[J]. International Journal of Tourism Research,2001,3(4):301-312.

通常,无论是处于"移动的"还是"固定的"状态,一个不稳定群体中的社交互动都不是长期的,是一群不稳定的群体构成中随着个体的不断变化而进行短暂的社交互动,在方法论的角度上使得研究者不可能遵守传统的民族志工作框架,而是与既定的人群进行长期的社交互动和观察来搜集资料。例如,安德·斯萨利森(Anders Sørensen)以国际背包客旅游为例进行的民族志研究,在描述背包客的社会人口学特征和旅游文化轮廓基础上对背包客进行文化分析并阐释了背包客旅游的发展变化。由于背包客的特殊性,只能通过与很多人的"即时互动"来进行民族志研究以阐释背包客"自我认知"和"同伴认同"的互动①。

(3)旅游者的旅行与民族志旅行的关系:"自我"与"他者"角度

旅游民族志研究的主要对象是"旅游",对"旅游"的认识不同影响着对旅游民族志的理解。在此,通过对"旅游者的旅行"(Tourist Travel)与"民族志旅行"(Ethnographic Travel)的差异探讨来加深旅游民族志视野下对"旅游"的认识,以及对旅游民族志研究的意义把握。

19 世纪后期,大众旅游(mass tourism)兴起,旅行被视为自我实现的一种方式,是去证实人对世界的看法而不是去改变世界,携带着大众文化与旅游话语符号的旅游者开始他们的旅程,通过接触不同于他们所熟悉的世界以获得快乐。

20 世纪 20 年代,马林诺夫斯基的旅行实践标志着一种新的知识范式的出现,需要人类学家积极参与"他者"的社会。旅游强调跨文化交流的视觉体验,民族志主要依靠话语表达。从这个意义上说,民族志旅行被认为是一种新探索和新田野工作形式,这已成为人类学家工作的关键。马林诺夫斯基开创的田野调查表明,民族志研究揭示了研究者自己隐藏的或未知的一面,田野工作将重要的个人经验与一般知识领域联系起来。

为了理解"民族志旅行"所带来的独特体验,就必须揭示与"他者"的关系,将经验转化为民族志文本,以及作为作家的人类学家如何构建"自我"和"他者"。"自我"叙事、"客观"观察和描述的分离,是由西方社会科学长期建立的传统所决定。马林诺夫斯基通过引入旅行书写史中衍生出来的"自我"形象来接近参与者观察者的理想状态,只有在将经验作为权威来源时,民族志才有可能揭示"个人"。过去,人类学家在民族志文本中会以第一人称来介绍,以便使他们的研究工作有效,否则书面作品中没有"自我"。在马林诺夫斯基的日记中,"自我"与有抱负的科学家是分开的,日记表达了焦虑、愤怒、困惑甚至是最隐秘的幻想(《严格意义上的日记》),在民族志写作的文化建构中体现了与自我的统一。

20 世纪六七十年代,出版了一系列民族志作品,研究了人类学家与自己作为参与观察者和翻译者的关系。然而,与"工作"相关的个人描述通常与"正式"的民族志分开,这种分离揭示了一种公共与私人、客观与主观的双重性的经验。例如,科林·特恩布尔(Colin Turnbull)先是发表了一篇以第一人称来写的描述性报告(1961),后来以相同主题出版时就变成"客观"的口吻。20 世纪 80 年代,一个重大转变是"叙事民族志"(narrative ethnography)的出现,主要体现在民族志对话或与文化他者(the cultural Other)的相遇。人们也认识到,研究者不是一个真正公正的观察者,也不是一个稳定的、单一的或统一的自我,而是一个历史阶段

---

① Anders Sørensen. Backpacker Ethnography[J]. Annals of Tourism Research, 2003, 30(4): 847-867.

的产物、一个带有自己个人经历和特点有领域的具体分析视角。

人类学和旅游学是对"他者"不同的文化表达,为现代旅游体验的调解提供了背景。"他者"是关于异地与异国情调的象征,其功能是作为允许家庭、地方、自我与权力反像的工具。在"他者"的"挪用"过程中,人类学和旅行实践倾向于认识而不是质疑已经建立的"自我"和"他者"的形象;对于人类学家来说,解码不同文化的任务使他们产生了一种所谓"真实"的"他者"观,同时将人们自己的意识形态分配到其他领域,从而揭示了人类学家在职业认同上的政治色彩。旅游实践中的"传统"的表达及其与社会其他部分的分离已不再可能,这种发展为旅游实践的"现代化"开辟了道路,厄里关于后现代旅游的论证标志着对"凝视"理论的替代。

3.2.3 民族志者与旅行者、旅游者的相关性

1)"主体间性"角度

旅游民族志是对旅行者和他者文化的深入描述和分析,其复杂性与"人"有关。旅行者、民族志者/人类学者与旅游者既是书写的主体也是文本中被观察被阅读的重要内容;作为主体的主观性与作为客体的他观、主位与客位、"自我"与"他者"的互动都会影响民族志的研究及文本。因此,可以从旅游者、民族志工作者等行动者的"主体间性"(intersubjectivity)角度进行分析以便从差异性分析中加深对旅游民族志本质的把握。"主体间性"是20世纪西方哲学中凸现的一个研究范畴,它强调的是从本体、主体角度出发探讨人自己、人与人之间的关系,主要是研究或规范一个主体怎样与完整的作为主体运作的另一个主体互相作用。

克利福德很早就提到了"民族志学者"和"旅行者"之间的关系,认为两者都试图将读者借由"文本"转移到另一个地方并传达另一个地方的知识,不过需要更认真地对待民族志学者的报告(即权威),因为他们的知识可能是科学的或中立的。

列维·斯特劳斯明确地表达了他对旅行和旅行者的"厌恶",给我们留下了他的旅行记录(《忧郁的热带》),从而在一个特定的文学体裁中来观察和解释;麦康纳尔在《旅游者:休闲阶层新论》书中也指出,游客和社会科学家之间存在差异,但他们"对原始民族、穷困少数民族和其他少数民族都有着同样的好奇心"[①]。贾斯汀·斯塔格和克里斯托弗·平尼(Justin Stagl, Christopher Pinney)则认为这两种旅行者都会获得一些经历并对这些体验进行整理,以可接受的方式将文化传达给相应群体,它们的区别在于"程度上"的差异。一是专业性差异。人类学家会更好地了解文化变迁及表达,且比普通旅行者有更专业的描述。因此,人类学家的知识被认为具有更高的质量。但是,一个有天赋的旅行者也可能被证明是一个比专业学者更好的民族志学者。二是知识系统差异。通常情况下,人类学家的知识被认为更可靠更深刻,所描述的内容被认为是"异国情调"的更多,这与自己所在的社会不同且很难获

---

① Caroline B Brettell. Introduction: Travel Literature, Ethnography, and Ethnohistory[J]. Ethnohistory, 1986,33(2): 127-138.

得。于是,愿意并有资格进行描述的旅行者较少,结果是文化越"异国情调",围绕它的文本就越有可能以特定方式将其"系统化"。三是表述方式不同。非专业旅行者和专业人类学家从根本上以相同的方式收集外出经历,都会将这些信息传达给不同的读者,但旅行者是将自己告诉给自己原来的社会文化群体。①

2)"凝视性"角度

瓦西里基·加兰尼·穆塔(Vasiliki Galani Mouta)对"旅行者""民族志者"和"旅游者"的关联与差异进行了较为系统的比较分析,他以民族志实践、旅游话语和旅行叙事等方面的实例揭示了"自我"的发现和表达过程,认为这些是凝视"异地"和"他者"的结果②。虽然,三者都能跨越地理和文化界限实现旅程,但旅游者和旅行者可能是无法达到"自我意识"的类型,人类学家则在凝视"他者"时于"自我"重生的范式工作中来获得。

在西方的历史中,人们旅行的原因很多:通过朝圣寻求宗教体验,在殖民扩张和移民背景下寻求冒险,以经济和社会进步等原因从事与商业有关的行业,或被迫流亡避难。早期旅行者,常与冒险家和流浪者一起被描述为"原始人类学家"和"原始游客",其原因涉及史前史和人类学的早期历史。探险家、传教士、殖民者、军人、移民、流亡者、家佣、人类学家和旅行者都有自己的旅行历史,跨越不同地点、穿越个人和文化界限,由于种族和阶级的原因,移民工人、家佣和难民的空间实践没有被认定为旅行,因为他们没有旅行日记或旅行记录,未在社会科学文献中得到充分体现③,很少有挑战"自我"与"他者"的条件与可能。如果将旅程进行一种时间过程或时空维度的分析,则使旅程成为一种强有力的隐喻,旅程即象征发现"自我"和"他者"的过程。

人类学家与旅行者、旅游者都可以被视为"凝视者",他们"凝视"着"远方"和"他者",同时寻找他们的"自我"。他们的故事和文本表明他们将描述的世界看作是自己的"主张"。无论是民族志写作还是旅行文学,"他者"的表现都在调解现代性的体验,如对文明与原始、现代与传统、熟悉与异国、自我与他者的观察与体验。人类学家的文本反映了人类学家通过文本生产来调和"异国情调"与"现代世界"的关系,因为现代世界被困在"进步"与"怀旧"之间的紧张关系之中。需要注意,"媒体凝视"会对这些"观察者"的"凝视"产生影响。旅行者感知外部世界,过去是依赖文学文本和其他旅行者的记录而不是旅游经营者和广告话语,但新媒体和互联网的"媒体凝视"(Dann,1999)会通过他们制作的作品提供给旅行者新的图像,并被添加到旅游者的旅游消费符号中。

3)"自反性"角度

最后,"自反性"也是三者间相关联的地方,并出现了"作家—旅行者"(Author-traveler)

---

① Justin Stagl, Christopher Pinney. Introduction:From Travel Writing to Ethnography[J]. History and Anthropology, OPA(Overseas Publishers Association),1996,9(2):121-12.

②③ Vasiliki Galani-Mouta. The Self and The Other, Traveler, Ethnographer, Tourist[J]. Annals of Tourism Research, 2000,27(1):203-224.

的特殊群体。自反性(reflexivity),是关于主体的认识论问题,简单地说是"观他者以反思自我",包括自我对抗(self-refutation)与自我反思(self-reflection)的双重含义。"作家-旅行者"前往异国寻找"异国情调",一方面,主要是观旅行的内在而不进行自我反省,但也有一些作者刻意将自己与游客的身份分开,强调自我身份认同;另一方面,还有一些作者则希望将自己对语言、社会、文化的观察转化为一种纪事,并将自传身份隐藏其中。"作家-旅行者"们创作的关于"他者"故事和形象都与他们自己的身份和兴趣直接相关,且来自他们自己原来的社会文化中,这与人类学家是不同的①。

3.2.4 相关民族志方法

1)多点民族志(Multi-sited Ethnography)

旅游民族志是对旅游系统进行研究的一种民族志方法,采用多点民族志这种方法能够开展更深入更具意义的旅游研究。1995年,马库斯提出的"多点民族志"(Marcus,1995)是基于多个地点进行研究,遵循的是混合和客观的研究方法,这种研究既保持了民族志的地方关注,也适用于较大系统的领域和复杂化的旅游系统。马库斯提出应创建"多点民族志",作为了解复杂的超越相互依赖的地方的研究工具。这种方法基本上是三种研究策略的混合:一是基于参与观察和视听民族志的人类学田野调查;二是口头访谈和生活史报告;三是参考文献和档案研究。通过这三种考察,可以在民族志的细节中理解地方与全球的关系,以及关于这个民族旅游案例的多元观点、解释和意义。此外,它也是一项开放性工作,因为根据其他理论和分析框架,所收集的数据可能被其他领域所运用。多点民族志中的参与观察,更能将旅游理解为一种互动的社会实践现象,并通过多点的特定场景来进行集中观察与拓展观察②。

黛比·爱彼斯坦(Debbie Epstein)等人进一步对"多点全球民族志"(Multi-sited global ethnography)进行了研究,认为旅行对民族志研究具有重要意义。与旅行相关的文本有三类:旅行者的故事或旅行书写(the traveller's tale or travel writing),批判性的旅行研究(critical travel studies)和流亡旅行记录③,民族志可能是"作为旅行实践的田野工作"(fieldwork as a travel practice)或支持"作为方法的旅行(travel-on-method)"的一种方式。

①旅行书写或旅行者的故事或回忆录。这类历史悠久且反映了多元文化,如欧洲帝国的冒险者和探险家,18世纪的欧洲中上阶层的"大旅行",世界大战时欧美文学中精英的悠闲旅行及书写,这些旅行叙事总是记述空间差异,不一定总能拓宽思维但一定会激发新思想、新观察、新概念,也最受欢迎。

---

① Vasiliki Galani-Mouta. The Self and The Other, Traveler, Ethnographer, Tourist[J]. Annals of Tourism Research, 2000,27(1):203-224.

② Greg Richards, Wil Munsters. Cultural Tourism Research Methods[M]. CAB International, 2010.

③ Debbie Epstein, Johannah Fahey, Jane Kenway. Multi-sited Global Ethnography and Travel: Gendered Journeys in Three Registers[J]. International Journal of Qualitative Studies in Education, Taylor & Francis, 2013.

②批判性旅行研究。主要来自社会学和人类学的研究,学者们不仅关注个体的移动更关注大规模的旅游移动,更重要的是还提出了一些问题,如谁旅行,为什么旅行,旅行条件是什么,对谁的文化有兴趣,社会文化和政治的影响有什么?

③流亡旅行记录。这种与上述两种社会文化写作类型相重叠,它将某些旅行比喻为批判性思维实践的隐喻;既涉及知识分子的旅行也涉及一般旅行和流离失所。

这三种旅行文本为民族志研究提供了全球化视野:田野工作被作为一种旅行实践看待;各类旅行也构成权力领域。总体而言,通过关注"作为方法的旅行"可以对"多点全球民族志"的发展产生积极影响。

2) 感官民族志(Sensory Ethnography)

感官民族志是一个值得关注的新的研究领域和研究方法。游客凝视的研究反映了对视觉感知的重视,从另外一方面却忽略了其他身体感知的体验,旅游与身体的多种感官体验都有关系,视觉的、嗅觉的、味觉的、听觉的等,这些都是身体化旅游与旅游身体化的实践体现。"身体与灵魂,总有一个在路上"。随着身体人类学与感官人类学的发展,对人类自身身体的研究得到重视,尤其是具身研究。前述提及了"旅游与身体"的研究,"具身"这个词在哲学、语言学、心理学和社会学领域都是非常重要的基本概念,涉及到身体的结构、活动和感知等方面,对它的理解也各种各样。

"身体感",是感官民族志的研究起点,身体感具有即时性(immediacy)和情境性的特征,是感官民族志研究的主要对象之一。感官民族志与传统民族志在研究方法上存在很大差异,这是由感官民族志背后不同于传统民族志理论的话语体系所决定的。田野调查者在调查时可以充分运用身体的参与和实践形成"通感"以获得最佳调查效果。感官民族志将身体体验置于参与观察和深入访谈的中心位置,以达到具身的、具地的感官性和移情性的学习和调查过程。

3) 自我民族志(Autoethnography)

作为一种新的质性研究方法的自我民族志,是一种将个人与文化相联系,将自我置于社会文化背景上来考察的研究样式和写作形式,它是探讨研究者自我生活经验的自传式个人叙事。这种个人叙事不仅对个人亲身经历进行描述,也对个人的文化经历进行反思性说明。

自我民族志的提出已有 40 多年的历史。1975 年,人类学家卡尔·海德(Karl Heider)用自我民族志来研究新几内亚达尼人(Dani people)对他们自己文化的描述。第一次在真正意义上使用自我民族志概念的是大卫·哈亚诺(David Hayano),哈亚诺在 1979 年用自我民族志来描述人类学家对自身文化的研究。近年来,自我民族志已成为研究个人与文化问题的重要工具。

自我民族志来源于传统的民族志又不同于传统的民族志,两者的主要区别在于:①在研究角色上,传统民族志研究者是以局外人身份通过介入局内人日常生活来研究文化的,自我民族志研究者则是以局内人和局外人的双重身份,通过描述自我的亲身体验来表现自我主体性,表达自我意识。自我民族志作者既是研究者又是被研究对象,两者合二为一。②在研究内容上,传统民族志研究者主要关注人类群体文化,有意使自我成为背景,侧重于从整体上来描述其他人的看法和实践,自我民族志作者则主要关注自我主体性、自我意识和亲身体验,侧重于从个体层面上来描述研究者自身的看法和实践,把个人思想、感觉、故事和观察视为理解社会背景的一种方式,通过自我情感和思想的展现来探究自我与文化背景的互动。③在研究手段上,传统民族志主要通过参与观察和深度访谈来收集数据,自我民族志则把亲身体验和自我意识作为数据来源。

目前,自我民族志在旅游研究领域已有运用,如从自我民族志的角度探讨女性独游的意义①,或基于自我民族志分析目的地形象演进过程②等,旅游研究方法体系已有很大突破。

本章参考阅读与学习材料:

[1] Caroline B Brettell. Introduction:Travel Literature, Ethnography, and Ethnohistory[J]. Ethnohistory, 1986,33(2):127-138.

[2] Noel B Salazar. Studying Local-to-Global Tourism Dynamics Through Glocal Ethnography [C]. Fieldwork in Tourism:Methods, Issues and Reflections, Routledge, 2011.

[3] Moira Ferguson. (Review) Imperial Eyes:Travel Writing and Transculturation by Mary Louise Pratt[J]. Eighteenth-Century Studies, 1993,26(3):481-484.

[4] Justin Stagl, Christopher Pinney. Introduction:From Travel Writing to Ethnography [J]. History and Anthropology (Overseas Publishers Association), 1999,9(3):121-129.

[5] Vasiliki Galani-Mouta. The Self and The Other:Traveler, Ethnographer, Tourist[J]. Annals of Tourism Research, 2000,27(1):203-224.

[6] Joanne P Sharp. Writing Travel/ Travelling Writing:Roland Barthes detours the Orient [J]. Environment and Planning:Society and Space, 2002,20(2):155-166.

[7] Seaton A V. Observing Conducted Tours:The Ethnographic Context in Tourist Research [J]. Journal of Vacation Marketing, 2002,8(4):309-312.

[8] Lynne Hume and Jane Mulcock. Anthropologists in the Field:Cases in Participant Observation[M]. New York:Columbia University Press, 2004.

[9] Les Robert, Hazel Andrews. (Un)Doing Tourism Anthropology:Outline of A Field of Practice[J]. Journal of Tourism Challenges and Trends, 2013,VI(2):13-38.

[10] Susan Frohlic, Julia Harrison. Engaging Ethnography in Tourist Research:An Introduction [J]. Tourist Studies, 2008,8(1):5-18.

[11] Anders Sørensen. Backpacker Ethnography[J]. Annals of Tourism Research, 2003,30(4):847-867.

[12] Palmer, C. Ethnography:a Research Method In Practice[J]. International Journal of

---

① 徐文月,刘敏. 女性独游的意义阐释:基于自传式民族志方法[J]. 旅游学刊,2018(3):23-37.
② 张高军.基于自我民族志的目的地形象演进过程研究[J]. 四川师范大学学报(社会科学版),2017(4):64-72.

Tourism Research,2001,3（4）:301-312.

[13] Andrew Russell. Writing Traveling Cultures:Travel and Ethnography amongst the Yakkha of East Nepal[J]. Ethnos,2007,72（3）:361-382.

[14] 张连海.感官民族志:理论、实践与表征[J].民族研究,2015(2):55-67.

[15] 蒋逸民.自我民族志:质性研究方法的新探索[J].浙江社会科学,2011(4):11-17.

[16] 玛丽·路易斯·普拉特.帝国之眼:旅行书写与文化互化[M].方杰,方宸,译.南京:译林出版社,2017.

【思考题】

1. 旅游人类学的田野调查有何特殊性?

2. 如何理解旅游书写对旅游民族志研究的作用? 旅游民族志究竟有何特点?

3. 如何理解旅行者、旅游者和民族志者的不同? 具体体现在哪些方面?

4. 怎样从"主体间性"角度来把握旅游民族志不同于传统民族志的差异?

5. 移动性对于旅游人类学研究方法的挑战是什么?

6. 旅游人类学研究方法的新趋势有哪些?

第4章
旅游研究的当代转向

【学习目标】

通过学习本章,学生能够了解旅游研究的转向、新趋势及基本内容。

理解:旅游研究的前沿理论,旅游移动性,旅游表演,游客凝视,东道主凝视

熟悉:旅游移动性,旅游表演,游客凝视,东道主凝视

掌握:旅游研究的新趋势,旅游移动性,旅游表演,东道主凝视

【关键术语】

移动性,旅游移动性,旅游移民,旅游表演,游客凝视,东道主凝视

【开篇导读】

认识旅游展演:基于"行为—文化—场域"的阐释路径

一、多维视角下的"旅游展演"

"文化理论"研究已出现"表演研究"的新转向。近年来,"文化表演"(culture performance)一词已经成为一个时兴的用语和研究视角。表演理论的最早兴起与美国社会学家欧文·戈夫曼的社会表演理论有关,戈夫曼在其代表作《日常生活中的自我呈现》中借用戏剧表演的观点对社会生活进行关注,对"社会舞台"进行了详尽的阐释,并将社会结构划分为"前台"与"后台"。"表演"理论的拓展,后来"延伸"至了两个重要的情境中,一是口头艺术以及由此产生的相应研究,二是在旅游场景的诸事象当中。旅游是人类重要的现代社会行为之一,与"文化展演"不同的"旅游展演"从实践上看也表现为一种动态的多元复合体系。

1. 文化人类学基础之上的"文化展演""文化表演"

"Cultural performance"被译为"文化表演"或"文化展演",概念的产生及其内涵是基于长期以来西方文化人类学领域对仪式的重视和研究。仪式研究中强调仪式是按计划进行的或即兴创作的一种表演,如仪式、节日、戏剧等,且主要受法国社会学家涂尔干的"将仪式看作社会关系的扮演或戏剧性表现"的思想影响,包含着仪式的诸多内涵与功能。在文化视野

研究背景下,国外"表演"研究的诸多理论被译介到国内,欧文·戈夫曼认为日常生活是"社会表演";格尔兹把文化看作表演性文件(acted document),他还指出宗教表演、文化表演或政治表演等之间很难作出区分;密尔顿·辛格最早提出了"文化展演";还有维克多·特纳的"展演人类学"研究和理查·谢克纳的五种表演类型(审美表演、社会表演、大众表演、仪式表演、游戏表演)等;理查德·鲍曼则认为表演是一种交流的行为事件,并指出其具有诸多特点,如时空性、规划性、公共性、异质性、升华人的情感等。这些"表演研究"的理论范式、内容及各种阐释在中国现代场景中的运用日益广泛,涉及节庆仪式、服饰、饮食、信仰、语言、婚礼、民族歌舞等文化事象。国内很多学者还对民俗旅游中的"文化表演"展开了深入研究,如徐赣丽(2006:3),廖扬、蒙丽(2011:4),潘峰(2008)等,文化展演的阐释空间也越来越广,其背后也指向诸多完全不同的话语与实践。

2. 艺术人类学关照下的"艺术展演""展演艺术"

随着人类学艺术研究的深入,对仪式的呈现从艺术人类学角度研究更深入、具体。何明、洪颖认为艺术的表现形式有日常生活化的、仪式中的、为展演的三种存在状态,并强调"行为"在其中相当重要。吴晓对民间艺术旅游展演的景观意义、主体复杂性等进行了大量分析(2010:6,2010:12,2011:1)并明确指出民间艺术旅游展演已形成具有范式意义的研究视角和相关问题意识。魏美仙指出在各种地方性旅游中"旅游展演艺术"被作为旅游地文化展演的主要类别而呈现(2009)。也有学者认为"艺术展演"与"文化展演"相类似,是现代社会对传统(特别是其中的民间艺术类)文化的一种呈现和展示,有时也是表演。

3. 旅游人类学中的"旅游展演""旅游展演仪式"讨论

"表演"这一研究范式已从"诗学"到"戏剧"到"文化展演"到"社会结构",再到旅游观光中的所谓"真实性"讨论等错综复杂的情况。目前,很多学者(如陈亚肇,2006;黄丽娟,2008;郭文,2008 等)都认为"旅游展演"已是一种新的研究视角,如黄丽娟认为"旅游展演"是在理查德·鲍曼的表演理论基础上借鉴"艺术表演"和"舞台真实"的理论与方法去研究旅游目的地、旅游产品、旅游者与当地居民等。学者们对此展演中的诸多形式进行了大量研究,对"影视旅游展演"(郭文,2008:10)、"旅游文化展演"(雷晴岚,2012:14)、"旅游仪式展演"(张晓萍 等,2010:2,6;陈素华 等,2009:5)、"旅游展演仪式"(杨柳,2010:4)、"乡村仪式展演"(唐欢,2014:5)、"宗教祭祀表演"(荣莉,2007:5)、"民间信仰仪式性表演"(郭琼珠,2009:6),以及对展演中的族群认同(赵红梅,2008),游客参与、旅游化生存、展演机制、旅游场域中旅游展演的行为实践与社会交流(光映炯 等,2014)等问题进行了分析,还有学者借用"第三空间"的理论通过案例对文化表演的生成特征、功能价值和属性定位进行了分析,等等。

4. 人类表演学视角下的"旅游表演(学)"

对"旅游表演"较为系统的研究主要以朱江勇及其提出的"旅游表演学"为代表,他对"旅游表演"进行了广义和狭义的界定并提出构建人类表演学理论基础上的新学科:"旅游表演学"。他不仅对旅游表演的内涵、内容和实践进行了阐释,还认为旅游表演学就是把旅游活动作为人类活动的一部分并当作人类表演学中的"表演"来研究的一门学科,其研究对象既包括旅游活动中戏剧影视的狭义上的表演；也包括旅游活动中人的一切行为以及由此带来的人们已经关注到的旅游真实性、文化商品化、传统保护、旅游体验等诸多问题的广义上的表演。而且，以服务性的旅游展演空间、作为景区景点的展演空间、虚拟旅游中的"虚拟空间"和后旅游体验行为的"博客舞台"为对象，从旅游表演学理论阐释了旅游展演空间中体现的"舞台互动"，从另一视角也强调了"行为"和"实践"的重要性并涉及诸多问题。

5. 近于表演艺术的"旅游演艺""旅游演出"

旅游景区的"文艺表演"属于旅游娱乐业，在景区旅游中发挥着越来越重要的作用。相比之下，"旅游演艺"的研究也很多。"旅游演艺"又称为"旅游演出""旅游表演"，但近年来较为约定俗成的称谓是"旅游演艺"。虽然，目前学界对旅游演艺产品的界定并无统一的认识，但较为一致的看法就是旅游演艺是一种演艺形态，旅游演艺产品是一种新的演艺产品。这种维度的研究大部分接近于表演艺术的视角，但也有些观点接近于文化展演或旅游展演的含义，如李蕾蕾认为它以旅游体验为主要来源，以吸引游客观看和参与为意图，在主题公园和旅游景区现场上演的各种表演、节目、仪式、观赏性活动等统称为"旅游表演"；"旅游演出"在一定程度上使旅游资源更具有一种社会意义。此外，还有学者对"旅游演艺"的内涵、类型、舞台真实性、资本运作、营销理念和文化产业生产模式等问题进行了研究。

二、旅游展演的内涵：基于"行为—文化—场域"的阐释

对旅游展演本质的理解，离不开旅游的积累与发展。可依据旅游业开发的不同层次及不同的空间形式而呈现出不同的类型分为广义和狭义，广义的旅游展演主要指旅游目的地在特定的空间中为游客提供的文化观赏、参与和体验的展演实践。狭义的旅游展演主要是指旅游场域中借助特殊的时空舞台为游客提供的一种文化表演产品。旅游展演空间的建构、仪式的身体实践等展演活动使文化的传统空间得以拓展、文化的活态性得以体现。所以，研究将主要集中于对广义的旅游展演形态的探讨，而不是接近于舞台艺术的旅游演艺产品。

旅游行为具有经济、政治、文化、心理、社会的多重属性，但本质上还是要从"我者—他者"的途径回归到人类生活方式的文化自省。沃布认为"行为方法是研究旅游者现象最适当的方法，因为该方法强调了旅游现象中人的方面，及其在形成各国人民交流联系中的作用"。人类学与旅游的渊源、人类学的理论知识为解读旅游提供了更广阔的空间，特别是人类学视野下的文化展演呈现出一种特有的"元逻辑"。前述文化人类学领域中的仪式理论与艺术人类学中的行为范式研究，为旅游展演研究提供了重要的理论基础，进而到旅游社会中的各种分析和阐释都是对这一概念的拓展和延伸；"旅游场域"更体现了其中复杂的社会群体、社会角色的聚集以及因其不同表现而呈现出的多元复杂性，因此，具有仪式行为展演的文化实践与具有社会融合特征的旅游场域的结合是阐释旅游展演本质的最有力武器。从具有展演性的仪式实践角度出发，旅游展演的本质在于它不仅是审美的艺术，更是一种记忆、体验和交流的社会文化行为；从具有社会融合性的旅游场域角度出发，旅游展演集中反映了政治资本、经济资本、文化资本的整体操演乃至整个社会行动者的集体性旅游实践；而现代文化空间与具实载体为各种行动者及其社会关系提供了展演舞台且为其搭建了社会交流的场所，特别是仪式行为,它既是旅游场域中社会行动者的主要中介形式也展示着特有的文化表征。

在旅游小生境的背景下,出于对旅游场域的出场、发展及成熟度的考虑,旅游展演是一种旅游目的地通过特定的时空舞台为游客观察、观赏和体验"异文化"而建构、实施的展演实践。旅游展演具体通过旅游舞台的建构、声乐的展演、体化及行动实践三个层面来表达并进行社会文化交流。其特殊性集中反映在:①身体性与仪式性。行为差异体现了跨文化的旅游体验,通过表演者的语言或非语言的文化表达以及游客的微笑等各种身体认知隐喻来获得情感关注与"仪式感"。②时空性与舞台性。旅游展演舞台就是旅游场域的具体化空间,它通过各种实践行为实现旅游者乃至社会行动者的各种文化、经济和政治的需求。③表演性与交融性。旅游展演中的"观众"与"表演者""我者"与"他者"通过多种实践行为在多元互动的表演结构中互换、交融。"观—演"关系被改变,出现了如"中间人""驻客""旅游名人"等更多的社会角色,反之也调整着旅游目的地的不同文化权力及社会关系转换。④符号性与表征性。特别是民族旅游中的"民族"符号,遗产旅游中的"遗产"符号是旅游展演的主要形式。展演的舞台与空间具有象征性,文化符号的背后也有各种意义,它表征着民族文化的特质也表征着社会的多重意义。

三、旅游展演的多重社会意义

旅游展演是旅游场域的外化和具体化,展演时空的建构体现了旅游展演作为文化实践和社会行为的特殊意义,特别是展演实践对作为内容的文化层面有着复杂而深远的影响,并最终体现为正、负两种向度的多重社会文化效应。

①正效应。东道主与游客通过身体的聚集而开始仪式的过程,同时在文化交流中形成并维持社会交往。旅游展演的"可视性""易读性"缩小了文化传播与社会交流的距离,特别是大众旅游时代的"旅游传播"会加速各种跨文化交往及交流行为。通过旅游展演,还可以激励对文化遗产的保护意识,传统文化可在一定程度上得以恢复、保留、复兴、重构,并强化族群的文化认同意识,积极保护族群文化和文化旅游资源使文化保护的空间得以拓展,如主题演出、生态博物馆等形式都会产生"活态保护"的效用。

②负效应。另一方面,旅游目的地通过旅游展演重构出了"非常态"的社会文化空间,游客与社区居民在这个异构空间中发生的特殊社会交流易导致主客关系不平衡,甚至地方民族文化的"过度"变迁会使当地居民产生信仰危机、地方认同模糊和生活不确定感等。同时,对文化符号的"借用"与"再生产"使旅游目的地发生了文化异化,特别是旅游展演大多都是对特有文化的重构甚至是以复制、拼贴、炒作的方式而搬上舞台的,文化展演的最初意义被毁坏甚至本真的完整性彻底丧失,仪式的神圣内涵、艺术的生活本质、文化的生态环境等发生嬗变而被"旅游化"。

摘引自:光映炯.认识旅游展演:基于"行为—文化—场域"的阐释路径[J].广西民族研究,2017(5):120-127.

4.1 旅游移动性研究①

4.1.1 移动性研究的转向

社会科学中已形成一种新的移动性研究范式,对人类学、文化研究、地理学、移民研究、科技研究、旅游交通研究等领域都产生了很大影响。移动性研究借助于后学科领域的理论主要有空间、地方、边界和移动研究。密米·谢勒尔(Mimi Sheller)与约翰·厄里(John Urry)指出,移动研究中包含了六个理论体系②,齐美尔的"连接意志"(will to connection)、混合动力的混合地理(可以保持自身性状又有联系)、空间转向中的空间(空间的移动和变化)、物质身体的重新定位(可以感知地方、运动、情感)、社会网络的各种拓扑结构、复杂系统的分析等,这些理论有助于理解旅游移动性中的动态性、结构性、复杂性等问题。其他相关理论还涉及定居(sedentarism)、流动性(fluidity)、游牧主义(nomadism)、移动物质、移民与离散、娱乐、机动性(motility)等,新的移动研究范式已经超越了地方主义、游牧性和移动等理论。

一般而言,传统社会的空间流动性很低或基本上不存在,但从农业社会到现代工业社会的转变,由经济增长推动的空间流动性与社会流动性的加强,以及社会变迁等现象在地理学与社会学的研究领域中越来越显现。移动性研究范式对传统社会科学研究提出了疑问与挑战,首先是地理学中的地点、距离等问题,其次是将人从静态的社会结构中移出并关注其移动转变,从游牧到旅行的变化就体现了现代空间的移动性特点。相对而言,过去的社会学研究对象是静态的,忽略或淡化了工作与生活、休闲与娱乐、政治与抵抗中所存在的系统移动及其重要性③。约翰·厄里认为整个世界都处于"移动"状态,各种物质、交通、互联网在移动,国际学生、度假者、背包族等都在移动,现在的旅行规模巨大,人们并没有花太多时间旅行而是花很多时间"在路上",而将时间花了与电话、互联网、移动计算机的移动关系中。④

移动性研究与全球化研究、传播研究、移民边境研究、旅游研究、文化地理学研究、交通地理学研究及移动人类学研究的某些方面重叠,但它的范围、焦点和方法却各不相同。与传统社会学的社会移动研究不同,跨学科的移动研究领域包括对人或非人,物的空间流动性,信息、图像和资本的流动,以及通信基础设施、车辆和软件系统等物理运动方式。因此,它关注将社会学领域的"社会"(不平等、权力、等级)与地理学领域的"空间"(领土、边界、规模)

---

① "Mobility"一词,有译作"移动"或"流动",在此采用约定俗成的"移动"。又见朱璇,解佳.江泓源.移动性抑或流动性?——翻译、沿革和解析[J].旅游学刊,2017,10:104-114.

②③ Mimi Sheller, John Urry. The New Mobilities Paradigm[J]. Environment and Planning A,2006,38:207-226.

④ John Urry. Mobility[M]. Cambridge:Polity Press,2007.

以及人类学领域的"文化"及传播(话语、表征、图式)相结合,同时关注主体、空间和意义所构成的关系本体①。

艾瑞克·科恩曾指出,旅游社会学的传统研究领域主要集中在四个方面:一是旅游者,尤其是旅游者的动机、态度、反应和角色;二是对游客与东道主关系的看法;三是旅游系统的结构;四是旅游业的社会经济和社会文化影响②。一般来说,对真实性的寻求使现代人成为旅游者,旅游者的类型大致有团体的和个体的大众游客、探险家和漂流者四种,探讨较多的是东道主与游客的关系而对旅游与地方的动态互动研究较少。旅游业的发展越来越成熟,全球化背景下复杂的旅游系统也随之在生态、经济、政治等方面产生一定程度的分离,大众旅游的全球化使得旅游的移动性特征越来越明显、强烈;同时,旅游的社会文化影响也越来越多元繁杂,如社区参与、人际关系、社会组织、社会生活、移民、分工、分层、权力分配、习俗和艺术等内容。

当然,移动性与不动性相对应,移动性是相对的并不是绝对的,只有将旅游置于更广泛的社会背景下才能理解东西方旅游的不同发展。其次,旅游中心也不是一成不变的,旅游是从一个地方移动到另一个地方,"地方"的特征也可以被改变。移动性包括各种类型的移动,物的移动、交通的移动和现代通信技术的移动等,多重性移动推动并改变了现代社会结构,对结构的分析与对流动性的分析是可以兼容的。

对于现代旅游研究而言,移动性研究具有很强的适用性,主要是在"东道主与游客"关系基础上加强了对"人与地方"的互动关系的关注与分析,如对旅游主体的研究体现了旅游者与身边各种事物、现象、角色、环境及地方的互动关系,对旅游系统的移动性研究强调了对旅游的特殊社会结构分析,在时空移动中形成的旅游系统,在相互移动关系中社会文化的移动性影响等。移动性的研究还体现了交叉学科之间的相互学习与相互影响,所以移动性研究范式对于旅游研究具有深远意义。③旅游移动性研究其实就是对旅游进行跨学科领域的多重关注与具体分析研究,进一步体现了旅游人类学与旅游社会学两个领域的交叉与互动,关于对物、人、空间的互动研究、关于旅游者在时空中的移动研究、关于旅游中各种移动现象的研究也对文化移动性研究大有借鉴。

4.1.2　旅游与移动的关系

1)移动性与旅游移动性的研究

20 世纪以来,社会学领域中对移动性(Mobilities)的探讨以约翰·厄里(John Urry)、密米·谢勒尔(Mimi Sheller)等人为代表,代表作有《移动性》(《*Mobilities*》)、《超越社会的社会学:21 世纪的移动性》(*Sociology beyond Societies*:*Mobilities for the Twenty-first Century*)、《旅游

---

①　Mimi Sheller, John Urry. The New Mobilities Paradigm[J]. Environment and Planning A, 2006, 38:207-226.

②　Erik Cohen. The Sociology of Tourism:Approaches, Issues, and Findings[J]. Annual Review of Sociology, 1984, 10: 373-392.

③　David Harrison. Tourists, Mobilities and Paradigms[J]. Tourism Management, 2017, 63:329-337.

移动性：游玩在地方，地方中游玩》(*Tourism Mobilities*：*Places to Play*，*Places in Play*)及一些论文。大量关于移动性的探讨主要涉及地理学、社会学等领域，在时间、空间、性别、地方、空间、感官、网络、技术、日常及其隐喻等多个层面展开。

在社会学研究领域中，"移动性"一词过去常等同于"社会移动性"的概念，指的是社会经济阶级的层级上下的个体运动，也指社会群体或阶级的集体角色流动。但是，新的移动性研究内容涉及范围要更广泛、更具体。"新移动范式"与早期的全球化、游牧和移动方式存在不同，约翰·厄里认为新的移动性研究主要涉及四个重要领域：移动系统、移动资本、移动正义和移动空间。对移动性的研究首先是在"物质转向"与"空间转向"的相关背景下展开的。关于移动系统(mobility systems)，主要源于各种固定的或停泊的设备设施的复杂性。这些物质世界系统的相互依赖使得社会系统的流动变得通畅，使各种平台（机场、道路、码头、工厂等）、地方、劳动力和资本被重新安排并发生移动。空间的研究影响了时间的研究，缓慢、静止、等待和停顿等各种时间都是关于移动性和不定性的感官地理中的一部分，其中人的具身、动感等尤为重要，移动性研究的范围从个体上升到一个复杂的系统。关于移动资本(mobility capital)，是被概念化的能力和竞争力的不均匀分布，与周围的物质、社会和政治的流动可供性相关，不均匀的移动资本对全球化和城市化进程至关重要，虽然时空可能被重新制作，但具体通过对特定地点的复原重新创建。移动系统与基础设施一样具有信息性，新兴的"技术景观"和"媒体景观"为人们创造了新的动力，使人们能够进入社会公共环境并形成城市空间和跨性别的公共互动。无论是物质的还是虚拟的形式，复杂的全球移动系统与其他系统紧密相关，且有可能会出现中断或停滞。关于移动正义(mobility justice)，是在限制其他移动性同时调动或调节某些移动资本。最后，移动性研究与边界研究联系在一起，它被理解为由移动性调节所构成的边界，即作为不具有固定地缘或政治边缘但是在以人、物和文化流动中进行合法和非法的交叉领域。

"旅游移动性"之所以与传统社会移动性不同[①]，主要有以下原因：首先，物质变化与"非物质化"相联系，因为人、机器、图像、信息、权力、金钱、想法和危险都在"移动"，在世界范围内以越来越快的速度制造和重建网络。其次，21世纪以来社会各方面都在转型重组，使"人"能够更加个性化地在空间移动，并在旅途中形成"小"的联系。再次，越来越多的人扩展了自己的个人网络并增加了各种"代理"活动。[②]最后，旅游移动是一种多重移动，考察的是不同的旅行方式与旅游体验，且将它们视为充满各种物质形式、社会交往和旅游活动的地方。厄里在《移动性》一书中指出移动性主要有四种类型：①移动的使用物，使用移动设备意味着移动或能够移动的物体，如符号性的移动电话，还有移动的人、家庭、医院、厨房等。②人群的移动感觉，像暴民似的，一种混乱或一种不守规矩的人群的感觉。③被部署的移动感，这是在主流社会学等社会科学中的一种上下垂直的移动。④长远性的迁移感，或其他类型的半永久性的空间移动。

也就是说，移动性既包括各种类型的物理运动如站立、躺卧、行走、登山、舞蹈以及与机械相关的自行车、公交车、汽车、火车、轮船、飞机、轮椅等，又包括每天、每周、每年及人们的

---

①②　Mimi Sheller, John Urry. The New Mobilities Paradigm[J]. Environment and Planning A, 2006,38：207-226.

生活时间,还包括想象的移动,多种媒体信息的流动,以及通过网络与计算机的一对一、一对多、多对多的作为交流的视觉运动。此外,移动研究转向还考察人们如何移动,信息如何交流,信息与形象如何通过数字化交流、重叠、整合和收敛等,在物理与视觉上的移动可能是地位与力量的展现,或短暂或长久的移动的权力表达等。这样看来,社会移动性是一种移动系统,这种移动性对于度假、休闲和各种不同的旅游移动体验都是一个特殊的运用领域。

2)"旅游"与"移动"的关联

(1)旅游:时空中的移动

首先,旅游是在时空层面发生移动的一种现代社会现象,这种时空移动性体现了人在社会结构中的特殊性,人的日常生活发生了明显变化,被抽离于原生的社会生活而进入一个新的短暂游离的生活状态,所以旅游常被视作"存在于日常生活领域之外"的现象。旅游是构成短暂移动性的一部分,它在消费、生产和和生活方式的当代实践中形成并被塑造。

地理学研究关注时间与空间,强调个体与集体的日常活动实际特征,强调空间的相互作用与扩散关系,强调日常生活中的社会行为构成。如果将移动性研究置于旅游研究的领域,会看到家庭、第二家园、地方对个体的依恋影响,时空移动所带来的社会影响,以及不同形式的"临时"和"永久"移动性之间的关联,特别是旅途中的游客和移动中的移民(包括退休移民)的社会生活差异,从小时、天、周末、周、月到年的各种时间长短,从家、地方、区域、国家到国际的空间变化,如图 4.1 所示。旅游移动性也在此基础上延展,在时间上从小时到年,在空间上从短途旅行甚至到移民。

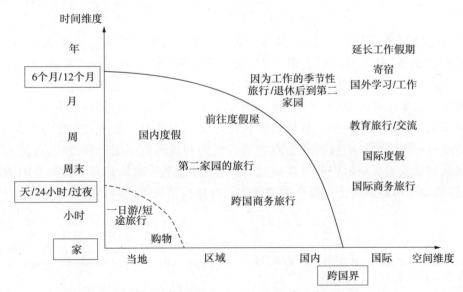

图 4.1　时空中的移动性(temporary mobility in space and time)

资料来源:C Michael Hall. International Review:Reconsidering the Geography of Tourism and Contemporary
　　　[J]. Mobility,Geographical Research,2005,43(2):125-139.

旅游的时空移动性,表明了旅游移动性最基本的特质,旅游者在旅游过程中夹杂着复杂多元的"移动"现象,东道主与游客、游客与游客、东道主与东道主、人与物质、人与地方、人与文化、人与历史等多方面的互动,移动性研究增进了对旅游系统内不同阶段、不同形式的移动关系的理解,不仅是对旅游目的地更是对旅游中复杂关系相互影响的理解。

(2)旅游:以休闲为导向的移动连续体

表面上看,旅游是时空中的移动,但复杂的旅游移动都是因不同旅游目的而表现出来的。旅游是一种以休闲为导向的移动性连续体,从上下班、日常购物到移民、散居侨民和跨国社会关系①都是如此。旅游作为一种临时的而不是永久性的移动具有社会嵌入性。反之,旅游移动性影响着移动元理论的结构,尤其那些引领休闲生活方式的移动个体对人们拓展时空移动足迹常态化有了新理解。

旅游生活与日常社会生活紧密相连,旅游生活方式与日常社会生活方式难以分隔。移动性的背后包含着一个强大的话语群,它既包括世界各地人、物、资本和信息的大规模流动,也包括日常交通、公共空间移动和日常生活中物质旅行的更多地方流动。游客、工人、学生、移民、科学家或学者、家庭成员、商人、士兵等各种人群与各种社会秩序纵横交错,多重交叉的多元移动似乎可以产生更加"网络化"的经济和社会生活模式,即使是那些没有移动的人也是如此,②甚至"旅游移动系统"及其相关的停泊正在产生新的特征,复杂且多元,专业也业余,物质化又非物质化。移动、停泊、静止是旅游作为社会生活方式之一的一种必要性,而社会生活充满了各种距离基础上的由各种节点所组织建构在一起的多重拓展关联。旅游移动性广泛地存在着并渗透在社会的经济、生态、政治、文化等各个层面,在具身实践与移动时空的嵌入影响下,旅游移动性已是一个"混合性"系统③。

(3)旅游:通过表演连接复杂关系的旅游移动

旅游移动性是通过表演连接的"地方"和"人"之间复杂的关系④,旅游者在地方的"游玩"也是因为"地方"处于"移动"之中。地方是"被表演"的,就是在全球化舞台上通过表演来体现一个地方与其他地方的相关性,地方与相关地方都被选择或被游览观光。而且,过去的旅游研究主要集中在旅游的影响方面,如全球旅游增长带来的经济压力和文化变迁、游客的到访对东道主社区的影响等。新移动研究在理论上变得更加复杂且更注重实证研究,研究旅游活动对旅游者的影响被研究旅游者消费行为和旅游空间生产所替代,关注旅游代理的研究又反向地发展了旅游中的身体研究,特别是各种享乐的日光浴、跳舞、饮酒的感官体验,有些旅游动机可能来自于沉浸在通过视觉表征体验情境中的身体欲望⑤。

---

① Tim Coles, Coln Michael Hall, David Timothy Duval. Mobilizing Tourism: A Post-disciplinary Critique[J]. Tourism Recaration Research,2005,30(2):31-41.

②③ Kevin Hannam, Mimi Sheller, John Urry. Mobilities, Immobilities and Moorings[J]. Mobilities,2006,1(1):1-22.

④ David Harrison. Tourists, Mobilities and Paradigms[J]. Tourism Management,2017,63:329-337.

⑤ Kevin Hannam. Tourism and Development Ⅲ: Performances, Performativities and Mobilities[J]. Progress in Development Studies,2006,6(3):243-249.

"表演性"研究涉及人们了解世界的隐蔽方式,这种方式是对日常生活的多重感性实践和体验,包括"表征性"和"非表征性"。"表演性"研究还涉及"实践"的概念①,通过旅游实践而成为分散的情感化"主体",具身性、关联性、表征性的主体与他者及物体相关的主体处于不断移动的世界中。与实践相关的表演性概念,就是试图"找到一种更具体的方式来重新思考确定社会结构和个人代理之间的关系",旅游者与他者、旅游与地方、旅游与社会结构中的其他关系都在表演舞台得到"勾连"并被呈现出来。旅游移动性不仅激发了游客前往新地方的动力,而且也是旅游表演舞台上关于各种移动体验的耦合关系体现。

4.1.3　"旅游移动性"(Tourism Mobility)的内容

1)社会场景中的旅游移动性

对旅游移动性的研究离不开社会的大环境,旅游移动性的快速增长都是社会多因素合力作用的结果,如全球人口的总体增长、城市化、消费文化的传播等。"新的移动性范式"将旅行(travel)和旅游(tourism)置于社会和文化生活的中心而不是边缘②。厄里曾以"旅行"(travellings)为题,对物品移动(旅行中的商品等移动)、身体移动(旅游者借助步行、汽车、火车和飞机等旅行方式的实体移动)、想象性旅行(借助电视机和收音机节目的想象旅行)和虚拟旅行(在数字化信息和电子技术模拟出的虚拟空间的多感官旅行)四个方面阐述了旅游移动的社会空间实践,指出旅游移动性是社会不平等的空间化反映,体现了权力/知识的新配置格局。③

例如,旅游交通网络在旅游移动的整个过程中起着重要作用,旅游者的旅游交通工具可以形成或改变整个旅游体验。实际上,某些车辆可能允许游客通过"感官景观"获得更深层次的体验,因为它们被赋予了感受、听到甚至嗅到的新机会。旅游移动性的概念化,首先意味着它不仅是作为一种移动,而且是通过不同的移动性为旅游提供各种信息④。"航空移动"(aeromobility)和"汽车移动"(automobility)是当今主要的旅行移动形式,已迅速发展为社会科学讨论的重要话题。有学者指出"汽车移动系统"是"当代经济和文化的中心",但旅游与汽车的移动动态关系仍处于旅游研究的边缘。

以美食旅游为例,游客会体验一种"由移动性制造的差异"⑤,就像"旋转寿司"一样。美食旅游中的食材及其配搭,可以是各种物的移动变化与融合的结果。美食旅游体验总是存在于各种物的搭配与各种想象力的交叉移动变化中,是关于物质与想象力的交流与移动。

①　Anya Diekmann, Kevin Hannam. Touristic Mobilities In India's Slum Spaces[J]. Annals of Tourism Research,2012,39(3):1315-1336.

②　Kevin Hannama, Gareth Butlerb, Cody Morris Parisc. Developments and Key Issues in tourism Mobilities[J]. Annals of Tourism Research,2014,44:171-185.

③　朱璇,解佳,江泓源.移动性抑或流动性?——翻译、沿革和解析[J].旅游学刊,2017(10):107-117.

④　Kevin Hannama, Gareth Butlerb, Cody Morris Parisc. Developments and Key Issues in Tourism Mobilities[J]. Annals of Tourism Research,2014,44:171-185.

⑤　Jennie Germann Molz. Eating Difference:The Cosmopolitan Mobilities of Culinary Tourism[J]. Space and Culture,2007,10(1):77-93.

美食旅游总是那样新奇和多彩,充满异国情调,这与其中的移动性不无关系,是只有通过"物"与"吃"的移动性才能展现的魅力。再如教育旅游中的移动性,是一种交织性的移动关系反映,体现了关于工作、学习和休闲复杂关系的移动性,[①]这些特殊的旅游移动性议题也可以从移动性研究范畴中的移动系统、移动资本、移动空间和移动正义的角度进行分析。

2)旅游移动性的系统

旅游移动性的内容[②]主要有以下几个层面:

(1)交通的移动

从离开家走向旅游目的地的过程中,通过汽车、飞机、火车、轮船……各种交通工具,以及竹筏、马匹、摩托车、摆渡车……特殊旅游交通工具等体现了旅游活动在空间上的移动,还有邮轮旅游(cruise tourism)与轮船酒店(boatel)等现代旅游交通、旅游住宿与旅游活动的结合也体现了旅游与交通、移动与定居、空间与时间的移动甚至各种互动关系。

(2)人的移动

这首先体现了游客与东道主的关联、互动。旅游现象的发生首先以人的因素为直接表现,导游、汽车驾驶人员、旅游从业人员、旅游公司的通勤者、旅游企业的代理人员、民宿房东、艺术表演者甚至与旅游有关的人员都形成了复杂的旅游社会关系网络,既有旅游客源地的旅游服务人员也有旅游目的地的相关旅游服务人员[③]等。人的移动还涉及微观层面的人的身体的移动,身体的步行、舞蹈、冲浪、滑翔等又形成了另一移动系统。

(3)物的移动

交通的因素连接了人与地方的关联与移动,物的因素则充盈了旅游移动的生活性、生动性。出行前的行李准备、旅行中的旅游生活必需品及各种旅游消费品,返程后的旅游纪念品、旅游相片等各种物的移动给现代社会提供了一幅生动的旅游移动景观。当然,还包含各种网络及虚拟的"物"与"像"、"故事"与"文本"的移动,那是旅游移动的另一个空间。

(4)文化的移动

东道主与游客的互动是在文化差异的对接中实现了文化互动,各种旅游社会角色之间的文化距离、文化交流、文化适应、文化冲突都在文化表演舞台中连接。旅游表演及舞台真实性一直是重要的话题,但其中所蕴含的"移动性"是推动整个旅游移动系统发展的重要机制。有学者指出,移动性研究应识别和分析文化产品交换的"接触区"[④],这种接触不同于简单的文化接触,它是旅游社会结构在内部及外部之间移动中构成的文化交流区与旅游移

---

① Shanthi Robertson. Intertwined Mobilities of Education, Tourism and Labour[J]. Visas in Australia, 2016:417-485.

② Mimi Sheller, John Urry. Tourism Mobilities: Places to Play, Places in Play[M]. London: Routledge, 2004.

③ Angèle Smith, Jeremy Staveley. Toward an Ethnography of Mobile Tourism Industry Workers in Banff National Park[J]. Anthropologica, 2014,56(2):435-447.

④ Stephen Greenblatt, Ines G. Županov, Reinhard Meyer-Kalkus, et al. Cultural Mobility: A Manifesto[M]. Cambridge: Cambridge University Press, 2010.

动带。

旅游移动系统是一种移动复合体,是通过激活、调节和抵制各种表演实践,并通过主体与客体的各种配置来执行并赋予其一定的意义①。在经济全球化、文化多样性及社会移动性的快速发展进程中,全球化的移动性是由人、信息、物体、金钱、图像、风险和网络等组成移动网络,旅游移动性的特殊逻辑在于,它体现了地理学视角的时空移动与社会学视角的社会单位的关系移动,有动态时间与静态空间的相对链接②,有公共领域的也有私人领域的旅游移动,还有人、物、想象的移动,更重要的是通过表演连接复杂社会关系的旅游移动。

旅游移动性不只是为了说明"旅游是一种显性的移动形式",而是强调移动性能为旅游提供各种信息。首先,在塑造旅游"地方"时推进对旅游目的地的"制造"或"再造"。其次,人和物体、飞机和手提箱、植物和动物、图像和品牌、数据系统和卫星的移动性在进入"做"旅游的过程中还承载了记忆和表演、性别和身体、情感和氛围等。最后,旅游移动中还涉及运动和静止、现实和幻想、游戏和工作等一系列复杂组合③。

移动性的研究理论建立于一系列哲学观点的基础之上,但更侧重于重新思考身体、运动和空间之间的关系。一是,它利用现象学来重新思考具体实践和动态关系,作为对感官、物体和移动之间的关系支持,包括对步行、驾驶和其他运动方式的兴趣以及空间生产和环境可供性。二是,将移动性/不动性的意义解读为权力分置和主体形成。三是,通过借鉴后殖民理论和种族批判理论,重新思考种族差异、边界安全以及移民、海洋空间和空间流动性的治理等。

3)旅游移民的出现

国外的旅游移民研究兴起于 20 世纪 70 年代末 80 年代初,该阶段的研究内容主要是旅游移民迁移的空间与时间、移民动因、迁移的人类学特征等;20 世纪 80 年代到 90 年代,研究内容主要是旅游移民中对职业移民的特征、管理以及人力资本研究;20 世纪 90 年代到现在,研究内容主要是旅游移民的社会融合、社会认同、移民环境的适应性构建、旅游移民的社会影响、旅游退休移民、生活方式移民、走亲访友的旅游(VFR tourism, VFR:"Visiting family and relatives")、移民模式、旅游移民在旅游地的行为研究等。在研究方法上,经历了从定性研究到定量研究再到定性与定量相结合的方法转变。

国际上对旅游移民的概念尚未形成统一认识。不同的学者根据自身的研究需要,从不同的视角出发,依据不同的划分标准对旅游移民进行了分类。相较而言,国内关于旅游移民的研究刚刚起步,主要包括旅游移民的概念、类型、特征和动因,旅游劳工移民的行为特征,旅游移民的文化适应等方面。

旅游移民,是由于过去的旅游经历或出于休闲目的,或因旅游产业发展需要而引起的在旅游地工作或居住超过半年的移民(杨钊 等,2005)。旅游移民与旅游者的主要差别在于时

---

① Tim Cresswell. Towards a Politics of Mobility, Environment and Planning D[J]. Society and Space,2010,28:17-31

② Tim Cresswell. Mobilities I: Catching up[J]. Progress in Human Geography,2010:35(4):550-558.

③ Mimi Sheller,John Urry. Tourism Mobilities: Places to Play, Places in Play[M]. London:Routledge,2004.

间差异和动机差异,即旅游移民在旅游地停留时间超过 6 个月,且不排除旅游后留在旅游目的地工作的人群。旅游移民的类型,大致可分为旅游劳工移民和旅游消费者移民两种。旅游劳工移民,是旅游地以外劳工迁入旅游地定居并从事旅游工作超过一定期限的移民,具有异地性,长期性和职业性。旅游消费移民,则是基于以往的旅游经历和休闲需求,在旅游目的地购买房产的移民,具有异地性、消费性和休闲性的特点。此外,还有一种介于消费和工作之间的新的旅游移民类型——生活方式型移民,尤其在比较成熟的旅游目的地,如大理、丽江、凤凰、阳朔等风景优美、基础设施较为完善的地方更为突出,这些地方的共同点是不仅能满足迁移者对乡村田园风光的追求,还能保障他们较为舒适的生活条件,所以吸引了大量的城市白领移居于此。

4.1.4 相关研究方法

旅游移动性的研究方法较为特殊,具体表现为:①重视"观察"。观察各种移动形式。②重视"移动民族志"的方法。主要借助新兴的"移动民族志"的方式观察移动,跟踪移动并进行描述。③重视"时间—空间"的叙事。详细记录各种移动及其具体表现,如在哪里、去哪里、如何移动等。④重视"网络研究"的手段。通过互联网、计算机等现代科技来探索人们对移动的想象力和虚拟性。⑤重视"多元的"的媒体研究,尤其是新媒体的领域和方法。⑥重视"物"的研究,如旅游移动中对"记忆"的表达方式,采用关于记录、影像、模拟等工具的使用,以及旅游纪念品等物的研究。⑦重视移动过程中某些"转移点"或"中间位置"的研究,这些地点有可能是相对固定的休息室、咖啡厅、游乐场、公园、酒店、机场、车站、汽车旅馆、港口等。①

1)移动民族志(Mobile Ethnography)

2006 年,约翰·厄里和密米·谢勒尔最早提出了"移动民族志"这一新概念。移动民族志的兴起与 20 世纪 90 年代乔治·马库斯的"多点民族志"有关②,即通过多个地方的"人、事物、想法、隐喻和传记"来理解移动的世界,通过实地考察来获取记录和解释移动,再以民族志的方法来描述和分析移动。主要研究目的是研究者通过对移动的记录和对观察点的重新展示以获得对移动性的理解③。

移动民族志的发展与"新移动范式"研究有关,且在地理学研究中尤为重要④。以前的旅游研究专注于静态的概念如空间、地点或景观,如今的旅游研究中充满了关于移动、移动

---

① Mimi Sheller, John Urry. The New Mobilities Paradigm[J]. Environment and Planning A,2006,38:207-226.

② Andre Novoa. Mobile Ethnography:Emergence, Techniques and its Importance to Geography[J]. Journal of Studies and Research in Human Geography,2015,9(1).

③ Anthony D'Andrea, Luigina Ciolfi, Breda Gray. Methodological Challenges and Innovations in Mobilities Research[J]. Mobilities, 2011,6(2):149-160.

④ Andre Novoa. Mobile Ethnography:Emergence, Techniques and its Importance to Geography[J]. Journal of Studies and Research in Human Geography,2015,9(1).

性的相关理论和案例分析。移动民族志是一种理解流动性生活特别有用的方法①，因为它用知识来观察和认知与移动有关的反应和相互作用，如当身体在移动时身体会感知并理解世界。民族志学者不仅要观察正在发生的事情，还要体验、感受和掌握移动生活中的纹理、气味、舒适和不适、快乐和不悦等，这意味着与周围的人一同参与到他们对世界的关注中。随之，人文学科中也产生了明显的"移动性转向"，这一转变对移动性研究产生了很大影响，尤其对人、物、思想和信息的移动，重塑了社会生活各个层面。

移动民族志的研究方式有很多种，可以在小规模地理区域内部进行或者在大规模框架内进行，可以涉及跨境流动或工作与家庭之间更多的日常通勤移动，也可以涉及不同的交通运输移动系统。因此，移动民族志的研究意味着实践和理论两种维度的研究，它将传统的参与观察转化为对移动性关注。移动民族志研究最典型的案例就是对火车旅游的研究，喜马拉雅铁路的独特空间结构及其移动性，就可以通过移动民族志对移动隐喻的分析来展现轨道沿线的景观表演②。

总之，移动性民族志研究对如何构成研究对象的社会生活与个体生活提供了一种整体视野，移动民族志在学术研究中变得越来越重要。

2）网络分析法（Network Analysis, NA）

旅游空间分布是不均匀的，可能包括区域或次区域一些地区，网络分析（NA）方法对于考察旅游目的地关于活动、设施和服务之间的联系有很大的作用。有学者用该方法绘制了西西里岛旅游移动的空间分布图，分析了多目的地网络中的旅游网络特征，并确定了关于旅游需求的一个地域网络。③网络分析法还可研究个别路线上的旅游移动性，研究单一目的地和整个旅游系统的影响。

3）其他研究方法

表演性研究方法（见后一节）、非表征方法、多感官研究④正逐渐成为旅游研究的新趋势和新特点。现在，很多人都认为旅游者的移动可以通过多感官来体验地方，除了视觉体验外，声音（如音乐）、味道（如食物、饮料）、嗅觉（如海水、垃圾的气味）和触觉（如热、冷、湿度、污垢、沙子、水，旅游时的穿着或购买衣服的感觉，都可获得多感官体验感。

本节参考阅读与学习材料：

[1] Mimi Sheller, John Urry. Tourism Mobilities: Places to Play, Places in Play[M]. London:

---

① Simon Gottschalkl, Marko Salvaggio. Stuck Inside of Mobile: Ethnography in NonPlaces[J]. Journal of Contemporary Ethnography, 2015, 44(1): 3-33.

② Sujama Roy, Kevin Hannam. Embodying the Mobilities of the Darjeeling Himalayan Railway[J]. Mobilities, 2013, 8(4): 580-594.

③ D'Agata, Gozzo S, Tomaselli V. Network Analysis Approach to Map Tourism Mobility[J]. Quality and Quantity, 2013, 47(6): 3167-3184.

④ Martin Trandberg Jensena, Caroline Scarlesb, Scott A. Cohenb. A Multisensory Phenomenology of Interrail Mobilities[J]. Annals of Tourism Research, 2015, 53: 61-76.

Routledge, 2004.

［2］ Mimi Sheller, John Urry. The New Mobilities Paradigm［J］. Environment and Planning A, 2006,38:207-226.

［3］ Mimi Sheller. The New Mobilities Paradigm for a Live Sociology［J］. Current Sociology Review, 2014,62(6):789 -811.

［4］ Cohen E,Cohen S A. Tourism Mobilities from Emerging World Regions: A Response to Commentaries［J］. Current Issues in Tourism, 2015,18(1):68-69.

［5］ David Harrison. Tourists, Mobilities and Paradigms［J］. Tourism Management, 2017,(63): 329-337.

［6］ Jasbir Kaur Puar. Circuits of Queer Mobility: Tourism, Travel, and Globalization［J］. A Journal of Lesbian and Gay studies, 2002,8(2):103-137.

［7］ Tim Coles, Colin Michael Hall, David Timothy Duval. Mobilizing Tourism: A Postdisciplinary Critique［J］. Tourism Recreation Research, 2005,30(2):31-41.

［8］ Tim Cresswell. Mobilities I: Catching up［J］. Progress in Human Geography, 2010,35(4): 550-558.

［9］ Anya Diekmann, Kevin Hannam. Touristic Mobilites In India's Slum Spaces［J］. Annals of Tourism Research, 2012,39(3):1315-1336.

［10］ Kevin Hannam, Mimi Sheller,John Urry. Editorial: Mobilities, Immobilities and Moorings ［J］. Mobilities, 2006,1(1):1-22.

［11］ Kevin Hannam. Tourism and Development Ⅲ: Performances, Performativities and Mobilities［J］. Progress in Development Studies, 2006,6(3):243-249.

［12］ Kevin Hannam. Tourism Geographies, Tourist Studies and the Turn towards Mobilities ［J］. Geography Compass, 2007, 10 (1):749-819.

［13］ Kevin Hannama, Gareth Butler, Cody Morris Parisc. Developments and Key Issues in Tourism Mobilities［J］. Annals of Tourism Research, 2014,(44):171-185.

［14］ Jennie Germann Molz. Eating Difference: The Cosmopolitan Mobilities of Culinary Tourism ［J］. Space and Culture, 2007,10(1):77-93.

［15］ Sujama Roy,Kevin Hannam. Embodying the Mobilities of the Darjeeling Himalayan Railway ［J］. Mobilities, 2013,8(4):580-594.

［16］ C Michael Hall. On the Mobility of Tourism Mobilities［J］. Current Issues in Tourism, 2015,18(1):7-10.

［17］ Angèle Smith,Jeremy Staveley. Toward an Ethnography of Mobile Tourism Industry Workers in Banff National Park［J］. Anthropologica, 2014,56(2):435-447.

［18］ Victor T King. Encounters and Mobilities: Conceptual Issues in Tourism Studies in Southeast Asia［J］. Journal of Social Issues in Southeast Asia, 2015,30(2):497-527.

4.2　旅游表演研究

4.2.1　表演研究的转向

随着多学科领域对表演研究的加深,旅游研究经历着表演范式转向(performance turn)①。20 世纪 60 年代语言学者约翰·奥斯丁最早提出"表演话语"概念(performative utterance),人类学、社会学、女权主义理论、文化学、叙事学、民俗学及地理学等领域对表演的关注推进了旅游表演研究的发展。在人类学领域主要体现在将宗教仪式解释为一种表演行为;在社会学领域以戈夫曼为代表的学者认为社会和人生是一个大舞台并区分出前台和后台即"前台/后台理论";在女性主义理论中,朱迪斯·巴特勒等强调性别的社会构成是通过表演来构建其身份与意义;在文化研究中,米尔顿·辛格在印度马德拉斯地区做田野调查时提出了"文化展演"这一概念并影响了"表演人类学";从叙事学角度,叙事不仅是表演性的行为也是一种交流实践,叙事研究中的表演转向为旅游活动中文化叙事的表演性特征提供了主动参考性的作用②;在民俗学领域,理查德·鲍曼强调口头文学以表演为中心也关注口头艺术文本在特定语境中的动态形成及实践应用③;从地理学的视角则较多对旅游、表演与地方的关系进行探讨④等。"表演"的概念首先包含戏剧表演的要点,强调表演是一种扎根于特定空间的多元化和差异化行为;马塞洛·苏萨扎·比斯波(Marcelo de Souza Bispo)认为"表演性"有行为(act)和表演(performance)的两种维度理解,前一种借鉴了约翰·奥斯丁的观点,后一种则依赖于社会表演概念⑤。旅游领域较早的相关研究是 1979 年美国学者麦康纳尔(MacConell)从社会表演理论中提出的"舞台真实性"(staged-authenticity)⑥且成为后来旅游研究中重要理论分析工具。

20 世纪 90 年代始,兴起了真正的旅游表演研究转向。蒂姆·埃迪森(Tim Edensor)在《泰姬陵的游客:象征遗址地的表演与意义》(1998)一书中提出,用"performance"(表演)一词来强调旅游的过程与实践的集合意义而非"游客凝视"下的视觉体验;简·德斯蒙德(Jane C. Desmond)随后的《旅游舞台化:从威基基到海洋世界的身体展示》(1999)一书在夏威夷旅

---

① Chaim Noy. Pages as Stages: a Performance Approach to Visitor Books[J]. Annals of Tourism Research, 2008(2):509-528.

② Eric E Peterson, Kristin M Langellier. The Performance Turn in Narrative Studies[J]. Narrative Inquiry, 2006(16):1173-180.

③ 理查德·鲍曼. 作为表演的口头艺术[M]. 杨利慧,安德明,译. 桂林:广西师范大学出版社,2008.

④ Jillian M Rickly-Boyd, Daniel C Knudsen, Lisa C Braverman. Tourism, Performance and Place: A Geographic Perspective[M]. New York: Taylor and Francis, 2014.

⑤ Marcelo de Souza Bispo. Tourism as Practice[J]. Annals of Tourism Research, 2016(61):170-179.

⑥ Dean MacCannell. Staged Authenticity: Arrangements of Social Space in Tourist Settings[J]. American Journal of Sociology, 1973(3):589-603.

游业发展的大量资料搜集与整理的基础上对旅游表演(tourism performance)尤其活态旅游表演(live performance)进行了深入研究。旅游表演研究已涌现出一大批研究学者及研究成果,代表学者有蒂姆·埃迪森(Tim Edensor)、简·德斯蒙德(Jane C. Desmond)、迈克尔·哈尔德鲁普(Michael Haldrup)、乔纳斯·拉森(Jonas Larsen)、盖诺·巴格诺(Gaynor Bagnall)等。

相对而言,国内的旅游表演①研究是近些年的事。李森、谢彦君②,吴艺娟、颜醒华③以博客、网络信息等为例从表演视角分析了后旅游体验行为;朱江勇从人类表演学视角探讨了旅游表演的表演空间、角色互动及其理论和实践,并构建起旅游表演学理论体系④。笔者曾对国内文献研究,从其自身角度阐释"旅游展演"是什么而未分析国外旅游表演研究⑤;李森从表演视角研究了旅游体验中的场现象⑥;李森、谢彦君还对"表演"含义进行深入解析并探讨了国外旅游表演转向对旅游体验研究带来的启示⑦,但在旅游表演和旅游体验之间的效用上存在一定模糊性,故对旅游表演的探讨和研究仍有进一步挖掘空间。

4.2.2 旅游表演的系统

旅游表演不仅需要旅游表演的舞台空间,包括东道主与游客等角色互动,还包括旅游舞台上一系列的行为与活动。蒂姆·埃德森认为旅游表演系统的构成大致有以下要素:①为游客舞台化的仪式和戏剧(Rituals and dramas staged for tourists),如纳入仪式(Incorporating rituals)和嘉年华活动(Pleasurable carnivals),特别可以通过戏剧将工作者和游客联系在一起。②场景设计和舞台设计(Sceneography and stage-design)。不过,舞台与场景的设计受舞台类型的限制而可以是具体的旅游景区景点如节日市场、文化遗址,文化区、海滨景点、购物商场,也包括扩大化的旅游空间。③媒体空间(Mediatized spaces),不仅使媒体与场所发生关系,也使场所形象化为特殊的剧场空间形式。④主要工作人员(Key workers),包括董事和舞台经理、文化中介(cultural intermediaries)以及作为表演者的游客。旅游表演的系统体现为一种共在—共时—共创的表演实践,在此从表演场景及舞台空间,表演者及仪式表演内容等进一步呈现其旅游表演系统的构成及表演实践。

---

① 旅游表演,英文"Tourism Performance",这里主要依据西方的英文语境译为"旅游表演",强调不同于日常生活的表演性。

② 李森,谢彦君.以博客为舞台:后旅游体验行为的建构性诠释[J].旅游科学,2012(6):21-31.

③ 吴艺娟,颜醒华.表演学视角下的旅游者后旅游体验行为:对网络游记信息的挖掘[J].旅游研究,2016,8(5):43-48.

④ 朱江勇,梁姣,韦凡荣.论旅游景区几种戏剧表演空间范式[J].旅游论坛,2008,1(005):299-303;朱江勇.旅游表演学:理论基础、内涵与内容及其实践,河北旅游职业学院学报,2009(4):24-27;朱江勇."舞台互动":旅游表演学视域下的旅游展演空间[J].旅游论坛,2014,7(002):87-93;朱江勇.角色互动:旅游表演场域中的角色及角色关系[J].旅游论坛,2015(1):87-94;等。

⑤ 光映炯.认识"旅游展演":基于"行为-文化-场域"的阐释路径[J].广西民族研究,2017(5):114-121.

⑥ 李森.旅游体验中的场现象:一个表演的视角[D].大连:东北财经大学,2017.

⑦ 李森,谢彦君.何为"表演"?——西方旅游表演转向理论溯源、内涵解析及启示[J].旅游学刊,2020,35(2):121-133.

1）共在的表演空间：旅游表演场

表演情景化的旅游舞台（tourist stage）是一种意义实践的旅游空间。旅游舞台一般包括表演所需的各种物体或道具或各种设施及标志，但在不同程度上受到社会和空间的限制而边界模糊，具有旅游场景的随机性，可能在海滩、山上、城市、乡村、博物馆和主题公园等。此外，还隐含了一系列元素组合在一起的旅游场地或旅游空间综合系统，包括表演道具、物理空间、舞台管理者和导演所构成一个表演网络，这些都会进一步影响旅游舞台形成与旅游表演实践。蒂姆·埃迪森还将旅游表演舞台分为"飞地性旅游空间"（Enclavic tourist space）和"异构性旅游空间"（Heterogeneous tourist space）两种类型，前者受具体框架限制可以归为"单一目的空间"（Single-purpose spaces），易受"软控制"，这类旅游空间是由政权控制和管理的。后者相对是一种弱分类，界限模糊，是一种有各种活动和人们日常共在的"多用途空间"（Multi-purpose space），异构旅游空间中则是与居民、路人和工人的日常行为一起形成表演舞台[1]。

马西莫·吉奥瓦迪（Massimo Giovanardi）、安德列·卢卡雷利（Andrea Lucarelli）和帕特里克·埃斯波尔·德克斯塔（Patrick L'Espoir Decosta）则提出了"表演场"（performative field）的概念[2]。"表演场"的概念不同于"旅游舞台"，旅游中的旅游舞台看似是由东道主居民与游客二元关系表现，实则是一个表演团体"共在"的舞台。旅游表演场的概念反映了旅游中的多元社会关系和复杂的表演空间的特点，也体现出旅游场所是世俗生活和行动实践相融合的地方。

2）共时的表演实践：被导演的或即兴的表演与体验

旅游表演形成的影响因素主要来自于社会与空间以及时间与空间的调整，蒂姆·埃迪森将旅游表演分为以下模式：仪式的集体表演（或编排仪式，Disciplined Rituals）、即兴表演（Improvised Performances）、自由表演（Unbounded Performances）以及游行表演（Tourist Walking Performances），它们的不同之处就在于，通过对空间的编排以及程式化的身体姿势和身体运动的表演传达意义[3]。他还将旅游表演分为三种具体形式：一是被导演的表演（Directed performance）；二是以认同为导向的表演（Identity-oriented performances）；三是另类旅游表演（Non-conformist tourist performances），包括具有讽刺意味的玩世不恭的"后旅游表演"（Ironic, cynical, post-tourist performances）、抵抗性表演（Resistant performances）、即兴表演（Improvisational performances）和非自愿表演（Involuntary performances）等[4]。其中，"被导演

---

① Tim Edensor. Performing Tourism, Staging Tourism：（Re）producing Tourist Space and Practice[J]. Tourist Studies, 2001（1）：59-81.

② Massimo Giovanardi, Andrea Lucarelli, Patrick L'Espoir Decosta. Co-performing Tourism Places：The "Pink Night" Festival[J]. Annals of Tourism Research, 2014（44）：102-115.

③ Tim Edensor. Staging tourism：Tourists as Performers[J]. Annals of Tourism Research, 2000（2）：322-344.

④ Tim Edensor. Performing Tourism, Staging Tourism：（Re）producing Tourist Space and Practice[J]. Tourist Studies, 2001（1）：159-181.

的表演"中旅游舞台构成是包括道具、舞台、舞台管理者和导演在内的一个网络,并根据一定的规范和行业需要来引导和组织旅游表演;"以认同为导向的表演"旨在引起对自我的关注,旅游业成为通过特定形式和风格来传递身份的媒介;"另类表演"并不严格遵守剧本和角色需求而充满了更多的可能性和即兴特点。

在被导演的表演中,时间被设定成多种可能性,自我时间与他者时间或交叉重叠或错位异时,只有在被导演与即兴的高度融合尤其在"同生性时间"①里游客与东道主(/我者和他者)的共创互动才能升华旅游体验,对自我的认同与对他者的认同才会形成主—客交融的"共睦态"。

3)共创的表演价值:游客与表演者互动中的高峰体验

游客,既是旅游舞台中的观众也是表演者中的一部分。当游客参与到表演者的舞台表演时他们也成了其他游客观看的他者,或者与旅游目的地的表演者进行"合作表演"(co-performance)共同形成旅游表演者。观众和表演者之间的距离缩小②,游客在"看"的同时也经历着"被看",表演者也是观众,在与游客的互动中关注凝视着游客的各种行为、表情与旅游体验。游客凝视和东道主凝视是互为对象的过程,而且只能在这种合作与互动中才能参与到他人生活并实践、参与和体验,尤其在仪式表演实践中获得最强仪式感或高峰体验。具体地,游客成为表演者的过程是通过各种旅游实践来实现的,视觉凝视及多感官行为都是一种旅游实践。

作为表演的"旅游实践"(tourism practices)③在某种意义上并不是"自然的",而是在共同条件下通过社会生活习俗来建立的。游客在旅游场景中会形成独特的步态、话语、着装和举止,这些旅游行为实践互动不仅构建出旅游舞台,也表达着共同的旅游叙事结构和理解形式。当然,表演效果依赖于表演者与作为表演者的游客之间的互动与意义传播,旅游者的行为在有纪律的仪式、即兴表演及无界表演的不同舞台空间中有所不同,但都要受到其约束与限定。"演员"的表演行为是经过编排的,他们的表情常常是好客的,他们的穿着也是与主题环境相协调的服装,典型的如美国夏威夷的阿罗哈衫(Aloha shirt),他们的旅游话语已是旅游表演场中的惯常表达。可以看到,外在服饰为表演"着装",增强了游客在异地的体验感。

总的来看,旅游表演系统的"共在"不仅是为表演实践增加环境气氛也为游客增强了空间体验感,"共时"中尤其"同生性时间"强调的是东道主与游客的共同表演以激发并提升旅游体验感;"共创"则是表演实践的最佳状态;没有东道主与游客的共在、共时与共创,旅游表演何以呈现,旅游体验可能只是观看,或可能难以达到跨文化交流。特别是,旅游表演场构建起物理空间及表演舞台,或日常的旅游景观及旅游场域,在这里,诸多社会行动者通过表演实践"共演"进行不同的文化表达;当游客作为表演者时,游客与游客通过具有仪式意义的具身表演实践获得共睦态的高峰体验。对于东道主而言,旅游表演是"工作",是他们社会生

---

① Johannes Fabia. 时间与他者:人类学如何制作其对象[M]. 北京:北京师范大学出版社,2018.

② Gaynor Bagnall. Performance and Performativity at Heritage Sites[J]. Museum and Society,2003(2):87-103.

③ Tim Edensor. Staging tourism:Tourists as Performers[J]. Annals of Tourism Research,2000(2):322-344.

活实践的重要组成；从游客角度而言，游客在与"表演者"的"共演"中实现自己的旅游生活，也是一种生活的日常实践。

4.2.3　旅游表演的具身性

若旅游前后的服装打扮与游历记录可看作是旅游表演前的"预热"和旅游表演后的"整饬"，那么旅游中文化表演是旅游表演的"仪式性"体现，文化表演广泛突出地表现在目的地社区的宗教仪式、音乐与舞蹈、建筑等内容中。

1)"装扮""页面""照片"：旅游前与旅游后的表演惯常化

游客在出行前的装扮是所有游客的"惯常"做法，但这种表演行为几乎很少有人关注研究[①]。肯尼思·海德(Kenneth F. Hyde)和卡林·奥莱森(Karin Olesen)对此进行了详细分析。旅行前的装扮可通过各种服装、道具与物品来找到适合每个场景的着装，通常被当作是旅游表演的准备行为与计划工作。尤其是休闲或商务旅行的装扮具有明显的旅游表演特点，如商务旅行中的正装、休闲旅行中的沙滩装等。作为旅游表演的装扮包括七个方面：社交角色的服装，很棒的外在，颜色的选择，外观的多样性，服装的维护，其他外观辅助工具和表演活动的道具。作为旅游表演的装扮强调服装的环境适合性，也强调情感表达，所以通过此种旅游表演也能构建自我认同。

旅游摄影，也被看作是一种表演方式。麦克·克朗(Mike Crang)认为它体现了个人实践与集体实践的不同具身性表现。图像实践形塑了自我表征行为的表演，创造了表演与观察的空间[②]；而集体实践类型的家庭照片中所拍摄的表演事件具有旅游记忆与集体叙述的功能也值得关注，因为旅游者常常是与家人及亲朋好友一起去旅游，旅游表演的身体实践也与日常实践(everyday practice)联系一起，旅游摄影对日常生活有着很大影响。巴仁霍特(J. Barenholdt)等人则认为对旅游摄影的表演研究是摄影隐喻叙事的发展[③]，呈现了游客于场景中的身体姿势与表情，同时也涵盖了旅游后的再凝视、再审美，甚至再消费。旅游中的摄影是一种高度具身化实践，照片中的各种姿势、动作都体现了旅游场景中的各种社会关系[④]；若从符号理论视角出发，旅游摄影是对旅游地符号意义的搜集，后旅游体验行为体现了对意义符号的表征。

此外，旅游书籍包括了很多游客在旅游之后对旅游经历的记录与记忆中的各种情绪反映。哈伊姆·洛伊(Chaim Noy)从语言研究与表演研究的交叉视角出发对游客书籍做了研

---

① Kenneth F Hyde, Karin Olesen. Packing for Touristic Performance[J]. Annals of Tourism Research, 2011(3)：900-919.

② Mike Crang. Picturing Practices：Research Through the Tourist Gaze[J]. Progress in Human Geography, 1997(3)：359-373.

③ J Barenholdt, M Haldrup, J Larsen, et al. Performing Tourist Places (review Tim Edensor)[J]. Journal of Rural Studies, 2006(22)：243-250.

④ Jonas Larsen, John Urry. Gazing and performing[J]. Environment and Planning D：Society and Space, 2011(29)：1110-1125.

究,认为游客书籍、网络页面可被看作是一种表演的旅游舞台。①他还指出语言本身就具有表演性,游客对旅游景点的凝视、摄影、纪念品搜集与会议等行为都可概念化为旅游场景中特殊语言的叙述,体现了游客在不同地点的语言表达和表演特征,具有语言符号学层面的旅游审美性,包括舞台的界面、集体与个人的素质,视觉上的美学以及以言语为主的表达美感等。或者,以博客为表演舞台,提供舞台设置的基础组件、娱乐组件、专业组件及活动组件为相关表演创造了一个充满意义的舞台空间,实现了后旅游体验行为。②

2)文化表演:旅游中的身体实践与文化体验

狭义的旅游表演如旅游演艺是艺术层面的审美行为,是一种记忆、体验和交流的社会文化行为;广义的旅游表演是社会层面的多元力量互动与共演。文化旅游主要依赖于表演舞台的再造、重构以及文化展示或程式化表演,它为连接游客与东道地社区文化交流与传播起着重要媒介作用,文化旅游的关键就在于文化体验,尤其是仪式旅游表演带来的文化体验。宗教仪式与旅游不是独立的实体而往往通过旅游表演将虔诚感的"具身化实践"(embodied practice)表现出来,尤其"身体在场"与"旅游实践"是宗教旅游体验的基础。再者,很多宗教都有特定的朝圣制度,所以在区分宗教旅游中的旅游表演与旅游体验时可以从两个维度即制度性表演(Institutional performances)和非常规表演(Unconventional performances)来进行考察③。

而旅游中的表演尤其"原住民的艺术表演"(aboriginal arts performance)就是一个很复杂的话题了。艺术与表演是一对复杂的交织关系,艺术本身就是表演艺术如音乐与舞蹈。谢飞凡·菲利普(Philip FeifanXie)与伯纳德·莱恩(Bernard Lane)从生命周期模型的角度对艺术与表演的变化关系进行了呈现,大概有五个阶段:原始状态——增加参与——情景适应——振兴——(变革、保存或衰落)管理④。斯坦·戈德洛维奇(Stan Godlovitch)认为音乐是一种表演艺术的研究模式,音乐是被制造的,音乐旅游表演包括音乐家、音乐活动、工作、听众和社区在内的复杂关系网络⑤。旅游舞蹈表演(tourist dance performance)则突出游客的多感官体验与审美,且舞蹈传统所依赖的社会群体的核心文化习俗和艺术形式往往能够使表演者和游客体验真实性,并表达真实性和创造性的力量。舞蹈体验是最终走向真实的途径:在这个时空中舞蹈表演的能量在日常表征中又得到深化,通过表演者和观众加深更激烈的表演体验⑥。

---

① Chaim Noy. Pages as Stages: a Performance Approach to Visitor Books[J]. Annals of Tourism Research,2008(2):509-528.

② 李淼,谢彦君. 以博客为舞台:后旅游体验行为的建构性诠释[J]. 旅游科学,2012(6):21-31.

③ Matina Terzidou, Caroline Scarles, Mark N K Saunders. Religiousness as Tourist Performances:A Case Study of Greek Orthodox Pilgrimage[J]. Annals of Tourism Research,2017(66):116-129.

④ Philip Feifan Xie, Bernard Lane. A Life Cycle Model for Aboriginal Arts Performance in Tourism:Perspectives on Authenticity[J]. Journal of Sustainable Tourism,2006(6):545-561.

⑤ Stan Godlovitch. Musical Tourism:A Philosophical Study[M]. London:Routledge,1998.

⑥ Yvonne Payne Daniel. Tourism dance performance:Authenticity and Creativity[J]. Annals of Tourism Research,1996(4):780-797.

关于遗产旅游表演也有很多讨论,如盖诺·巴格诺对遗产地的表演与表演性的研究①。此外,建筑也具有展演性特征,它体现了旅游与地方之间的关联②;探险旅游中的旅游行为也有表演特点③。

从上述发现,旅游前、旅游中和旅游后的表演行为和具身实践都渗透着多种旅游表演及实践体验的日常化趋势(见表4.1),舞台设置、服装、摄影、博客对于东道主和游客都是现代日常生活的重要组成。虽然,旅游中文化表演是目的地社区表演者的日常生活与游客的旅游生活的结合,这种日常性具有暂时性,但是,即兴式旅游表演体现了日常实践的随意性,旅游前后的旅游表演则延展至现代社会生活中,是对旅游体验的一种日常性延伸。

表 4.1　旅游前、中、后的旅游表演的实践与体验

旅游前	旅游中	旅游后
装扮 (行装)	文化表演:仪式、音乐、舞蹈、宗教 装扮、旅游书籍、旅游摄影	照片、博客、网络游记
	旅游表演的实践与体验:日常化	

4.2.4　旅游表演的效力

表演转向还有一个背景就是对英国学者厄里提出的"游客凝视"理论的批判。旅游表演作为一种具身性实践,其中的身体实践与视觉实践有何联系? 或者与同作为一种理论域的游客凝视有何不同? 旅游表演若作为社会表演中的一种形式,则与社会生活的关系怎样? 旅游表演与舞台真实性问题又当如何理解?

1)"旅游表演"与"游客凝视"两种范式的不同

旅游表演不同于前述其他学科视阈中的表演形式,旅游表演与游客凝视是两种不同的研究范式。乔纳斯·拉森(Jonas Larsen)与约翰·厄里从"凝视"与"表演"的差异性关系基础之上提出旅游表演是一种"具身表演"(embodied performing)④,认为"游客凝视"将旅游缩减为视觉体验而忽视了其他感官、身体体验和"冒险"。他们将研究的表演转向及旅游表演的关键特征归纳为以下六个方面:①它研究身体的行为和设定而不是表征和意义。因为与视觉一样,味觉、触觉、嗅觉、听觉及行为都能产生差异及非凡感。②它用表演隐喻来概念化旅游表演中的构成内容,包括旅游表演的舞台、表演主题,以及旅游工作者、旅游者和当地人之间各种互动,还包括表演文本及各种物质。③它呈现了表演的脚本性质或表演性。④它

① Gaynor Bagnall. Performance and Performativity at Heritage Sites[J]. Museum and Society, 2003(2):87-103.

② D Medina Lasansky, Brian McLaren. Architecture and Tourism: Perception, Performance and Place[M]. Oxford: Berg Publishers, 2004.

③ Carl Cater, Paul Cloke. The Performativity of Adventure Tourism[J]. Anthropology Today, 2007(6):13-18.

④ Jonas Larsen, John Urry. Gazing and performing[J]. Environment and Planning D: Society and Space, 2011(29): 1110-1125.

反对将旅游描述为涉及过渡的空间,旅游舞台上游客只需遵循既定的路线并遵守剧本和标准化营销。⑤它关注旅游表演的互动性与创新性,推动旅游表演实现的权力是无所不在的分布式影响着旅游表演的各构成要素。⑥旅游表演地具有不稳定性和随时可发生的规定性。在此,将两种范式的不同之处归纳出来,如表4-2所示。

表4.2 "凝视"与"表演"两种研究范式比较

游客凝视	旅游表演
强调视觉,观看	强调视觉、听觉、嗅觉、味觉、触觉,身体的多感官,及各种关系
强调游客对景观的作用与关系	表演系统:A.旅游舞台;B.表演者、当地人、游客、旅游工作者,包括表演者与游客的互动、当地人与游客互动;C.表演主题、物质构成、文本
无脚本,空间性强	有表演脚本,被导演;相对的表演场景,即兴性
单向性、相互性、反向性	强调互动性、创新性、权力推动
相对稳定性	相对的规定性与不稳定性
静态性	动态性

资料来源:Jonas Larsen, John Urry. Gazing and Performing[J]. Environment and Planning D: Society and Space,2011(29):1110-1125.; Darya Maoz. The Mutual Gaze[J]. Annals of Tourism Research, 2006,33(1):221-239.

游客凝视不仅是游客"看"景观,"知"景观也是旅游体验获得的重要途径。在某种程度上,旅游表演也是旅游体验的一种维度,增加了理解旅游体验的路径。旅游表演是一种"具身化"的实践体验,它关注行为的实践,不仅关注表演本身的行为还包括行为的表达以及表演行为的权力关系;它关注其中的流动性研究,不仅有旅游与地方性的关联,还突出人、物、图像等社会网络中多种结构元素的互动联系;更重要的是,它关注身体的研究,不仅强调视觉的凝视也强调身体的多感官实践和体验。

2)"表演真实性"对"舞台真实性"的补充

麦康纳尔认为在"前台/后台"之间有一系列特殊空间,旨在为游客提供便利并支持他们体验真实性中的观念,这一中间类型的社会空间被称为"舞台布景"(Stage setting)①。但是,过去研究中舞台布景的作用往往被忽视,过多地关注"前台性"与"舞台真实性"讨论而忽视了旅游舞台上的"旅游表演"。

表演的另一面就意味着"不真实",旅游表演事实上是一个连续体而非"前台—后台"的简单空间。舞台布景或旅游表演场为东道主与游客的多元互动与社会交流提供了重要基础。"表演真实性"和"舞台真实性"是一对相关性概念,前者是强调表演而后者强调舞台。麦康纳尔也认为旅游表演中的节日、仪式、服装等旅游产品都是真实或不真实的,这种表演

---

① Dean MacCannell. Staged Authenticity: Arrangements of Social Space in Tourist Settings[J]. American Journal of Sociology, 1973(3):589-603.

真实性(performed authenticity)都与当地人是否按传统方式来"制作"或"做"相关①。

　　"真实性"是旅游研究中一种重要的范式性分析视角,如对客观性真实、构建性真实、存在性真实和主观性真实的讨论。真实性的建构方式多种多样,主要是游客与东道主互动基础上构建起来的"真实性"感知。旅游表演中的真实性问题体现了舞台真实和表演真实的连续体特点,而"表演真实性"有助于还原"舞台真实性"的完整性。生活中的"不真实性"主要来自于现代社会生活中的社会表演以及对社会结构的行为与看法。日常生活中的"不真实"包括公共的前台与私密的后台,旅游生活中也有其自身结构和特点,是一种摆脱日常性的普通结构或寻求现代旅游特殊结构的仪式形式②。旅游布景结构与社会生活结构的不同就取决于这个被称为舞台布景或旅游场景(tourist setting)空间以及为游客提供展示的目的及其特有的旅游表演实践。旅游表演,是一种超越视觉的体验,是对视觉、听觉、嗅觉、味觉和触觉的整体性激发与身体体验,而这些体验大多来自旅游生活的日常性体验。

3)表演实践与日常实践存有弥合性

　　旅游表演的实现离不开社会生活结构,使"旅游表演"与"日常实践"联系在一起,对其探讨还兼及旅游生活与日常生活的区别。一是旅游时间与旅游空间相对分隔存在日常性特征。旅游表演中的"同生性时间"可能出现各种非同生性,旅游表演也并不限于一周或短暂的旅游假期,大多数旅游表演与非旅游环境中表演的连续性取决于他们是否在特定的"剧院"演出③。二是旅游自身的日常性,这体现在旅游者的旅游行为是与他人的日常工作相联系的,像旅游行业的工作人员、导游、司机、酒店、餐厅工作人员和清洁工等④。旅游表演不仅来自于社会表演的大场景,也与日常生活实践重叠共存。三是关于"旅游"与"非旅游"的界限问题,尼尔·卡尔(Neil Carr)认为旅游与休闲是一种生活连续体,不应被分开单独研究⑤。蒂姆·埃德森指出旅游是日常感知的一部分,是世俗性的存在。游客在各种与自己、与他者以及在社会结构的各种时空相会中实现表演实践,旅游表演的日常实践就是目的地社区通过延长"时间"来延展游客在旅游表演时所获得的旅游体验感,旅游表演的日常实践关照也因此有助于对旅游体验研究的拓展。

　　甚至,前述旅游前与旅游后的表演行为如轻装扮的轻便性、旅游摄影的消费以及商务场合与休闲场合的着装等已深嵌进人们的日常生活之中,从某种角度来说游客在旅游中所看到的也是他们在生活中所看到的。

　　综上,从静态的凝视到动态的表演呈现出旅游表演的内涵:从旅游表演场中看到的是空间中游客与东道主的"共在",旅游表演的过程性体现的是旅游者在不同时间阶段的创造

①　Deepak Chhabra, Robert Healy, Erin Sills. Staged Authenticity And Heritage Tourism[J]. Annals of Tourism Research, 2003(3):702-719.

②　Amanda Stronza. Anthropology of Tourism: Forging New Ground for Ecotourism and Other Alternatives[J]. Annual Review of Anthropology, 2001(30):261-283.

③　Tim Edensor. Staging tourism: Tourists as Performers[J]. Annals of Tourism Research, 2000(2):322-344.

④　Tim Edensor. Mundane Mobilities, Performances and Spaces of Tourism[J]. Social & Cultural Geography, 2007(2).

⑤　Neil Carr. The Tourism-Leisure Behavioural Continuum[J]. Annals of Tourism Research, 2002(4):972-986.

性行为和自我认同表达①,文化表演实践中可以体现东道主与游客在"共创"中的文化体验乃至高峰体验的获得路径,旅游表演的具身性和多感官性则进一步推动了旅游体验的研究。

第一,旅游表演为何?"表演发生于有意义的空间背景中"。旅游表演转向,强调的是游客如何以多感官尤其是身体感觉来体验地方②,也为服务和增强旅游体验。"体验"和"表演"是旅游者的心理世界与外部世界的一种"对接","体验"是一种从外而内的过程,而"表演"则是一种由内而外的过程③。旅游表演的特殊性就在于,游客在"共在—共时—共创"的旅游表演实践中获得特定的旅游体验,如沉浸式旅游就是一种"共在—共时—共创"表演实践,可以说,旅游体验即是一种有表演意义的具身实践体验。

第二,旅游表演与旅游体验的不同之处在于,旅游表演研究更多关注社会而非个人,更多关注社会多元力量影响而非游客个体的主观感受。旅游表演强调东道主与游客的互动表演及多种社会行动者的共创实践,体现了各种表演权力的关系,"被导演的表演"就揭示了社会和文化权力赋予身体上的意义和行动④。所以,旅游表演是旅游场域的外化和具体化,旅游表演空间的建构存在着多元资本与权力形式之间的内在关系⑤,反映了人与地、人与人、人与文化、人与社会、人与历史等多维关系互动。因此,旅游表演所带来的旅游体验不仅是个体心理行为更是社会多元角色共谋的结果。

第三,"旅游表演场"即"旅游体验场",文化表演也是文化体验,东道主与游客的无结构"共睦态"即是高峰体验点,后旅游体验行为有助于旅游者的体验强化与体验构建⑥,说明旅游体验研究不仅要对旅游中的旅游体验产品等进行分析,还要重视"旅游前"和"旅游后"的各种旅游表演实践行为。旅游体验的构建就要从多维角度考虑旅游中旅游表演的即兴性、动态性、多感官性以及东道主与游客的互动,从而使游客获得"身临其境""身心合一"等多层次的高峰体验满意感。

因此,旅游供给者应当开拓和发展多样化旅游产品以满足旅游者的旅游体验并延伸其旅游生活体验,通过表演场与日常空间、同生性时间与延展性时间、东道主与游客的互动表演实践等多种途径来提升旅游体验,如重视旅游景区的旅游布景、旅游演艺的舞台布置等因素,使游客置身其场其境,感同身受,像虚拟旅游无法与异地旅行相比,对其场景性要求就更高,才能满足游客的具身实践和具身体验,反之也有利于旅游产品高质与可持续性发展。

---

① Kenneth F Hyde,Karin Olesen. Packing for Touristic Performance[J]. Annals of Tourism Research,2011(3):900-919.

② Michael Haldrup,Jonas Larsen. Tourism, Performance and The Everyday, Consuming the Orient[M]. London:Routledge,2010.

③ 刘丹青."体验"与"表演":旅游者的文化表达[J].中南林业科技大学学报,2008(3):38-40.

④ David Crouch, Alan A Lew, C Michael, et al. Tourist Practices and Performances, A Companion to Tourism[M]. NewJersey:Blackwell Publishing Ltd,2004.

⑤ 光映炯.认识"旅游展演":基于"行为-文化-场域"的阐释路径[J].广西民族研究,2017(5):114-121.

⑥ 吴艺娟,颜醒华.表演学视角下的旅游者后旅游体验行为:对网络游记信息的挖掘[J].旅游研究,2016,8(5):43-48.

本节参考阅读与学习材料：

［1］ Michael Haldrup,Jonas Larsen. Tourism, Performance and The Everyday：Consuming the O-rient［M］. London：Routledge,2010.

［2］ David Crouch, Alan A Lew, C Michael, et al. Tourist Practices and Performances, A Companion to Tourism［M］. New Jersey：Blackwell Publishing Ltd,2004.

［3］ Jillian M Rickly-Boyd, Daniel C Knudsen, Lisa C Braverman. Tourism, Performance, and Place：A Geographic Perspective［M］. New York：Taylor and Francis,2014.

［4］ D Medina Lasansky, Brian McLaren. Architecture and Tourism：Perception, Performance and Place［M］. Oxford：Berg Publishers,2004.

［5］ Dean MacCannell. Staged Authenticity：Arrangements of Social Space in Tourist Settings［J］. American Journal of Sociology,1973(3)：589-603.

［6］ Stephen A Harwood, Dahlia El-Manstrly. The Performativity Turn in Tourism Harwood［J］. S., & El-Manstrly, D.,2012.

［7］ Eric E Peterson,Kristin M Langellier. The Performance Turn in Narrative Studies［J］. Narrative Inquiry,2006(16)：1173-1180.

［8］ Tim Edensor. Performing Tourism, Staging Tourism：(Re) producing Tourist Space and Practice［J］. Tourist Studies,2001(1)：59-81.

［9］ Tim Edensor. Staging Tourism：Tourists as Performers［J］. Annals of Tourism Research,2000(2)：322-344.

［10］ Tim Edensor. Mundane Mobilities. Performances and Spaces of Tourism［J］. Social & Cultural Geography,2007(2).

［11］ Chaim Noy. Pages as Stages：a Performance Approach to Visitor Books［J］. Annals of Tourism Research,2008(2)：509-528.

［12］ Marcelo de Souza Bispo. Tourism as practice［J］. Annals of Tourism Research,2016,61：170-179.

［13］ Kenneth F Hyde,Karin Olesen. Packing for Touristic Performance［J］. Annals of Tourism Research,2011(3)：900-919.

［14］ Massimo Giovanardi, Andrea Lucarelli, Patrick L'Espoir Decosta. Co-performing tourism places：The "Pink Night" festival［J］. Annals of Tourism Research,2014(44)：102-115.

［15］ Gaynor Bagnall. Performance and Performativity at Heritage Sites［J］. Museum and Society,2003(2)：87-103.

［16］ Chaim Noy. Pages as Stages：a Performance Approach to Visitor Books［J］. Annals of Tourism Research,2008(2)：509-528.

［17］ Jonas Larsen, John Urry. Gazing and Performing［J］. Environment and Planning D：Society and Space,2011(29)：1110-1125.

［18］ Mike Crang. Picturing Practices：Research Through the Tourist Gaze［J］. Progress in Human Geography，1997（3）：359-373.

［19］J Barenholdt，M Haldrup，J Larsen，et al. Performing Tourist Places（review Tim Edensor）［J］. Journal of Rural Studies，2006，22：243-250.

［20］Matina Terzidou，Caroline Scarles，Mark N K Saunders. Religiousness as Tourist Perform-ances：A Case Study of Greek Orthodox Pilgrimage［J］. Annals of Tourism Research，2017（66）：116-129.

［21］Philip Feifan Xie，Bernard Lane. A Life Cycle Model for Aboriginal Arts Performance in Tourism：Perspectives on Authenticity［J］. Journal of Sustainable Tourism，2006（6）：545-561.

［22］Yvonne Payne Daniel. Tourism Dance Performance：Authenticity and Creativity［J］. Annals of Tourism Research，1996（4）：780-797.

［23］Gaynor Bagnall. Performance and Performativity at Heritage Sites［J］. Museum and society，2003（2）：87-103.

［24］Carl Cater，Paul Cloke. The Performativity of Adventure Tourism［J］. Anthropology Today，2007（6）：13-18.

［25］Deepak Chhabra，Robert Healy，Erin Sills. Staged Authenticity and Heritage Tourism［J］. Annals of Tourism Research，2003（3）：702-719.

［26］Amanda Stronza. Anthropology of Tourism：Forging New Ground for Ecotourism and Other Alternatives［J］. Annual Review of Anthropology，2001（30）：261-283.

［27］Neil Carr. The Tourism-Leisure Behavioural Continuum［J］. Annals of Tourism Research，2002（4）：972-986.

［28］光映炯.认识"旅游展演"：基于"行为—文化—场域"的阐释路径[J].广西民族研究，2017（5）：120-127.

［29］李淼,谢彦君.以博客为舞台:后旅游体验行为的建构性诠释[J].旅游科学，2012（6）：21-31.

［30］吴艺娟,颜醒华.表演学视角下的旅游者后旅游体验行为:对网络游记信息的挖掘[J].旅游研究，2016，8（5）：43-48.

［31］朱江勇.旅游表演学:理论基础、内涵与内容及其实践[J].河北旅游职业学院学报，2009（4）：24-27.

［32］朱江勇.角色互动:旅游表演场域中的角色及角色关系[J].旅游论坛，2015（1）：87-94.

［33］李淼.旅游体验中的场现象:一个表演的视角[D].大连:东北财经大学，2017.

［34］李淼,谢彦君.何为"表演"？——西方旅游表演转向理论溯源、内涵解析及启示[J].旅游学刊，2020，35（2）：121-133.

4.3　从游客凝视到东道主凝视

4.3.1　游客凝视

1)游客凝视的产生

1990 年,英国学者约翰·厄里在其著作《游客凝视》(*The Tourist Gaze*)中提出了旅游研究的一个新概念:"游客凝视",并迅速成为旅游人类学研究的一个重要理论分析工具[1]。该著作于 2002 年、2011 年分别又出版了新增补版本。

厄里的凝视理论源于福柯的凝视理论,即与福柯在《临床医学的诞生》中关于"医生凝视"的阐述一样,游客凝视是被社会性、制度性地建构起来的,只不过游客凝视的建构过程是以另一种规则进行。厄里明确说明自己讨论的主题与"医生凝视"不同,其关注的核心在于人们为什么以及如何短时期离开工作地和日常居住地去旅游度假。厄里用严肃性(serious)和娱乐性(pleasure)两个修饰词来严格区分"医生凝视"和"游客凝视"所指涉的主题,即"游客凝视"给人以愉悦之体验,"医生凝视"则代表权力、监视、控制和权威等。

受到福柯的医学凝视论(medical gaze)的启示,厄里从旅游目的地对象何以形成的视角出发,深入分析了旅游与大众社会的关系,为研究现代旅游活动提供了新的舞台。厄里从历史社会学的角度出发,通过考察英国海滨度假地的盛衰来呈现"游客凝视"的变迁轨迹。19世纪后半期,铁路交通发展催生的大众团队旅游日渐增加,其代表了一种旅游民主化的发展,旅游者之间的区别渐渐减少,选择到什么地方去旅行的重要性却愈加显现,并形成了前往不同度假地的不同游客阶层,不同阶层人群的"凝视"直接作用于"地方"的选择。

厄里认为,凝视是旅游体验中最根本的视觉特性,凝视与文化实践相关,它主要通过游客对旅游符号的收集和消费而得以构建。游客凝视的形成与观光旅游密不可分,体现出游客凝视的几个特征:首先,凝视是通过差异建构起来的;其次,游客凝视指向观光的对象如自然风光和城市景观的特征,最重要的就是游客凝视是通过符号(signs)被建构起来的。因此,游客凝视的方式主要包括几种如:①独一无二的目标,埃菲尔铁塔、白金汉宫等;②特殊的标志,典型的英国乡村,美国的摩天大楼,法国的城堡;③既熟悉又陌生的地方,如普通人生活的博物馆;④独特的景观等[2]。

---

① "Tourist Gaze",一书被译为"旅游凝视"或"游客凝视""观光客凝视",依据英文版原意译作"游客凝视",而作者 Urry 也被译为"尤里"或"厄里",在此根据常用现状用"厄里"。

② John Urry. 游客凝视[M].杨慧,等,译.桂林:广西师范大学出版社,2009.

2）游客凝视的含义

根据游客凝视的主体及产生的影响不同,厄里将其分为以下类型:①浪漫化凝视;②集体性凝视;③公共性凝视;④环境式凝视;⑤人类学凝视,是最具侵扰性的凝视;⑥媒体化凝视,如电影场景。

厄里借用英国海滨度假地兴衰的大量事例中的游客凝视,考察了"游客凝视"在变迁过程中时代背景和社会文化状况对凝视形成的社会影响力,并在此基础上讨论了劳动、景观、后现代、社会性别、历史以及真实性等多方面的内容。厄里把游客凝视的性质主要归纳为以下几点:

①旅游是一种休闲活动,它与有规律、有组织的工作相对应。在现代社会里,工作与休闲被组织成两个彼此分离又有机结合的社会实践领域。

②旅游关系包含了空间移动与滞留,即人们到达不同的新目的地(未必仅限一处),并在那里停留一段时间。

③旅游是前往日常居住和工作地之外的异地,这样的停留往往是短暂的,并最终以回"家"为心理指向。

④游客凝视的旅游目的地与有偿劳动无关,通常与工作(包括无偿劳动)场所有明显的差别。

⑤现代社会相当多的人们会从事旅游,为了应对游客凝视的大众性特点,新型的社会化力量逐渐发展起来了。

⑥人们将期待产生愉悦的地方作为凝视的对象。这种期待往往被各种各样的非旅游物,如电影、电视、文学作品、杂志和 DVD 等建构起来并强化。

⑦游客凝视指向与日常经验区分开来的自然风景和城市景观。

⑧游客凝视是通过符号建构起来的,而旅游就包括收集这些符号。

⑨众多与旅游相关的人员聚集在一起,不断对游客凝视的目标进行再生产。游客凝视取决于两种事物之间的相互作用,即一方面是凝视对象在被提供过程中产生的利益竞争,另一方面则是潜在游客中持续变化的不同代际、社会性别、年龄、喜好等(Urry J,2011)。

1990 年,《游客凝视:当代社会的休闲与旅游业》第一版发行出版,厄里所构建的"游客凝视"理论受到了广泛关注,并引起激烈的讨论和多方学者争议。它何以能成为分析现代大众旅游的重要分析工具,其原因大致有以下解释:王宁认为厄里的"游客凝视"是同现代性相联系的、是社会性组织和系统化了的观察世界的方式,是现代社会与文化实践"培训"和建构的产物(王宁,1999)。刘丹萍把厄里的"游客凝视"看作是一种隐喻的说法,是将旅游欲求、旅游动机和旅游行为融合并抽象化的结果,代表了旅游者对"地方"(Place)的一种作用力(刘丹萍,2007)。李拉扬认为厄里阐述的凝视还包括"注意(关注)"这一内涵,即厄里强调的是"凝"而非"视",并指出该理论的价值在于"旅游体验"的实现途径而非目的(李拉扬,2015)。

3)"游客凝视"的发展

近年来,厄里的"游客凝视"研究不断受到挑战。在挑战与反思中,游客凝视的内涵得到不断的发展、创新与完善。其中最为突出的是:"凝视"是一个完整的多向多维的"旅游凝视系统",而不是单向度的凝视,包含了游客凝视、当地人凝视、专家凝视、游客间的凝视、隐形凝视等(吴茂英,2012)。

(1)当地人凝视(Local Gaze)

厄里的游客凝视基于观光的视角强调游客对旅游目的地的单向凝视,并暗示游客与当地东道主处于"主动与被动""支配与被支配"的二元对立关系中。但实际上旅游目的地居民也会凝视游客,他们积极主动地表现自己的态度并直接采取相应对策,进而影响游客投向目的地的目光以及游客自身的旅游行为。社会学家茅斯(Maoz D.)通过研究到印度旅游的以色列背包客与当地居民的交往为例,提出印度从业者在凝视着"一群自以为是、到处乱闯的疯子",旅游目的地社区的"当地人凝视[①]"与游客投向旅游目的地的凝视形成了一种"双向凝视(the mutual gaze)"(Maoz D.,2006)。当地人凝视在印度被"发现",它比游客凝视更接近现实。一方面,游客可能不会察觉到当地人凝视,其程度与当地人凝视于游客相同,但游客确实会接触到它,并且可能在不知不觉中延续并表现出当地人对他们的刻板印象,如当地人的凝视由游客形象所构成,有些当地人在看到西方人时仍然会想到殖民时期的西方人形象。当地人凝视与游客凝视不同且主要依赖于视觉,而且,从事旅游业的当地人与不从事旅游业的当地人的凝视方式不同,前者凝视游客比后者更不耐烦。

(2)专家凝视(Professional Gaze)

"专家凝视"是指公共部门"捎客"的凝视,旅游专家和政府相关部门的工作人员通过旅游规划、推广、营销等调控手段,不断选择性地建构着可供游客凝视的文化符号,并且专家凝视与厄里提出的游客凝视的社会性具有一致性(吴茂英,2012)。早期的旅游人类学研究多以关注旅游对东道主目的地产生的"负面"影响为主要研究内容,学者们往往站在旅游开发的对立面,向政府谏言或向过度的旅游开发发出警告;"专家凝视"不能笼统地把"学者"与"政府"混为一谈,因为学者的意见未必完全能被政府所采纳,同时政府主导的旅游开发也很难完全以学者建议为指向。所以,应当把"专家凝视"细分为"学者凝视"和"政府凝视"更为妥当。二者既有协同合作的案例,也存在有剑拔弩张的对立(孙洁,2017)。

(3)游客间的凝视(Gaze between Tourist)

"游客间的凝视"是指在任何一个旅游场景中,游客的视线除了投向旅游目的地的人文/自然景观之外,还会有意无意地凝视其他游客。同时在此基础上使得东道主和游客的行为和态度都发生了改变。人类学家吉勒斯皮(Gillespie)以观察游客(摄影者)和当地居民(摄影对象)之间的互动为研究背景,指出印度当地居民如何"反向凝视(the reverse gaze)"

---

① Local Gaze 和 Hosts Gaze 分别译为"当地人凝视"和"东道主凝视",为同一概念的不同表达。

游客并直接作用于游客的行为(Gillespie A.,2006)。随着旅游活动的发展,"凝视"的二元关系被突破,形成的多种凝视行为影响和作用于旅游目的地旅游业的进一步发展。再如,孙洁以云南元阳梯田的摄影旅游为例,认为游客之间存在着对旅游信息、气候状况及摄影知识的旅游交往和相互凝视,尤其先行的摄影爱好者对后期抵达的游客以及潜在游客在出游动机、景点选择、交通方式等方面都产生了极其重要的影响,且这种游客间的凝视关系发生不一定是面对面的也可以通过现代传媒达成(孙洁,2010)。

(4)隐性凝视(Implicit gaze)

"隐性凝视"是麦康纳尔(2001)阐述的"第二凝视",麦康纳尔提出游客不仅凝视存在的可视对象,而且也直接折射出人们隐性的欲望和诉求。麦康纳尔的"第二凝视"与厄里的"凝视"相比显得比较隐蔽,所以又被称为"隐性凝视"(吴茂英,2012)。"第二凝视"(the second gaze)来源于游客自身所处的社会文化背景以及他们过去的生活经验。他们试图通过到异地旅行,凝视他人的生活方式,提醒自己理想与现实的差距并为完善自己的欲望而展开新一轮的凝视追求。麦康纳尔指出纪录片《食人之旅》中的欧美背包客在凝视巴布亚新几内亚人的生活方式时发现了自身对快乐、恬淡与知足的向往[1];相反,巴布亚新几内亚人在凝视游客的时候,发现了自身对金钱、财富的渴望。丹尼斯(Dennis O'Rourke's)的纪录片《食人之旅》(Cannibal Tours)[2]中包含了两层含义:第一层描述的是富有的资产阶级的游客乘坐豪华游轮在神秘的巴布亚新几内亚塞皮克河的旅游;第二层含义是将旅程视为一种形而上学的旅程,试图发现"他者"在大众想象中的地位,这种凝视是一种隐蔽的凝视。隐性凝视还包括因凝视他人相对原始欠发达的生活方式等而产生的优越感和满足感,或者因为他人的反向凝视而产生被发现后的不安和紧张等情绪,所有这些凝视都不是简单的表面的目光投射而是隐藏在面部表情等细微之处。挖掘这些隐性凝视,对于改善游客体验、引导游客行为、促进主客良性互动、目的地可持续发展具有积极作用。

游客凝视的内涵不断发展、创新与完善,"旅游凝视"中还有旅游规划者凝视(planner gaze)、政府凝视(governner gaze)[3]以及女性凝视[4]等,皮里亚斯可(Guido Carlo Pigliasco)以美国夏威夷欧胡岛上日本人的Omiyage(一种伴手礼)成为纪念品的转变为例探讨了办公室女职员的凝视(OLS' Gaze)。需要指出的是,完整的"旅游凝视"中不同类型的凝视之间是相区别和联系的,它们相互作用后构建起了一个"旅游凝视系统"。

4.3.2 东道主凝视(Hosts Gaze)及第三凝视(Third Gaze)

游客凝视、隐性凝视的凝视对象往往是第三世界的旅游目的地居民,少有反向凝视来自发达国家的游客和国内游客;关于发展中国家地区的东道主如何凝视国内外目的地的游客

---

① Dean MacCannell. Cannibal Tours[J]. Program in Ethnographic Film Newsletter,2008,6(2):14-24.

② Cannibal Tours, Dennis O'Rourke's 制作的纪录片,1988年上映。

③ 成海. 甜蜜的悲哀——旅游凝视新思考[J]. 黑河学刊,2010(12):13-14.

④ Guido Carlo Pigliasco. Lost in Translation:from Omiyage to Souvenior[J]. Journal of Material Culture,2005,10(2):177-196.

的研究也很少。游客凝视和东道主凝视能为"凝视"研究提供更全面的理论框架,弥补整体的旅游凝视研究缺憾。

2013 年,奥玛尔·穆法基尔(Omar Moufakkir)和依薇特·赖辛格(Yvette Reisinger)出版的《全球旅游中的东道主凝视》(《*The Host Gaze from in Global Tourism*》)一书中提出了与厄里的游客凝视相对应的东道主凝视(Hosts Gaze)概念[①]。他们认为,厄里的游客凝视分析工具是利用对凝视的认识来理解更广泛的社会,考虑东道主社区如何构建他们对游客的注视是一种"了解正常社会中正在发生的事情的好方法",游客凝视和东道主凝视都是动态变化着的,但这取决于谁是游客,谁是东道主。事实上不存在单一的游客凝视,东道主凝视是通过文化的相似性和差异性来构建的,在不同的凝视下,同一个凝视者必定有不同的凝视方式。

不同的游客在意识形态上会有不同的方式来观察旅游现象及旅游事物,其影响因素大概包括性别、经济条件等许多因素,也取决于不同的社会群体和历史时期。该书中,Alon Gelbman 和 Noga Collins-Kreiner 对东道主社区的导游凝视进行了分析,探讨了以色列的导游对基督教朝圣者的各种凝视表现,并指出东道主凝视有四种类型:

①初始凝视(the initial gaze),揭示了东道主对游客外表的印象;

②区隔凝视(the distinguishing gaze),它可以区分宗教游客和世俗游客、宗教及宗教教派之间的差异;

③整体凝视(the overall gaze),形成对游客的文化、教育、知识和对访问目的地文化兴趣的整体印象;

④区分/分析凝视(the differentiating and analysing gaze),可以识别和分析不同国籍游客之间的差异。

在这个案例中,影响导游凝视游客的主要因素有:以往的经验、先前的观点、刻板印象、个人哲学和文化熟悉度。导游使用初始凝视(通过外观)来识别和区分宗教游客和非宗教游客或识别游客的宗教信仰状态,且可以根据他们对一个或另一个教派的影响来对待不同类型的游客,如识别出游客是天主教徒、新教徒、希腊东正教还是摩门教徒。

东道主凝视有一个明显特征就是:内化(Internalization),特别是当东道主意识到已经满足旅游企业的一些需求时,凝视就开始发生内化。东道主一般会以游客的角度来看待自己,并通过满足游客的需求来做出回应并维持特定的服务和秩序。游客凝视相对于内化的东道主凝视而言,可以引导东道主对游客的反应从而获得特定反馈。因此,游客凝视有集体、个体的两种形式,而且对个体具有较大的潜在影响。过去,旅游业对旅游目的地社区的社会文化影响大多是一种综合性的,如可以通过目的地社区居民的感知和意见促进整体性的目标及可持续发展,尤其是以社区为基础的旅游和可持续发展等。然而,对东道主社区的关注在很大程度上忽视了对个体形象的自我凝视,所以,角色理论(Role theory)是通过东道主内化来观察游客凝视的重要途径,可以在个体化层面来对游客凝视进行概念化,而且在目的地社

---

① Omar Moufakkir, Yvette Reisinger. The Host Gaze in Global Tourism[M]. London:CABI, 2013.

会关系中认识到东道主及其所处位置。职业化的角色也不一定是旅游所"规定"的,而只可能出现在"游客—东道主"的特定关系中,角色会发生变化,凝视也相应会发生转换。

书中通过大量的案例与实证对东道主凝视及其相关凝视类型进行了深入分析。奥玛尔·穆法基尔和依薇特·赖辛格还在麦康纳尔的"第二凝视"的基础上提出了"第三凝视",即凝视于凝视者对被凝视者的凝视(the gaze of the gazer upon the gaze of the gazer gazing upon the object of the gaze)。他们认为,"第三凝视"类似于福柯对军医的凝视,在弗洛伊德和拉康提出的精神分析的概念和理论中有着根深蒂固的因素。这种凝视是对"游客凝视"的凝视,大致可理解为:它是一种凝视于凝视者的凝视,而凝视者是被凝视对象的凝视者。这种凝视试图从精神分析的角度理解东道主凝视的原因,且已经超出了可见范围,无法看到东道主凝视的无意识。但是,这种观点却也反映出对"凝视"这个词以及对"凝视含义"的运用过程的过度使用,"凝视"这个术语正在被拉伸,它的弹性及其与当代旅游的相关性可能在过度延伸"。即便如此,它也提供了一种对东道主与游客在旅游遭遇中关系探讨的新视角。

4.3.3　游客凝视与东道主凝视的关系

1)对游客凝视的反思

"凝视理论"在饱受来自各方学者们的批评和争议的同时,厄里也在对其理论进行不断反思,并在《游客凝视》的第2版、第3版中竭力完善(孙洁,2017)。2002年出版的第2版在1990年第1版的基础上,修改了第七章"看与主题化(Seeing and Theming)",并新增加了第八章"全球化凝视(Globalising Gaze)"。这是由于在时间和空间都高度压缩的全球化社会背景下,厄里深刻意识到不同类型的旅游方式之间的区分界限愈来愈模糊,出现了重复和叠加,更有向同质化整合的趋势。因此,厄里试图介绍这些新兴的旅游模式,并对过去近十年来出现的新变化进行总结和反思,即各个旅游目的地东道主社会正有意识地、积极主动地开发社区资源来发展旅游业,他们不再是"旅游凝视系统"中的客体。东道主们随着旅游目的地的发展逐渐强大起来,敢于反向凝视游客,并试图在其中重新定位自己的位置,这是厄里针对其他学者对游客凝视概念的过于静态化、视觉单一化、凝视主体简单化等批评做出的回应。在2011年出版的第3版中,厄里也再次阐明"旅游理论需要与时俱进";此外,还增加了对旅游理论中有关身体"表演"的分析、"游客凝视与摄影、数字化"的关系讨论等。

关于东道主凝视一系列新理论的出现自有原因。第一,大多数文化旅游理论都是从西方游客的经验中发展出来的,因此不能直接适用于非西方游客如亚洲、非洲或中东地区。第二,大多数旅游研究理论都是基于英美经验,主要关注发展中国家东道主文化与发达国家游客文化之间的相互作用。第三,旅游文献中跨文化研究的考察很少。第四,许多现有的"主—客"研究文献已经过时。第五,与游客凝视相比,关于东道主凝视的研究微不足道。因此,需要更多地关注东道主凝视以支持对游客凝视的理解,即加强对东道主凝视的理解也将有利于加强对游客凝视的理解。

2）游客凝视与东道主凝视的转换

事实上，茅斯（Maoz, 2006）的研究早就暗示了东道主和游客之间相互凝视的可能性，且凝视并不只是一种看见的行为，还是一种关于认识的行为。于是，游客凝视与东道主凝视之间是可以进行互换的。在《全球旅游中的东道主凝视》一书中，作者们列举了很多欧洲、亚洲的案例来探讨凝视所存在的各种关系及相互影响。例如在第四章中，雷辛格、科扎克和维瑟（Reisinger, Kozak, Visser）研究了土耳其酒店经营者对访问土耳其南部海岸的俄罗斯游客的看法，分析了安塔利亚度假区全包度假村和酒店的业主、经理和员工的凝视。通过关注俄罗斯游客的文化认同和他们的行为文化来解释东道主凝视的原因，展示了东道主和游客之间的文化误解，以及如何影响东道主凝视并产生负面凝视。

此外，在宗教旅游过程中东道主凝视与游客凝视等多种凝视形式的互动较常见且易转换。史密斯（1992）曾认为旅游和朝圣是旅行连续体的两端，"朝圣—旅游"轴线的两极标记为神圣与世俗；中间就是无数可能的"神圣——世俗"组合，中心区域就是通常所说的"宗教旅游"。游客有可能变成朝圣者被其他游客凝视，朝圣者也作为游客而形成宗教旅游中特有的游客凝视。其中，导游凝视在诸多凝视类型中值得关注且不应被忽视。在第六章中，盖布曼和柯林斯·克莱纳（Gelbman, Collins Kreiner）讨论了以色列的导游如何根据他们自己的经验来凝视那些基督徒朝圣者群体。对圣地的朝圣，一直是来自世界各地的基督教朝圣者的主要目的，宗教旅游是以色列旅游的主要市场。凝视是人们观察世界的一种方式，它可以包括视觉和非视觉元素。游客可以通过了解东道主凝视来了解当前的宗教文化；导游凝视则是关于如何看待不同类型的基督徒朝圣者以及他们的行为和他们的世界观。在第七章中，帕蒂森（Pattison）强调了通过与其他非西方话语的社区合作来接近和理解东道主凝视的概念，作者以冈比亚的社区旅游为案例，探讨了通过旅游摄影来捕捉东道主的凝视，如东道主凝视在反映自我的过程中也体现了社区旅游的表现形式和意义。

此外，在志愿者旅游（Volunteer Tourism）中，志愿者在做社区工作时有可能转换成短暂的东道主且带有东道主凝视的眼光看待来访的游客；当志愿者参与到一些旅游活动时又以游客的身份来凝视整个东道主社区。

当然，东道主凝视隐含着一个价值机制，它可以帮助东道主更好地接纳到访的游客，也可以使东道主个体在目的地社区找准自己的定位，以利于他们享受在旅游工作中的积极方面。在第十一章中，奥立根（O'Regan）着眼于旅游酒店中的交流实践，认为酒店所提供的服务网站可以让个人与他人一起寻求新的遭遇、关系及感受。在旅游生活变化的过程中，东道主与游客的界限日益模糊，对"旅游凝视系统"的认识就更复杂，凝视的概念从分离扩展到强调参与性体验。相反，东道主凝视在目的地社区发展旅游业的过程中具有重要作用，它有助于从各种各样的、不可预测的互动中创造和构建一种凝视理论，其中就包含着东道主社区的价值观和游客的体验。最后，从东道主凝视的视角来理解社区，也将积极促进社区旅游的发展，并同时使东道主凝视的概念更深化更细微。

本节参考阅读与学习材料：

［1］Omar Moufakkir, Yvette Reisinger. The Host Gaze in Global Tourism［M］. London：CABI, 2013.

［2］Tim Edensor. Staging Tourism：Tourists as Performers［J］. Annals of Tourism Research, 2000, 27(2)：322-344.

［3］Tim Edensor, Mundane Mobilities. Performances and Spaces of Tourism［J］. Social & Cultural Geography, 2007, 8(2)：165-174.

［4］Catherine Nash. Performativity in Practice：Some Recent Work in Cultural Geography［J］. Progress in Human Geography, 2000, 24(4)：653-664.

［5］Tim Edensor. Staging Tourism：Tourists as Performers［J］. Annals of Tourism Research, 2000, 27(2)：322-344.

［6］David Crouch, Tourist Practices and Performances［J］. John Wiley & Sons, Ltd, 2008.

［7］John Urry, Jonas Larsen. Tourist Gaze 3.0［M］. Thousand Oaks：Sage Publications, 2011.

［8］Darya Maoz. The Mutual Gaze［J］. Annals of Tourism Research, 2006, 33(2)：221-239.

［9］John Urry. 游客凝视［M］. 杨慧, 等, 译. 桂林：广西师范大学出版社, 2009.

［10］张晓萍, 光映炯, 郑向春. 旅游人类学［M］. 北京：中国人民大学出版社, 2017.

［11］吴茂英. 旅游凝视：评述与展望［J］. 旅游学刊, 2012, 27(3)：107-108.

【思考题】

1. 如何理解旅游研究的新发展及理论转向？

2. 旅游移动性的研究转向反映了怎样的理论背景及现实意义？

3. 旅游表演的源起与研究内容？其研究意义体现在哪些方面？如何理解旅游表演的日常性？

4. 从游客凝视到东道主凝视的转变说明了什么问题？如何理解"旅游凝视系统"？

5. 东道主凝视具体包括哪些类型？

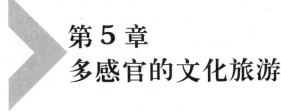

第5章
多感官的文化旅游

【学习目标】

通过学习本章,学生能够了解旅游人类学视野下的主要文化旅游类型及内容。

理解:旅游体验、具身性、多感官、美食旅游、音乐旅游、精神旅游

熟悉:美食旅游、音乐旅游、精神旅游、味觉景观、听觉景观、旅游聆听、精神性、宗教旅游

掌握:美食旅游、音乐旅游、精神旅游、味觉景观、旅游聆听

【关键术语】

美食旅游,音乐旅游,精神旅游,味觉景观,听觉景观,旅游聆听,具身性,感官体验,精神性

【开篇导读】

旅游体验研究的具身范式

一、本体论:旅游具身体验是什么

具身范式的本体论涉及旅游具身体验的本质问题,本身与哲学有关,而"具身"一词同样也来源于哲学领域的讨论,这使得对这一问题的澄清面临不小的挑战。本体论是人们看待世界的基本观点,具有普遍性,具体学科、领域所坚持的本体论必然从属于那个更大的、更普遍的本体论。故本部分先从关注一般现象的哲学入手,厘清身体、具身等主题在哲思中的发展,进而降到旅游这一更为具体的层面,讨论旅游具身体验的身体本体论问题。

1. 哲学视野的身体转向

"身体"在哲学研究中经历了一段漫长的黑暗史。古希腊时期的苏格拉底就提出,能够持久的幸福并不来自会腐烂的身体,而得经由不朽的灵魂,由此开创了对"非理性激情"与"理性思维"之间的区分。对身体的贬抑一直延续,并在17世纪的笛卡尔那里达到极端。在"我思故我在"的命题中,心智和身体被视作两种截然不同的实体,心灵是思考得以可能的非物质实体,而身体仅是低等的生物机制。身体的劣等性归因于它的脆弱性,以及感觉所具有的令心智难以集中于高尚活动的欺骗性潜能。因此,作为探究主体的心智具有超越身体的

优先性,心灵作为一个研究主题完全超越了身体。

19世纪,对身体的认识获得了很大改观。马克思指出,个体的身体需要和能力使得他们必须有能力介入其所处的自然环境,参与社会关系,进而创造经济结构和社会结构。涂尔干则认为,身体具备超越自身的能力,它会生成一种神圣的能量,促进某种文化秩序或符号秩序的兴起。而对齐美尔来说,身体的生命内容会为个体提供能量,给他们装备特定的驱力和动机去展开行动,以此和他人在特定的社会形式中产生关联。此时,身体已初具能动性的雏形。到尼采那里,身体彻底成为哲学讨论的核心,他认为身体不只是一个物体,而是具有比有意识的心灵更加基础的无意识特征,意识主体及其理智特征皆来源于身体的无意识建构。在"以肉体为准绳"的原则下,尼采用形而下的身体取代了形而上的心灵,推翻了不光彩的身体哲学史。

而到了20世纪,身体哲学成长为哲学中的主导范式。对其贡献最大的当属Merleau-Ponty,他在《知觉现象学》《*Phenomenology of Perception*》中指出,知觉不是对外部世界的内部表征,而是一个实践性的身体的涉入,其他的一切体验、联想、想象、回忆等,也都与人的身体要素、身体构造和身体功能密切相关。高级的、确定性的、逻辑的和概念的智能必须从低级的、不确定的、非逻辑的和非概念的身体能力中衍生出来。因此,身体并非传统上认为的那样,仅仅是心智发生的场所、载体或生理机制,而是位于人类体验的中心,是一个行动着的"肉身的心智"(incarnated mind)——具有时间性的"我思-我动"(cogito-facio)的身体。我们不能把自我意识或人的灵魂从身体中清除,使身体成为一架彻底清理过的机器或纯粹的躯壳。另外,因为感觉只有在与物质对象、社会和文化环境等因素的关系中才成为可能,因此感觉不是一个孤立的功能,而是一个情境化的创造性过程,感知的身体以一种身体和世界密不可分的方式处于世界之中。Merleau-Ponty等关于身体的新思考使"具身化"(embodiment)成为哲学中的核心概念之一,并扩展到其他学科的讨论中。广义而言,具身化是一个包含生物、感知、社会和文化维度的复杂过程,它表达了人类有机体与其环境之间的相互关联:人类行为是情境化的,离不开周围的空间、事件等构成的环境的影响,同样,这种环境也只有运动和感性身体的参与才有意义(图5.1)。

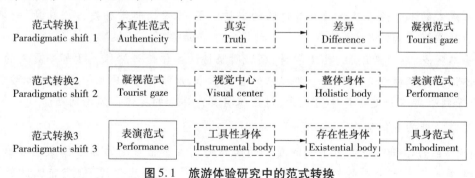

图5.1　旅游体验研究中的范式转换

2. 旅游体验的身体主体性

对一个具体的旅游地而言,一个旅游者在何种意义上认为自己真正的"来到"?这个问题直接关系到对旅游具身范式的理解。对于Schaffer而言,透明的车厢提供了观览的便利,也将自我排除于旅游世界,如其所言,"我们从自己在室内(往往是坐着的)的视线,虽然能把外面的世界'看'得一览无遗,但我们与外部世界丧失了真正的互动"。在这种旅游中,旅游者虽然到来,但在存在意义上却是缺场的。因此,旅游体验的"具身"与否不只是看身体是否在场这样简单,具身体验关系到外在形式和内在价值上的双重指涉。做一个描述性的定义,具身范式下的旅游体验是旅游者经由自我身体与旅游世界发生交互并获得存在意义的过程。

具体可从 3 个方面阐释:首先,身体是连结旅游者个体与旅游世界的通道。旅游者总是以活生生的身体介入旅游体验之中,身体向内连结于旅游者的感知与判断,呈现出一个活泼的旅游者形象,身体向外穿梭于时间与空间之中,才使得旅游世界逐渐显现。身体作为一个中枢,作为一个"万物的尺度",与旅游者的内在世界和旅游地的外在世界具有同型性,从而保证了旅游体验的顺利进行。正如马克思指出的,不仅我们的知识与我们的身体构造相关,而且世界展现于我们的自然、大地、天空也与我们的结构相匹配。在这种身体之上,旅游者"我"与他人共享了交流,依靠身体间性来互动、移情和共感;旅游者与旅游地物质要素构成一个行动者网络,依靠主体间性来相互作用、相互依存、相互建构。

其次,身体是旅游体验赖以产生的手段。人们在旅游过程中的感知、认识、判断和反思等活动都离不开其感官功能与运动能力,正是感性身体的存在使旅游者能够脱离出理性与客观思维,肆意在旅游世界中游戏和想象。当旅游者光着脚在夕阳西下的海边等待日落,脚下感到的是被阳光烤热的石头、晒热的沙滩,耳边传来潮涨潮落的声响,会产生一种"诗意地栖居于大地之上"的体验。因为人在将身体投入世界,令全部的感官向世界开放的过程中,也使自己融入大自然的永恒循环之中,沙滩的温热、潮水的涨落宛若大地的呼吸,唤起人们安静和舒缓的感受。

第三,身体是旅游世界的定位场所。"具身"包含着开放的施事主体,它是"某物具陈于身体"的简化表达,在旅游体验中,旅游世界整体以及内部不同的景观承担了这个施事者的角色。将一块海边的鹅卵石放在手心,这使游人产生快乐的体验,因为其圆滑的形状乃是经过海水长时间的冲刷,代表着一种缓慢的形成过程。经由身体的触觉感知,这块小小的鹅卵石让人产生自然时间的深邃感体验。所谓"一沙一世界",旅游世界的宏大和渺小经由身体进入旅游者的主观世界。

在具身范式的观照下,旅游活动呈现为一种活生生的体验,一种肉体性的遭遇,一种情境化的实践,在其中,身体既是手段也是目的,既是出发点也是归宿。如同 Classen 所说,具身的状态就像通过相机媒介得以观看图片一样,我们必须通过感官来观看和体验身边的事件,进而理解地方、他者和我者,并且身体不仅仅是肉体或文本一样的实体。已存在的具身体验必然会影响到我们如何体验和解释周围的世界,我们的背景和社会经济地位也会通过直接的器物性体验和间接的社会文化体验与身体互动。因此,旅游体验的具身本体论不是单纯的身体本体论,而是一种"身体-主体-实践"本体论,它不同于 Foucault 笔下那个被权力镌刻的身体,也不是生理本能与肉体欲望的无限释放。身体总是收缩于旅游者与旅游世界的"关系"之中,因此它体现着旅游者的建构能力,同时也被旅游世界所建构,始终处于一种流动的和生成的状态之中。

二、方法论:旅游具身体验如何研究

具身范式下的旅游体验研究拥有特定的理论关注,因此在研究方法上,对数据的收集、分析、处理以及研究者自身的角色都有新的要求。这里仅提出具身方法论的几个理论主张,附带评析一些比较新颖的研究方法。

1. 获取现场数据

游客体验发生于具体的旅游目的地时空之中,具有现场性、情境性、流动性等特点,要抓住这些方面的信息,就必须深入旅游活动发生的第一现场来搜集数据。除了传统的田野观察和现场访谈外,体验取样法(experience sampling method)、感官体验抽取协议(sensory experience elicitation protocol)等方法也具有很好的适用性。其中,随行纪实(go-along)方法在捕获流动性的数据方面具有很大的应用潜力。田野工作者征得同意后伴随被访者参加他们的活动,通过询问问题、倾听以及观看的方式,积极地探索被访者在穿过他们的物理和社会环境以及与这些环境互动时的体验交流和实践。除了研究者自身的随行外,还可以同时利用现代技术设备对游客体验活动进行录音、录像以及卫星定位等。该方法与社会科学研究中的日常生活转向相呼应,认为被观察者的一切活动都是有意义的,因而值得记录。

2. 加深现象描述

旅游活动是旅游者在旅游地进行的一段生活,因此旅游体验具有生活本身的生动性和复杂性,只有加深相关行为和现象的描述,才能抓住旅游体验的真实性。在田野观察中,研究者需要注意旅游发生的现场情境信息,并尽量详细地记录于田野日志之中。即使采用访谈的方法,也要注意访谈环境、游客表现等非语言类信息,因为"被访谈者不仅通过言语,还通过手势、实际接触、气味、声音、图像以及味道去表征他们的感官体验"。除了人类学中倡导的深描外,印象故事(impressionistic tales)作为一个新兴的方法,有助于旅游体验的生动呈现。该方法脱胎于人类学者 Van Maanen 的《田野故事:关于民族志书写》《Tales of the Field: On Writing Ethnography》一书,是指一种第一人称的民族志写作类型。研究者通过现场观察、访谈以及自己的亲历等,对具体的旅游体验产生较为全面的认知,并以生动的语言文字描述出来,因而保留了被描述事件和活动的生动性,使读者在阅读时如同在读一则故事,并产生身临其境的感觉。该方法起到一种情景再现的效果,试图呈现(present)而非表现(represent)曾经发生的真实体验。对现象的重视体现了现象学的旨趣。在传统观点中,本质与现象是相互对立的概念,本质等同于真理,它来自对现象的归纳、推理、演绎等逻辑过程,现象只不过是认识的低级、表层阶段;但在现象学看来,本质可以在对现象的"直观"中得以把握,现象和本质之间并无必然的鸿沟——"应该描述实在事物,而不是构造或构成实在事物",描述现象就是"将本质重新放回存在"。

3. 揭示行动过程

旅游体验不是静态的,在外在表现上,它是"一个发生在具体空间当中的序贯的行为过程",与旅游者的动作、姿势和移动等密不可分;在不可见的身体内部,生理能量的消长、感知的阈限、情绪的波动乃至精神状态的变化,也反映出体验活动的动态性。尤其在今天,旅游

休闲成为大部分人可以负担得起的消费,并逐渐发展为现代人的生活与存在方式,旅游的意义就在于人们处在旅游的过程之中,而不像早期的旅游那样具有令人产生神圣感和炫耀性展示的功能。因此,关注旅游者的微观行动,探究旅游体验的过程机制具有更大的社会现实意义。

扎根理论已经开始在旅游研究中运用,但大部分集中于对旅游相关现象的结构性分析。实际上,扎根理论更大的用武之地是对社会过程的分析,也就是"对现实存在但不易察觉的行为模式进行概念化",它更能够捕捉行动发生过程中的各种力量关系,而不局限于对一般行为和现象的类属分析。Glaser 认为,扎根理论善于处理的过程既包括行为过程,也包括心理过程,这正贴合了旅游体验过程的两项重要内容。

4. 涉入研究情境

具身范式下的旅游体验研究对研究者自身也有特定的要求。旅游体验是基于旅游者的身体之上的,这种体验如何被作为另一个身体的研究者所感知? Merleau-Ponty 提出的"身体间性"概念对此提供了一个解答:人与人之间具有相同的身体结构和感知系统,世界平等地向不同的身体开放,因此我的身体和他人的身体是等价的,我与他人的关系不是认识与被认识的关系,而是一种原始的身体知觉关系——"是我的身体在感知他人的身体,在他人的身体中看到自己的意向的奇妙延伸,看到一种看待世界的熟悉方式"。相对于"主体间性"突出的人与人之间的社会、文化、价值等方面的共通感,"身体间性"更强调研究者和被研究者之间基于身体的感同身受,因此特别有利于推进对具身体验的探究。

要顺利获得身体间性,研究者不仅要观察旅游者的身体表现,访问他们的身体感受,还要尽可能将自己变成一个旅游者,在相同的地方与情境中进行类似的体验和实践。即使使用网络游记等文本作为研究资料,也要尽量选择与自己熟悉的旅游地有关的。如笔者所做的一次田野笔记:

"对中郝峪村进行完现场调研之后,我打算进一步查找与该村有关的网络游记,了解更多游客的体验情况。当点开网页,阅读到他们的旅游经历和照片,在那些相同的景观、同样的场景和相似的体验中,我仿佛与这些素昧平生的游客照面了。在该村的一段小巷中,我因颇感兴趣而流连许久,当看到游客上传的这个小巷的照片时,我当时的所见所感一下复现出来,甚至产生一种奇妙的感受:"仿佛自己的脚步和这位游客的脚步重合了,我们变成了一个人,体验同一个世界。想必他也像我一样,会停在这家农户的门口欣赏一下门口摆放的几盆花卉,向门里张望农家的生活,或者转过身来看看墙上颇具乡味的绘画而会心一笑。"

这种经历类似于感官民族志所谓的以"参与的感觉"(participant sensation)代替"参与的观察"(participant observation),这个笔记也反映出,研究者的民族志工作是持续进行的,田野不仅在旅游地的现场,也在研究者的案头。对于以具身方式获得的材料,研究者需持续地与其互动,因为研究者虽然"注意到体验的整体性,但不可能一次全部写下来。它们记录在记忆、身体以及所有的感觉之中,也可能孕育于睡眠的梦中和散步时的潜意识之中"。

三、具身范式的理论导向

旅游具身范式的突出特征可以概括为旅游者主体性的回归,它使得旅游体验的研究重心重新回到具体情境中的游客身上,关心人的身体感觉、存在感受以及人与世界的和谐交互关系。具体而言,它有如下四个明显的理论导向:

第一,实践导向。旅游具身范式的"身体—主体本体论"实际上也是一种"实践本体论"(practical ontology),因为身体总是处于感知、移动以及与周围世界的互动之中。马克思曾说,"人通过劳动生产自身",而在愈发进步的现代社会,人已经可以通过休闲生产自身,旅游体验作为休闲的重要构成,是一种积极的自我生产实践。

第二,日常生活转向。具身范式关注游客在旅游地的所有活动,主张像研究日常生活一样研究旅游,既关注能让游客产生愉悦的高峰体验,也关注诸如睡眠、乘坐列车等日常性体验。日常生活既是单调重复的,又充满神秘和多种可能;旅游活动需要日常需求和习惯的支撑,更离不开新鲜、奇异的刺激。旅游本身就是生活的一部分。

第三,关系唯物主义理念。旅游体验不仅与人有关,它是旅游者、他人、自然实体、社会物质与产品等共同作用的产物。在这个行动者网络中,不同行动者彼此具有平等的地位,每个行动者支持了其他行动者,也在与其他行动者的关系中获得存在价值。

第四,微观社会学视角。对于以往旅游研究中身体缺席的原因,Aramberri 曾指出,"这并非意指旅游者具有什么超自然属性,而仅仅是指研究者们往往倾向于从宏观机制上对旅游者进行一般性的研究"。因此,具身旅游体验研究更多地选择微观视角,注重个体性、情境化的知识生成。但视角的微观不等于价值的微小,如 Benjamin 将琐碎的日常生活作为研究主题时所坚持的那样:"在对细小的、个体的因素进行的分析中侦查总体事物的结晶体"。阿新范式是随现实的发展、理论的困境、未来的形势之间的相互作用而自然生成的,旅游具身范式的发展同样如此。需要指出的是,社会科学中的不同范式常常处于一种相互竞争、相互吸收、共同发展的进程之中,不同范式间并无绝对的优劣之分,在中心理念上的不同坚持导致它们在适用的问题领域上也各有侧重。进行范式反思的意义在于回顾学术研究史,厘清理论发展脉络,并为未来的研究提供启发。另外,范式关系着某一学科是否有独特的研究领域,学术研究能否形成"共同体",乃至学科自身能否不受外界挤压而创造出更强的生命力。因此,多一些范式反思与范式争鸣的工作是必要的。

摘引自:樊友猛,谢彦君.旅游体验研究的具身范式[J].旅游学刊,2019,34(11):17-27.

5.1 美食旅游

"食",在旅游六要素中占据重要位置,食物消费在旅游消费中占比约 25%,是旅游产品的重要组成。20 世纪 50 年代,美食旅游最早在法国葡萄酒旅游、农庄旅游、乡村旅游基础上发展而来①。随着美食旅游的兴起,加上各国政府对美食旅游所带来经济贡献的重视,美食旅游在全球旅游市场蓬勃发展起来。美食旅游不仅可以促进当地对食物的使用,重振地方

---

① 李想,何小东,刘诗永.国内外美食旅游发展趋势[J].旅游研究,2019(4):5-9.

饮食传统文化,也可以促进地方旅游业与当地农业经济的发展。食物与旅游的关系、食物对地方旅游业的社会文化影响、美食旅游对旅游目的地营销的作用是学界的关注点。

5.1.1　旅游中的食物(food)

2002 年,哈拉格和理查德(Hjalager, Greg Richards)出版的《旅游与美食》(《*Tourism and Gastronomy*》)一书被认为是旅游与美食研究领域"里程碑式的著作"(Cohen, 2004),作为旅游吸引物和地方象征符号,食物(food)或美食(gastronomy)的消费不断增长,为美食旅游及新旅游体验研究奠定了重要基础。

大致说来,旅游中的食物研究集中在四个方面:一是作为一种产品,食物具有作为旅游产品或旅游景观的重要性;二是作为一种吸引物,食物是游客旅游消费行为的重要影响因素;三是作为一种文化现象,促进旅游目的地相关节事如美食旅游节、美酒旅游节等美食节事的发展;四是作为一种体验活动,反映游客的用餐体验以及游客对各种食品和饮料的特殊兴趣。过去的旅游研究中,除视觉研究以外,其他感官体验研究常被忽略,而用餐或饮酒主要是与味觉及环境有关的活动。美食旅游是一种独特的旅游活动形式,可以满足五种感官包括视觉、触觉、听觉、味觉和嗅觉的体验,[①]体现了感官体验尤其是味觉景观体验研究的兴起。

1)食物、本地食物与民族食物

"民以食为天"。食物是满足人类基本生理需求的必需品。随着社会发展和食物消费增长,食物逐渐成为了一种文化象征,具有地域性、族群性、真实性和象征性等特点。美食(Gastronomy)的概念已发展为包含农村食物、本土美食和美食地区的多重含义,同时,围绕美食的文化实践(cultural practices)而形成的特殊文化现象被称为美食文化[②]。马塔(Matta, 2013)将美食的概念延伸到食物遗产,将食物遗产定义为一套关于食物文化的物质文化和非物质文化的总和[③],视其为包括农产品、配料、菜肴、技术、食谱和食品传统、餐桌礼仪、食物符合的文化遗产,在食材、烹饪用具和餐具等方面都具有象征性。

食物在旅游业中的地位逐渐攀升,被认为是重要的"第二旅游资源",并形成了一种食物景观(foodscape)。地方性是食物景观的重要特征之一,本土食物(local food)是在当地种植、加工的食品或具有当地特色的地方特色食品(Sanger and Zenz, 2004),也可指代本国市场以外的食品,用以突显与本国美食不同的饮食文化。[④]本土食物的形成与发展是被构建的过程,是关于"空间"和"物"的混合概念。莫里斯和布勒(Morris, Buller, 2003)对"本土的"(local)

①　Athena H N Mak, Margaret Lumbers, Anita Eves. Globalisation and Food Consumption In Tourism[J]. Annals of Tourism Research, 2012, 39(1): 171-196.

②　Greg Richards. Gastronomy: an Essential Ingredient in Tourism Production and Consumption, Tourism and Gastronomy (Anne-Mette Hjalager and Greg Richards)[M]. London: Routledge, 2002.

③　Adilah Md Ramlia, Mohd Sallehuddin Mohd Zaharia, Nurhasmilaalisa Abdul Halimb, et al. The Knowledge of Food Heritage Identity in Klang Valley, Malaysia[J]. Procedia-Social and Behavioral Sciences, 2016, (23) 9: 518-527.

④　Hiram Ting, Ernest Cyril de Run, Jun-Hwa Cheah, et al. Food Neophobia and Ethnic Food Consumption Intention: An Extension of the Theory of Planned Behaviour[J]. British Food Journal, 2016, 118(11): 2781-2797.

一词的理解有两个含义,一是代表食物生产和销售的地区,二是具有特殊价值的地方食物。本土食物概念中"本土"是重点,其社会意义的建构主要基于个人的信仰和环境。食物是社会习俗不断发展的集合,其社会意义在于它是人与人在社会、文化和政治方面建立联系的方式。旅游中的食物有时被视为一种"强制性"的旅游消费(Richards,2002),食物消费具有社会区隔的象征意义。

"族群食物"(ethnic food)有必要被重视,它是促进旅游消费的一种重要手段①。简单地说,族群食物即某一族群或文化群体偏爱的食品,如墨西哥美食、中国美食或犹太人美食,是一种文化态度、价值、行为和信念的表达,也是一种传统文化、遗产、宗教或族群性的表达,因此,它又是代表特定族群文化的传统食品②。"族群食物",是指具有地方性或地方族群文化特征的且受食品供应影响的食物③。从食物供应角度来看,族群食物表现为两种情况,一种是食品被消费者熟悉后不再被视为特殊的族群食物,如欧洲国家的亚洲食材或意大利食材被大家熟悉后而成为一种大众性产品;二是与某群体有关的族群食物后来被限定在特定的狭小区域内。从食物消费角度来看,对族群食物的消费意愿已成为一种复杂的现象,主要取决于各种心理因素并受到消费者的态度、主观意识和消费行为等的影响。食物恐惧症,就是因消费者对族群食物选择存在问题而导致他们不愿尝试新食物。当然食物恐惧症的影响因素不仅与食材品质、食品的特性分不开,还受到食物消费者性格和消费偏好的影响④。

族群美食有一套国外的社会文化语境,在我国语境中主要指民族美食。民族美食的地方性,不仅浓缩于食物及产品中,民族餐厅或美食街也是重要的表现。民族餐馆一般会用一系列文化元素来吸引顾客,消费群体大多不是本国人而是居住在该目的地的外来人群。⑤民族餐馆中非常强调文化元素的真实性和用餐体验。文化真实性会影响消费者文化记忆的唤起、游客对用餐体验的看法,所以餐厅会尽量提供"地道"的本土美食。同时,还会加强广告营销的真实性,餐厅员工一般会身着民族服装,同时用民族音乐、地方语言等多种文化元素来"共创"更真实的场景,以进一步强化旅游体验感。另一方面,游客会通过自己的所看、所吃、所听、所感对民族餐馆的文化真实性和文化象征性进行感知和评判。需要指出的是,饮食文化和身份重塑对开发美食产品至关重要,如港式奶茶和美食故事,可以强化当地的饮食文化传统,丰富消费者的旅游体验,所谓"地方风味"还可以进一步启发烹饪实践和塑造价

① Anna de Jong, Peter Varley. Food Tourism Policy: Deconstructing Boundaries of Taste and Class[J]. Tourism Management,2017,60:212-222.

② Hiram Ting, Ernest Cyril de Run, Jun-Hwa Cheah, et al. Food Neophobia and Ethnic Food Consumption Intention: An Extension of the Theory of Planned Behaviour[J]. British Food Journal,2016,118(11):2781-2797.

③ Wim Verbeke, Gisela Poquiviqui López. Ethnic Food Attitudes and Behaviour Among Belgians and Hispanics living in Belgium[J]. British Food Journal, 2005,107(11):823-840.

④ Hiram Ting, Ernest Cyril de Run, Jun-Hwa Cheah, et al. Food Neophobia and Ethnic Food Consumption Intention: An Extension of the Theory of Planned Behavior[J]. British Food Journal,2016,118(11):2781-2797.

⑤ Jong-Hyeong Kim, SooCheong (Shawn) Jang. Determinants of authentic experiences: An Extended Gilmore and Pine Model for Ethnic Restaurants[J]. International Journal of Contemporary Hospitality Management,2016,28(10):2247-2266.

值观①。

现代工业化的批量生产逐渐代替家庭式的手工生产,食材来源的时令季节性也逐渐消失,游客对民族食物却显现出一种特殊偏好,其意义体现为一种文化符号的流动、对食物景观的体验。对食物地方性的研究意义还在于反映了"地方"与"全球"的"亲密"关系,如全球文化与本地文化、地方化与全球化、全球意识与本地意识、同质化与异质化等,这些都是全球化进程的后果之一。全球化对食物的地方性产生了威胁,但也是推动当地美食产品和身份重建的新机会。

2) 食物景观(foodscape)与服务景观(servicescape)

食物是旅游消费中最核心的文化产品之一,食物的真实性需要消费者长时间的体验和记忆才能构建。民族餐馆中的旅游消费是在对"文化时空"的符号消费,食物在构成食物景观的同时也随之呈现服务景观。食物景观(foodscape),原是一些学者对食物空间的统称,对研究健康与用餐环境的关联具有重要意义,后来被学者引申为食物(food)和景观(landscape)的结合体②。食物景观指的是以地方特色美食为主题的旅游目的地,或是与当地历史、文化、政治、经济等因素融合而形成的以美食为主的重要旅游吸引物。食物景观是旅游消费者进行美食体验的重要舞台,它通过食物的销售环境以及视觉、声音、气味和触觉等要素来激发情感反应③;服务景观则是食物供应方为游客提供服务体验的体现,它使游客在食物消费的同时了解食物知识和享受美食体验。

服务景观(servicescape)一词最早于 1995 年由克拉克和施密特提出,他们认为服务景观概念的引入主要解决了体验场所中的环境心理学问题,强调环境是服务系统整体中的一部分,是环境与服务的结合(Clarke and Schmidt,1995)。2004 年,服务景观的概念被引入旅游研究领域中。金宗亨(Jong-Hyeong Kim)等人认为服务景观是指环境因素(例如音乐、手工艺品、空间布局和员工)和激发因素的组合,这些环境因素会对客户产生影响并影响客户对企业服务的整体看法④。其中,自然环境和人文环境都是服务景观的重要内容,例如,厨师穿着泰国服装准备美食时,顾客会觉得自己处在泰国的场境中,这些服务对顾客的体验有重要影响。同时,在游客用餐前,服务员上菜时会对菜品进行一番展示或解说,介绍食材的来源、菜品制作的过程以及用餐时品尝的注意细节等,游客通过对食物文化的想象享受到一种难以忘记的美食体验。

2007 年,莫斯伯格(Mossberg)构建了体验景观(experiencescape)的概念,即混合了旅游者参与的各种活动的整个消费体验过程。体验景观强调旅游消费目的地的味觉、嗅觉、触觉

---

① Athena H N Mak,Margaret Lumbers,Anita Eves. Globalisation and Food Consumption in Tourism[J]. Annals of Tourism Research,2012,39(1):171-196.

② 方百寿,孙杨. 文化视角下的食物景观初探——以 Giloy 镇大蒜节为例[J]. 北京第二外国语学院学报,2011(9):12-16.

③ Peter Björka,Hannele Kauppinen-Räisänenb. Destination Foodscape:A Stage for Travelers' Food Experience[J]. Tourism Management,2019,71:466-475.

④ Jong-Hyeong Kim,SooCheong(Shawn)Jang. Determinants of Authentic Experiences:An Extended Gilmore and Pine Model for Ethnic Restaurants[J]. International Journal of Contemporary Hospitality Management,2016,28(10):2247-2266.

和音景的嵌合,是由相关参与者的共创而获得的整体旅游体验。需要指出,在全球化移动性加剧进程中,地方美食易产生均质化现象,尤其反映在菜品名称中;还易出现"烹饪环境泡沫"现象而影响游客的美食旅游体验品质。进而,美食旅游中就会出现类似"旅游艺术"(tourist arts)的"旅游美食"(tourist cuisine)新概念[1],它一方面是地方美食贫乏与变异的结果,另一方面以创新菜肴为特色,通过对各种地方元素的创造性组合而形成一种新食物或新的美食旅游景观。

5.1.2　美食旅游的内涵与类型

1)美食旅游的涵义

食物旅游(Food tourism),亦可作美食旅游(Gourmet Tourism, Gastronomy tourism)、厨艺旅游(Culinary tourism)[2],不同译法在定义上虽大体相似,但有细微差别。

就食物、美食和厨艺的层面来看,其侧重有所不同。食物旅游(food tourism)中强调对地方食物的体验。从词源上看,美食旅游(Gastronomy tourism)中"gastronomy"一词来源于希腊语"gastros"(意思是"胃")和"gnomos"("知识"或"法律"),烹饪学中是对美好饮食的研究(Scarpato,2002)[3]。Gastronomy一词代表了广义上的饮食消费并侧重"享乐"特点,把美食享受视为优越生活的一个重要部分;cuisine一词更注重食物制作和烹饪风格;culinary类似cuisine的形容词形式,着重强调食物的厨艺过程、制作风格及用餐情境,因此也泛指食物原材料、酒水饮料、食物制备、游客动机和行为等诸多与美食旅游有关的内容[4]。

就食物旅游、美食旅游和厨艺旅游的层面来看,其涵义也有所差异。"美食旅游"最早以"culinary tourism"形式出现,隆(Long)认为美食旅游的目的是游客可以通过食物来体验地方文化,游客通过对餐前准备、饮食消费和展示食物来构建自己独特的体验(Long,2004)。沃尔夫(Wolf,2002)将美食旅游理解为"为了找寻、享用美食和饮品的目的而进行的旅行,有着独特而难忘的美食体验"[5]。霍尔(Hall)认为美食旅游有狭义的和广义的两种理解,狭义的美食旅游是以参观原材料或加工食品的生产地、美食节、餐厅和某一食物生产区为主要动机的旅行;广义的美食旅游是游客参加各类与美食相关活动的旅行,如购买和消费地方美食(Hall & Mitchell,2001),其中品尝美食和对旅游目的地的地方性体验是主要动力。桑迪奇(Santich,2004)认为美食旅游是指至少部分地出于对食品和饮料感兴趣而进行的旅游,强调享受令人难忘的美食体验是最主要的内容。隆(2004)将厨艺旅游定义为"有意地探索和参与其他人群饮食方式的旅行",游客的参与活动包括对不同于自己熟悉食物的消费、制作、展

① Erik Cohen, Nir Avieli. Food in Tourism Attraction and Impediment[J]. Annals of Tourism Research,2004,31(4):755-778.
② Culinary Tourism,译作"厨艺旅游""烹饪旅游",这里选用"厨艺旅游",强调烹饪与烹饪过程的审美性。
③ Anna Kyriakaki, Smaragda Zagkotsi, Nikolaos Trihas. Gastronomy Tourist Experience and Location:The Case of The "Greek Breakfast"[J]. Journal of Tourism,2016,11(3):227-261.
④ 陈朵灵,项怡娴.美食旅游研究综述[J].旅游研究,2017(9):77-87.
⑤ Anna Kyriakaki, Smaragda Zagkotsi, Nikolaos Trihas. Gastronomy Tourist Experience and Location:The Case of The "Greek Breakfast"[J]. Journal of Tourism,2016,11(3):227-261.

示、烹调、进餐方式或饮食方式。理查德指出美食旅游和厨艺旅游都包括：参观提供地方美食的农场、特定地方的餐厅和参与这些地方的特色美食活动（Richards，2002），如法国乡村旅游市场的烹饪遗产就包括农民出售的农场新鲜产品、农场的餐食和小吃、农场的住宿和早餐服务、当地的烹饪遗产和传统餐厅等。饮食旅游（wine and food tourism）被认为与"体验旅游"高度相关，代表了一种消费增值。理查德还从"生产—消费"连续体的视角对食物旅游、美食旅游和厨艺旅游这三个词汇进行了归纳，认为食物旅游处于生产端，强调的是产品；厨艺旅游处于中间，强调食品的加工过程和服务；美食旅游则处于消费端，强调的是旅游体验①。

　　总的来看，食物旅游、美食旅游或厨艺旅游都被认为是文化旅游的一个子集。但在一定程度上，食物旅游在使用上是最基础的一个词汇，广义地包括美食体验和烹饪方式，强调目的地饮食文化中的食物和菜肴，具体内容包括食品和配料的历史、过去和现在，食品生产，节日食品，特色食品以及与食物有关的社会环境、象征意义、地区差异、神话传说等②。由于食物对旅游者旅游体验的特殊意义，本书倾向于用中文的"美食旅游"一词作进一步阐释，使用中它涵盖了上述几种含义。

2）美食旅游的三种重要形式

（1）茶旅游（Tea Tourism）

　　作为一种饮品，茶是中国、英国、俄罗斯、日本等许多国家民众的首选日用消费品。作为一种文化，全球范围内的贸易发展和旅游发展对茶文化旅游发展起到了重要作用，茶叶的贸易流动使茶文化日益兴盛，茶文化的交流史推进了商旅人的移动和旅游移动性的发展。

　　茶文化广泛存在于社会交往中，英国下午茶和日本茶道都是不同文化传统中的重要内容，具有民族文化认同意义。例如，英国人自 18 世纪始在使用茶叶和普及茶文化的同时反映了社会变迁的过程，"茶是社会变革的晴雨表"。茶室作为一个安全的地方，人们可以与自己的朋友进行社交活动，"热情好客"就是 19 世纪后期从英国茶室中发展演变而来的文化传统③。饮茶体验，常被看作是旅游体验其与其他体验之间的关联，通过茶旅游可以体验当地的茶叶传统、文化、服务和景观。旅游中的茶，是一种好客文化的符号，在某些情况下还可能是主客关系的商品化象征。茶在旅游中扮演着重要角色，它可能是在飞机、轮船或火车上供应的饮料，也可能是在目的地的早餐、午餐或晚餐中提供的饮品，它可以在目的地形成喝下午茶的饮茶体验，也可能是在目的地作为茶馆文化、茶博览会、茶展销会上的一部分体验。

　　关于茶旅游的定义，李（Lee Jolliffe）认为它是"人们出于对茶叶历史、茶叶习俗和茶叶消

---

　　①②　Richards G. Gastronomy：An Essential Ingredient in Tourism Production and Consumption?，Hjalager A.，Richards G.，Tourism and Gastronomy[M]. London：Routledge，2002.

　　③　Lee Jolliffe. Tea and Tourism Tourists，Traditions and Transformations[M]. Trowbridge：Cromwell Press，2007.

费感兴趣而产生旅游动机的一种旅游"①。通过茶旅游,可以了解茶叶的历史与文化,茶旅游的范围涉及一些传统旅游范式如生态旅游、健康旅游、农场旅游或乡村旅游等,旅游者可以去体验包括茶的历史、生长、生产、加工、混合和消费等诸多内容,体验茶的历史包括参观有关茶故事的历史遗迹、地区文化和参观展览,并了解茶艺文化传统的发展史。茶旅游的体验会受到许多因素的影响,如东道主与游客的关系、社区茶体验、策展人对茶展体验的设计等。茶旅游被视为文化旅游和厨艺旅游的一部分,也可作为专门为游客服务的小型利基旅游。根据茶旅游者的不同态度,可将其分为茶爱好者(tea hobbyists)、新奇追求者(novelty seekers)和文化生态旅游者(cultural/ecotourists);根据旅游者的旅游动机及参与茶活动的参与程度不同,可以分为偶然型(aceidental)游客和专门型(intentional)游客,专门型游客又可分为投入型(dedicated)游客和极投入型(extreme)游客②。

中国是世界上最早种茶、制茶和饮茶的国家。茶文化旅游是一项历史悠久而又新兴开发的旅游项目,现代茶文化旅游兴起于 20 世纪 90 年代。余悦、王柳芳认为,茶文化旅游是以茶和茶文化为主题,涵盖了茶园观光、茶叶品鉴、茶古迹游览、茶特色建筑参观、茶事劳作、茶俗体验、茶叶观赏、茶修保健、茶商品购物等多种内容,是集乡村旅游、生态旅游、文化旅游、主题旅游、养生旅游为一体的新型旅游模式。③李远华认为,茶文化旅游是茶业资源与茶文化旅游进行有机结合的一种旅游方式。广义的茶文化旅游产品是指休闲性极强的,集茶园观光、茶艺、茶道、制茶工艺、民间饮茶习俗、茶歌舞、茶鉴赏等为一体的组合性体验产品;狭义的茶文化旅游产品是指旅游中满足人吃、喝、购物的部分,具体包括茶叶、茶食品、茶艺表演的茶服装、茶宴、各种茶饮料、茶具、茶器、茶枕头以及茶旅游中的茶纪念品等。李远华还指出,茶文化旅游的基本模式是以清净雅致的自然环境为依托,以茶区生产为基础,以茶区多元化的生态景观和特定茶业文化内涵为条件,以丰富多彩的民宿活动为内容,进行合理的规划设计,将观光、购物、体验、休闲、求知等旅游功能融为一体的一种新型旅游产品。④

根据我国现有茶旅游资源和人们旅游的目的把茶文化旅游分为:自然景观型、茶乡特色型、新农业生态型、人文考古型、休学求知型、茶养生保健型等。茶文化旅游将茶业生态环境、自然资源、茶叶生产、茶文化内涵等融为一体,具有休闲性、自然生态性、文化性、参与性和多样性的特征。

（2）葡萄酒旅游（Wine Tourism）

食物与茶、葡萄酒,意味着"吃"与"喝"、"食"与"饮"的文化。带有原产地文化烙印的葡萄酒和茶,是西方文化和东方文化中极具标志性的元素,传统的葡萄酒产地主要在法国、意大利等欧洲国家,葡萄酒旅游在 20 世纪 90 年代后成为了众多欧美国家旅游业发展不可

---

① Lee Jolliffea, Mohamed S M Aslamb. Tea Heritage Tourism: Evidence from Sri Lanka[J]. Journal of Heritage Tourism, 2009, 4(4), 331-344.

② Han PL. Tea Traditions in Taiwan and Yunnan[A]. JolliffeL(eds), Tea and Tourism: Tourists Traditions and Transformations. Clevedon: Channel View Publications, 2007:53-70.

③ 余悦,王柳芳.茶文化旅游概论[M].西安:世界图书出版西安有限公司,2020.

④ 李远华.茶文化旅游[M].北京:中国农业出版社,2019.

缺少的重要内容。

20 世纪以前,法国波尔多和勃艮第等地的葡萄酒就吸引了法国及其他国家和地区的葡萄酒爱好者,葡萄酒产区早已接待过旅游者,葡萄酒旅游并不是法国的新产品。到了 20 世纪,葡萄酒旅游又作为法国新兴旅游发展的重要潜力所在,是旅游目的地多元化战略之一,甚至有助于巩固法国作为欧洲重要旅游目的地的地位,葡萄酒旅游使有关公共部门都参与到葡萄酒旅游的各种组织活动中并从中受益。

对葡萄酒旅游的研究,最初是从旅游消费行为角度展开的,如 2000 年出版的《世界葡萄酒旅游——发展管理与市场》和 2003 年出版的《世界美食旅游——发展管理与市场》①。盖茨(Getz,2000)指出葡萄酒旅游的界定至少包括三个方面:葡萄酒的生产者、消费者和旅游目的地,因此葡萄酒旅游被理解为一种消费行为方式或一种目的地发展策略,通过这种发展策略促进目的地销售与葡萄酒相关的产品②。卡尔森和道林(Carlsen & Dowling,2001)认为,葡萄酒旅游是为了体验葡萄酒庄、葡萄酒种植目的地生活方式以及旅游服务的旅行。霍尔和马希奥利斯(Hall & Macionis,1998)认为葡萄酒旅游是一种特殊的美食旅游形式,可以定义为参观葡萄园、酿酒厂、葡萄酒节和葡萄酒展览的活动,其中,品尝葡萄酒和体验葡萄酒目的地文化是进行葡萄酒旅游的主要因素。同时,葡萄酒旅游还与目的地的土地有关联,葡萄栽培成功时可将地方景观转变为与农业、工业和旅游的高度结合③,因此,葡萄酒产区得以发展形成了"葡萄酒景观"。

旅游者在选择离葡萄酒游览区较远的目的地时会表现出不同的需求水平和需求特征,对于爱好葡萄酒的旅游者,葡萄酒的品质在很大程度上影响了游客对旅游目的地的选择。但是,游客通常希望旅游目的地除了葡萄酒外还能体验当地丰富的文化景观并参与更多的户外活动。葡萄酒旅游者的目的主要是寻求对目的地的自然环境、葡萄酒、美食、文化和历史的体验,尤其是与服务者互动的体验。葡萄酒旅游的旅游体验大致包括:教育体验、娱乐体验、审美体验、逃避体验四种形式,其中,逃避体验型的葡萄酒旅游者会更偏好于葡萄酒商店和葡萄酒节庆等。

(3)咖啡旅游(Coffee Tourism)

咖啡,又被称为"后现代主义的饮料",是反映一系列社会关系和社会变迁的窗口。最早的咖啡旅游发生在美国夏威夷。19 世纪中后期的旅游指南中就有对当地高地咖啡种植区的介绍,旅行者的旅行叙事中也常常包括咖啡旅游体验的内容,如夏威夷的科纳咖啡(Kona,产于美国夏威夷大岛的咖啡),因其优良品质而成为有很高知名度的旅游消费品。

咖啡旅游的内容主要涉及与咖啡的消费、历史、传统、产品和文化相关的各种旅行体验④,最常见的是对咖啡种植园或小型生产者合作社为主的参观游览,游客可以了解咖啡的

① Hall C M,Sharples L,Cambourne B,et al. Wine Tourism around the World[M]. London:Routledge,2000;Hall C M,Sharples L, Cambourne B, et al. Food Tourism around the World[M]. London:Routledge,2003.
② 詹婷婷,李宏. 国外葡萄酒旅游研究[J]. 首都师范大学学报,2009(2):5-7.
③ C Michael Hall. Wine, Food, and Tourism Marketing[M]. New York:The Havvorth Hospitality Press,2003.
④ Sarah Lyon. Coffee Tourism in Chiapas:Recasting Colonial Narratives for Contemporary Markets[J]. Culture, Agriculture, Food and Environment,2013,35(2):125-139.

历史、咖啡市场的基本知识、咖啡种植和处理等。咖啡旅游反映的是一种文化体验,它与目的地使用品牌咖啡产品的独特文化有关,体现了不断扩大的农业旅游市场的一部分。因此,咖啡旅游通常是种植园或合作社经济多元化战略的一部分,有利于提高消费品牌的知名度。

5.1.3 美食旅游的感官体验

1)美食旅游者的动机及类型

从消费角度出发,可将美食旅游者的动机分为理想动机、成就动机和自我表达动机[①];对本土食物的消费动机主要包括:健康目的、文化体验、人际关系和感官吸引力[②]。从供给角度出发,美食旅游在品牌化过程中的品牌价值主要包括感官体验、情感体验、智力体验和行为体验的多感官体验,美食旅游的跨文化体验具体表现在:享乐、参与、地方文化、休闲、意义、知识和新颖等七个维度。[③]

根据游客对饮食的态度偏好,可将美食旅游者分为四种类型:休闲型(recreational)美食旅游者、存在型(existential)美食旅游者、转移型(diversionary)美食旅游者和实验型(experimental)美食旅游者[④]。其中,休闲型美食旅游者是相对比较保守的,他们积极寻求熟悉的家庭食物和饮料,喜欢在度假公寓"自给自足"甚至自己烹饪,很少去高档餐馆用餐。存在型美食旅游者,喜欢参观农场和葡萄园并现场采摘葡萄、水果和蔬菜,也参加烹饪班,还会拜访奶酪制造商或与专业渔民一起钓鱼。转移型美食旅游者,希望摆脱日常生活和日常购物与家里的烹饪,在度假时追求轻松的餐饮体验,到受欢迎的连锁餐厅中寻找熟悉的菜肴,这类游客通常偏爱乡村风格和地方风味,对餐饮服务和员工着装没有特别限制。实验型美食旅游者,则随时了解有关"时尚"食品、"新潮"食品、最新食材和食谱的最新信息,到一些特色餐厅尝试新的食材、新的饮食方式和感受别致的用餐服务。

美食与旅游的关系密不可分,格雷格·理查德(Greg Richards)从体验角度指出两者的关系经历了三个阶段:为消费者提供主题体验的第一阶段;由生产者和消费者共同创造的第二阶段;围绕美食和食品的社区发展相关的第三阶段[⑤],在此发展过程中出现了 Foodie、Gourmet、Gastronomist 等类型的美食旅游者,这是从单个"美食家"的口味模式向整个美食景观发展的转变历程。其中,在第二个阶段,美食旅游为消费者提供了更多空间,使消费者在旅游体验中扮演着主导性角色或熟练消费者的角色,消费者通常比生产者拥有更多的知识甚至产品知识;消费者在美食体验产生过程中的作用日益增强,其标志是"吃货"/"美食家"

---

① Eunmi Sohn, Jingxue (Jessica) Yuan. Who are the Culinary Tourists? An Observation at a Food and Wine Festival [J]. International Journal of Culture Tourism and Hospitality Research, 2013, 7(2):118-131.

②③ Chen-Tsang (Simon) Tsaia, Yao-Chin Wang. Experiential Value in Branding Food Tourism [J]. Journal of Destination Marketing & Management, 2017(6):56-65.

④ Jakša Kivela, John C Crotts, Kivela Crotts. Tourism and Gastronomy: Gastronomy's Influence on how Tourist Experience a Destination, Tourism and Gastronomy [M]. Charleston: College of Charleston, 2015.

⑤ Greg Richards. Gastronomic Experiences: From Foodies to Foodscapes [J]. Journal of Gastronomy and Tourism, 2015 (1):5-17.

(foodie)的出现,这是对美食目的地和美食旅游业发展的主要影响。"Foodie"一词最早出现在 1980 年的纽约杂志上,在全球大众旅游发展中演变为"吃货",而 Gourmet、Gastronomist 才是真正的"美食家"。"美食家"利用他们的旅行经历来突出特定美食、食物或制作方法的独特知识,美食家文化的兴起又创造了一系列新的旅游目的地,包括饭店、酒吧、酿酒厂和食品生产商。

在对美食旅游者分类的实证研究中,谢诺伊(Shenoy)根据游客对美食旅游活动参与程度的差别,将美食旅游者分为美食型旅游者、体验型旅游者和普通型旅游者。第一类美食旅游者,他们在目的地对美食旅游相关活动参与的评估得分最高,较少地选择自己原本熟悉的饮食;第二类体验型旅游者,这类游客对于本地的饮食体验持开放心态,参与程度不如第一类高,他们对原本自己熟悉的饮食也有较高偏好;第三类普通型旅游者,他们对美食旅游相关活动参与最少,对熟悉饮食的选择最高。①

2)美食旅游的旅游体验线路

美食旅游中的旅游体验极其多样化,不仅来自于各种地方食物景观,也来自于对"物—地方—人"的社会关系结构的文化体验。对于美食旅游者来说,食物、食物景观是美食旅游者的重要动机,可以了解当地的土特产或具有民族文化符合的食物;同时,"人"在宏观社会文化场景和微观具身旅游体验中形成了特殊的美食旅游体验。从美食旅游的旅游体验发展线路来看,则可以充分了解美食旅游的多层次性:兴趣动机——高峰旅游体验——具身的多感官体验——后现代体验。

（1）兴趣动机

霍尔和夏普斯(Hall & Sharples,2003)最早构建了旅行时游客对食物的兴趣及水平层级,如图 5.2 所示:①高兴趣:美食家旅游(gourmet tourism)、美食旅游(gastronomic tourism)或厨艺旅游(cuisine tourism),参观餐厅、市场、酒厂等,参加一切与食物有关的活动,将美食作为主要旅游动机;②兴趣浓厚:厨艺旅游(culinary tourism),游客将与美食有关的活动视为了解当地生活方式的一部分;③低兴趣:乡村旅游/城市旅游,游客希望获得不同的体验而参加与食品有关的活动;④低兴趣或无兴趣:旅行或旅游,认为食物只是满足生活需求,游客一般只会去熟悉的餐厅。

（2）高峰旅游体验

全帅、王宁(2004)以旅游中的食物体验为例对旅游体验提出的一种结构模式。食物有两种状态:家庭舒适感的延伸和旅游的最高体验。日常生活可以带来一种舒适感,若拓展到旅行中就有助于克服焦虑和不适应感。对食物的体验也有两种状态:一是食物本身带来的愉悦,二是食物消费方式中的新意。相应地,美食旅游中的旅游体验包括两个维度,即支持

① 王辉,徐红罡,廖倩华.外地游客在广州的美食旅游参与及美食形象感知研究[J].旅游论坛,2016(11):23-31.

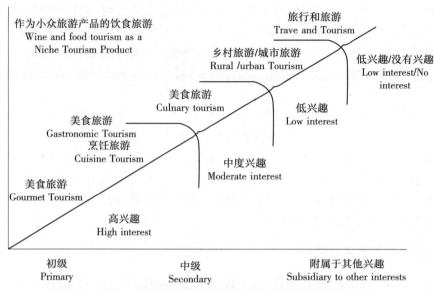

图 5.2　作为小众和特殊兴趣旅游的食物旅游①

性消费者体验的维度和高峰旅游体验(peak tourist experience)的维度②。

其中,支持性体验维度是指旅游者所偏好的饮食是对他们日常饮食的扩展或强化,旅游者希望获得比平时更好的饮食体验,但这种体验又不能过度偏离日常饮食且脱离自己的舒适区(comfortable zone)。高峰体验的维度中,旅游者就是希望能感受到完全不同于日常的旅游饮食体验,包括尝试新奇的食物,参加美食节、仪式化的美食活动等。前者主要是指满足旅途中的基本消费者需求(如饮食、睡眠和交通)及体验,这些体验并不构成旅游的主要动机;而后者主要是指构成旅游主要动机的景观体验,日常体验与旅游体验可以形成鲜明对比或是相反的体验,旅游体验是日常体验在旅游过程中的延伸。

(3)多感官旅游体验

在众多的美食旅游体验研究中,多感官体验研究占据了重要位置。克劳奇(Crouch,2000)指出美食旅游应被视为旅游的一种具身形式或一种认知现象,经由旅游来体验过程、制造意义,通过旅游实践来认知个体作为感性主体的存在,通过食物消费与空间实践形成了多义的多元化的后现代旅游景观。富兰克林(Franklin,2001)认为身体的嵌入和参与包括身体本身、智力、认知和凝视等,在分析景观凝视时应考虑味觉景观(taste-scapes),嗅觉景观(smell-scapes)、声音景观(sound-scapes)和触摸景观(touch-scapes)等。科恩(2004)从对"凝视"视觉研究质疑出发,提出美食旅游是一种包括视觉在内的味觉体验,他认为美食旅游是

①　Hall C M, Sharples L, Michell R, et al. Food Tourism Around the World：Development, Management and Market[M]. Oxford：Butterworth Heinemann, 2003.

②　Shuai Quan, Ning Wang. Towards a Structural Model of the Tourist Experience：An Illustration from Food Experiences in Tourism[J]. Tourism Management, 2004, 25(23)：297-305.

人对旅游目的地与人的具身旅游体验融合的多感官感受。①因此,旅游目的地常常将旅游目的地的地方美食作为主要吸引物以满足游客对地方文化的了解,如在海边品尝新鲜多汁的海鲜、在民族地区品味独特的民族美食、在豪华酒店的知名餐厅中品评美食等。

(4)从多感官体验到后现代体验

莎莉·埃弗雷特(Sally Everett,2009)指出美食旅游跨越了视觉凝视的体验,不仅是一种具身性的多感官体验,还具有后现代体验的意义。他认为美食旅游可被视作一个概念工具,用于探讨多感官体验、具身性参与和非表征知识生成②。美食旅游中的有形味觉景观与嗅觉感知过程紧密相联,可以通过品味牛奶、威士忌和奶酪来享受一种地方感;同时,旅游中的身体是一个复杂的视觉和非视觉的实践结合,食物不仅仅代表一种经济商品,它还是一种多元文化手工艺品,它将物质与地方、身份与符号联系在一起。

旅游者的具身行为及其意义生成为旅游消费新模式分析提供了一个有价值的维度,例如,美食旅游中的"观景窗口"(the viewing window)是一种后现代体验的隐喻,体现了旧消费形式与新消费形式的共存。表面上看,这个窗口将生产者和消费者分隔开来,使两者不能有交流,但却是食物加工者的"表演"与游客"凝视"的互动表现,是一种综合的审美体验③。

5.1.4　美食旅游的重要作用

美食旅游及美食旅游体验在旅游研究中有重要意义,西蒙等人对其体验价值归纳如下:①餐饮是最受欢迎的旅游活动之一;②可以增加游客认识地方美食和东道主的机会;③美食旅游是唯一影响人类五种感官的特殊形式,包括了视觉、声音、气味、味觉和触觉;④对美食(或餐饮)感兴趣的游客在对博物馆、表演、购物、音乐和电影节以及文化景点感兴趣之间有很高的正相关性;⑤美食旅游不限于特定年龄、性别或种族的美食;⑥与其他旅行活动不同,美食是无时间限制的,且全年无休;⑦在任何时间,任何天气都可享用;⑧美食旅游者经常也是"探索者";⑨美食旅游是"体验式"的,它可以满足游客对动手(hand-on)做美食和互动式体验的新需求④。

美食与旅游的重要关系,已发展为从冲突到共存并形成一个共生的连续体⑤。特别是对发展旅游业的乡村或社区而言,美食旅游可以成为粮食生产者为其农产品增值的替代机会之一,当乡村在寻找主题来吸引游客有困难时,总是可以先考虑选择食物。对于那些地方食物丰富的地方,食品文化又可以转化为与食品相关的事件而成为"旅游资本",将当地的食品资源转化为可销售的景观,有助于保护地方文化遗产和维持地方旅游形象来实现农村企业

①　Erik Cohen, Nir Avieli. Food in Tourism Attraction and Impediment[J]. Annals of Tourism Research, 2004,31(4): 755-778.

②③　Sally Everett. Beyond the Visual Gaze?: The Pursuit of an Embodied Experience through Food Tourism[J]. Tourist Studies, 2009,8:337-358.

④　Chen-Tsang (Simon) Tsaia, Yao-Chin Wang. Experiential Value in Branding Food Tourism[J]. Journal of Destination Marketing and Management, 2017(6): 56-65.

⑤　Andrea Giampiccoli, Janet Hayward Kalis. Tourism, Food, and Culture: Community-Based Tourism, Local Food, and Community Development in Mpondoland[J]. Culture, Agriculture, Food and Environment (the American Anthropological Association), 2012,34(2): 101-123.

的多元化发展。除了将食物作为唯一的旅游吸引物外,食物还可以作为子事件被纳入其他大型活动旅游中。在后一种情况下,食物消费也可以成为"高峰体验"的一部分。同时,美食节或美食旅游还有助于增强目的地社区的地方认同,并带来更多社区参与旅游的机会,社区的参与和支持也是美食旅游业可持续发展的重要社会条件之一。具体地说,旅游企业可以了解游客的饮食文化,包括游客的饮食习惯并确保所用的食物与游客的习惯和习俗相吻合;然后根据游客的饮食习惯和喜好对游客市场进行细分,了解如何通过在新环境中为游客提供如家般的舒适感,了解游客饮食习惯的文化差异,并将有效帮助改善饮食服务和提高顾客满意度。

随着旅游业的多元化发展、互联网技术的进步,学者们对美食旅游的研究领域涉及面越来越广,会所餐饮、庭院餐饮、美食街区、美食节、互联网美食平台、O2O 模式下的美食体验空间,线上线下的美食销售、美食点评、美食体验……甚至关于 Yelp、美团等美食应用的研究都值得关注。

本节参考阅读与学习材料:

[1] Hall, Colin Michael. Food Tourism around The World[M]. New York:Taylor & Francis Ltd,2003.

[2] Lee Jolliffe. Tea and Tourism Tourists, Traditions and Transformations[M]. London:Cromwell Press,2007.

[3] Cohen E,Avieli N. Food in Tourism:Attraction and Impediment[J]. Annals of Tourism Research,2004(31):755-778.

[4] Chen-Tsang (Simon) Tsaia, Yao-Chin Wang. Experiential Value in Branding Food Tourism [J]. Journal of Destination Marketing & Management,2017(6):56-65.

[5] Richards G. Gastronomy:An Essential Ingredient in Tourism Production and Consumption? [C]. London:Routledge,2002.

[6] Shuai Quan, Ning Wang. Towards a Structural Model of the Tourist Experience:An Illustration from Food Experiences in Tourism[J]. Tourism Management,2004,25(23):297-305.

[7] Smith S L J, Xiao H G. Culinary Tourism Supply Chains:A Preliminary Examination [J]. Journal of Travel Research,2008(46):289-299.

[8] Greg Richards. Evolving Gastronomic Experiences:From Food to Foodies to Foodscapes [J]. Journal of Gastronomy and Tourism,2015(1):5-17.

[9] Corigliano A,Hjalager A M. The Route to Quality:Italian Gastronomy Networks in Operations,(Richards G) Tourism and Gastronomy[M]. London:Routledge,2002.

[10] Shenoy S. Food Tourism and the Culinary Tourist[D]. South Carolina:Clemson University,2005.

[11] Sally Everett. Beyond the Visual Gaze?:The Pursuit of an Embodied Experience through Food Tourism[J]. Tourist Studies,2009,8:337-358.

[12] Greg Richards. Gastronomic Experiences:From Foodies to Foodscapes[J]. Journal of Gas-

tronomy and Tourism，2015（1）：5-17.

[13] Randall，Elizabeth，Sanjur，et al. Food Preferences：Their Conceptualization and Relationship to Consumption[J]. Ecology of Food and Nutrition，1981（11）3：151-161.

[14] 管婧婧. 国外美食与旅游研究述评——兼谈美食旅游概念泛化现象[J]. 旅游学刊，2012（10）：85-92.

[15] 陈朵灵，项怡娴. 美食旅游研究综述[J]. 旅游研究，2017（9）：77-87.

[16] 林清清，周玲. 国外葡萄酒旅游研究进展[J]. 旅游学刊，2009（6）：88-95.

[17] 方百寿，孙杨. 文化视角下的食物景观初探——以 Gilroy 镇大蒜节为例[J]. 北京第二外国语学院学报，2011（9）：6-10.

[18] 詹婷婷，李宏. 国外葡萄酒旅游研究[J]. 首都师范大学学报，2009（2）：5-7.

[19] 张广宇，卢雅. 国内美食旅游研究的文献计量分析[J]. 美食研究，2015（2）：17-21.

[20] 林清清，周玲. 国外葡萄酒旅游对我国茶旅游发展的启示[J]. 热带地理，2009（5）：290-294.

5.2　音乐旅游

20 世纪末期，随着全球旅游的发展，音乐已从传统的文化系统中走向旅游场景，对音乐与旅游的研究也日益受到关注。1986 年牙买加举行的第四届世界传统音乐座谈会上的一个议题就是探讨旅游对传统音乐与舞蹈的影响。进入 21 世纪，对音乐与旅游的研究已涉及很多学科及研究领域，如民族音乐学、音乐社会学、文化人类学、人文地理学、文化心理学、旅游地理、文化表演等，甚至在文化旅游中也逐渐突显出一种特殊的旅游形式——音乐旅游。从"旅游中的音乐"到"音乐旅游"，"音乐与旅游"的关系不仅紧密甚至与地方、认同、移动发生着同构关系，因此音乐具有作为声音、语言文化及社会网络等方面的特殊重要性。

5.2.1　旅游中的音乐

在"前现代"文化中，音乐与仪式性、社会性、归属感和力量表现紧密相关，现代社会中的音乐已成为日常休闲空间的一部分，是一种艺术表达和观众愉悦的源泉，但也是一种商业化的文化旅游产品①，反映了音乐在社会文化中的重要地位及现代意义。

1）作为声音文化的存在

音乐作为一种精神文化的存在，具有传统社会特有的表达功能。音乐是有社会文化意义的，音乐家和听众之间共享文化特定的代码和惯例。音乐不只是自然世界的一部分也是

---

① Simone Krüger，Ruxandra Trandafoiu. The Globalization of Musics in Transit：Music Migration and Tourism[M]. London：Routledge，2013.

社会生活的一部分①,这种表达性首先与声音、倾听的特点联系在一起,它刺激着大脑并影响情感的传达。音乐是地理想象不可或缺的部分,具有历史性、文化性、消费性等特征。同时,越来越多的学者认为旅游研究中应该更加关注"听觉"(listening)研究,因为相较于旅游地理学领域中景观的研究,声音的研究常常被忽视。游客了解这个世界不只是依靠可看的景观,同时还有声音,但声音不可以被阅读而只能被倾听②。

在对音乐产品的消费过程中,出现了一个新的概念——"旅游聆听"。1992年以来,英国社会学家约翰·厄里提出的"游客凝视"(Tourist Gaze)概念被广泛运用于旅游研究的诸多领域,"游客凝视"已成为重要的理论分析工具之一。如果说"游客凝视"突出视觉的效果,那么"旅游聆听"则强调听觉的作用。"旅游聆听"(Tourist Ear)③一词,是克里斯·吉布森(Chris Gibson)和约翰·康奈尔(John Connell)2007年5月在《旅游地理》发表的"音乐、旅游与孟菲斯的转型"一文中提出的④。他们认为基于"旅游聆听"的表现,各种各样的音乐旅游成为可能性,甚至在一定程度上可以改变旅游景观的审美。戈登·威特(Gordon Waitt)和米歇尔·达夫(Michelle Duff)也认为旅游研究应该更加关注"听觉"以取代视觉暴政(tyranny of the visual),他还指出音乐是一种表演实践,尤其是一种具身文化活动(embodied cultural activities)⑤。蒂莫西·罗蒙(Timothy Rommen)则指出:关于视觉的学术研究已经很成熟,而声音是一个未被承认的尚未开发的研究课题。基于此,他对加勒比地区的音乐进行研究,认为旅游环境中的音乐代表了包括政府、音乐家及游客等许多行为者的复杂关系⑥。

2)作为旅游资源的重要内容之一

音乐,常常与舞蹈、节日、建筑、习俗等融合在一起成为文化旅游中的重要内容,其独特性在于它的形成与社会景观密不可分。音乐不仅是音乐本身也是连接身体、时空与物体的物质,且能在旅游环境中带来社会差异感⑦,所以音乐也是一种重要的旅游吸引物。音乐作为一种精神表达的文化主要反映了"人与自然"的关系。约翰·康奈尔(John Connell)和克里斯·吉布森(Chris Gibson)认为音乐反映了"人与地"之间的关系,旅游中的音乐具有强烈

---

① Peter J Martin. Sounds and Society:Themes in the Sociology of Music[M]. Manchester:Manchester University Press,1995.

② Markus Giesler. The Sounds of Consumption:Listening to the Musical Landscape[J]. European Advances in Consumer Research,2006(7).

③ "Tourist Ear",直译做"旅游耳朵",为了与"Tourist Gaze"——游客凝视相对应,也为了强调听觉的作用,在此译作"旅游聆听"。

④ Chris Gibson,John Connell. Music, Tourism and the Transformation of Memphis[J]. Tourism Geographies,2007,9(2)160-190.

⑤ Gordon Waitt, Michelle Duff. Listening and Tourism Studies[J]. Annals of Tourism Research,2010,37(2):457-477.

⑥ Timothy Rommen,Daniel T. Neely, Sun, Sea and Sound:Music and Tourism in the Circum-Caribbean[M]. NY:Oxford University Press,2014.

⑦ Arun Saldanha. Music Tourism and Factions of Bodies in Goa[J]. Tourist Studies,2002,2(1):43-62.

的隐喻性,能唤起和支持旅游的乐趣并对揭示旅游的本质具有重要作用[1]。因此,在一定程度上,音乐本身也是超然的,可以迅速加强旅游者与旅游目的地之间的文化互动关联性,从而给游客带来自然景观以外的旅游体验。

音乐遗产是世界文化遗产旅游发展中极具价值的旅游资源。通过与游客的音乐互动,推动当地人的具有美的意义的音乐形式再度流行[2],加深了游客对当地文化的了解,还可促进文化资源的可持续利用,音乐与旅游的互动关系与相互影响又更进一步了。在探讨音乐作为旅游中的听觉审美文化时,音乐还涉及神经、心理及文化方面的内容[3],音乐的社会多义性使得旅游中的音乐已经从背景音乐逐渐发展成为主题音乐。因此,音乐旅游从过去被低估的文化经济组成部分中脱颖而出成为显性因素[4]。音乐已经不再是旅游的附属物或催化剂,音乐已经成为一种独立的旅游吸引物,进而出现了新的旅游形式:"音乐旅游(Music tourism)"。

3)旅游场景中的多义存在

音乐在传统文化、旅游经济中占有一席之地,也在现代社会扮演着强有力的动力角色与实际效用,如节日中的音乐对于远道而来的游客而言更是直接了解地方文化的重要信息来源[5]。除此之外,音乐也是旅游营销的重要策略之一[6],特别是土著音乐可以作为旅游标志战略性使用。很多航空公司都注意到了音乐在旅游中的作用,如在夏威夷航空公司的飞机上游客就可以看到关于夏威夷音乐与舞蹈的视频,也可以听到尤克里里带来的夏威夷风情想象。特别是在音乐、旅游与地方之间的复杂关联中,游客对于地方的理解都可通过"旅游聆听"来构建。甚至,音乐对旅游空间也能产生一定影响和作用,可以帮助营造和解释旅游空间的文化特色,成为对影响旅游空间特别是调节游客流动的重要手段。在孟菲斯比尔街的案例中,音乐可以在非旅游空间中作为美食、购物的重要补充,增强了街景的历史感也调节着目的地的旅游移动[7]。音乐是无国界的,是跨越民族边界的,音乐移动性给旅游研究带来了更多的议题。

---

[1] John Connell, Chris Gibson. Vicarious Journeys: Travels in Music[J]. Tourism Geographies, 2004, 6(1):2-25.

[2] Kaley Mason. Sound And Meaning in Aboriginal Tourism[J]. Annals of Tourism Research, 2004, 31(4):837-854.

[3] Gordon Waitt. Michelle Duff. Listening and tourism studies[J]. Annals of Tourism Research, 2010, 37(2):457-477.

[4] Chris Gibson, John Connell. Music, Tourism and the Transformation of Memphis[J]. Tourism Geographies, 2007, 9(2):160-190.

[5] Sunday N Nnamani. Music and Tourism: Their Roles in Generating Employment in Nigeria[J]. American Journal of Educational Research, 2014, 2(11):1065-1068.

[6] Lucy L Henke. Music Induced Tourism: Strategic Use of Indigenous Music as a Tourist Icon[J]. Journal of Hospitality & Leisure Marketing, 2005, 13(2):3-18.

[7] Chris Gibson, John Connell. Music, Tourism and the Transformation of Memphis[J]. Tourism Geographies, 2007, 9(2):160-190.

5.2.2　音乐与旅游的关系

1)音乐、旅游与地方

音乐旅游的核心是一种地方感,音乐首先作为一种精神文化而存在,但在旅游景观发展及影响下,音乐最直接地与地方(place)发生关联,传递和代表着旅游目的地的文化特色。音乐对于塑造人物和场所的混合身份、对地方感的产生以及对地方的深度依恋都可能产生重要影响①。克里斯·吉布森和约翰·康奈尔很早就探讨了旅游、音乐和地方之间的复杂联系,认为"旅游聆听"对理解游客与地方之间的关系形成尤为重要,它通过听觉刺激人们的大脑而形成一定的地方认知与熟悉。音乐和声音不仅可以作为背景音乐,还可成为旅游空间中的特殊组成②。基于旅游地和音乐地文化之间的关系构建,可以分为三种音乐类型:休息室音乐、环境音乐(新时代)和世界音乐③,通过不同的音乐"文本"创造和反映了相应的旅游关系结构。音乐旅游中的音乐通过地方表征与刻板印象构建话语意义,通过旅游基础设施与物质环境建设促进地方形象的塑造④。还有学者则将音乐地方与心理地图联系在一起,考察音乐对于地方感知的重要性⑤。

音乐改变了旅游目的地的景观空间,使音乐场景(music scene)演变成"声景"(Soundscape)中的音乐景观(音乐声景)。对声景的研究很多,由音乐与地方的特殊关联所形成的音乐声景具有更特殊的意义。在谢菲尔德"聆听城市"(listening the city)时,也是在对"音乐场景"的聆听,将流行音乐与地方的味道、风格与真实性等交织在一起,这种"聆听"具有了听觉文化学和心理地理学上的特殊意义⑥。再如,在英国比尔街的餐馆、咖啡馆和夜总会空间中,这些旅游空间与周围社区形成鲜明对比,音乐所在的边界,也是游客停留的边界。在这样的背景下,音乐发展成为小众文化产业,成为音乐与当地社会关系相互作用和相互协商的创意表达⑦。这是旅游场景中新型的文化表达及一种对地方感的获取方式:地方通过音乐来塑造地方形象,音乐家通过文化旅游策略、文化节目和文化产品的表现在城市声景中传达"心理地方感"⑧,游客则通过各种音乐形式如电子音乐声景来实现对地方的认知及互动交流,地方、艺术家和游客的共创形成了"旅游音乐"新形态。

---

① Ray Hudson. Regions and Place：Music, Identity and Place[J]. Progress in Human Geography, 2006,30(5)：626-634.

② Chris Gibson,John Connell. Music, Tourism and the Transformation of Memphis[J]. Tourism Geographies,2007,9(2)：160-190.

③ John Connell,Chris Gibson. Vicarious Journeys：Travels in Music[J]. Tourism Geographies,2004,6(1)：2-25.

④ Chris Gibson,John Connell. Music and Tourism, On the Road Again[M]. Bristol：Channel View Publications, 2004.

⑤ Hunter Shobe,David Banis. Music Regions and Mental Maps：Teaching Cultural Geography[J]. Journal of Geography, 2010,109(2)：87-96.

⑥⑧ Philip Long. Popular Music, Psychogeography, Place Identity and Tourism：The Case of Sheffield[J]. Tourist Studies, 2014,14 (1)：48-65.

⑦ David Leaver,Ruth A Schmidt. Before They Were Famous：Music-based Tourism and a Musician's Hometown Roots [J]. Journal of Place Management and Development, 2009,2 (3)：22-229.

2) 音乐、旅游与认同

旅游视阈下的认同（"Identity"）①研究一直具有重要意义②，在音乐与地方的关联中也显示出这一特点。从 20 世纪 80 年代开始，"音乐与认同"就已成为民族音乐学中常见的主题，如音乐中的认同从何而来，如何构建族群认同，谁来构建认同并使身份制度化等。贡多夫·格拉姆尔（Gundolf Graml）以人类地理学、文化人类学和文化研究的跨学科方法为基础，以萨尔茨堡音乐之声为例分析了音乐与认同之间的关系，特别是音乐表演空间与国家认同建构的问题③。在音乐、旅游与认同的研究中涉及了国家认同（national identity）与地方认同（place identity 或 local identity）、族群认同（ethnic identity）、文化认同（cultural identity）、自我认同（self-identity）与个体认同（personal identity）等形式，而音乐认同（musical identity）也不可忽视。雷·哈德森（Ray Hudson）认为音乐能唤起地方形象，对地方的强烈感情④，菲利普·龙（Philip Long）认为推广流行音乐尤其能对城市认同产生作用。亨利·约翰逊（Henry Johnson）以巴厘岛为例，指出通过音乐表演重构的文化景观成为了一种活生生的遗产，被想象为巴厘岛传统的文化表征⑤。梅拉夫·阿隆（Meirav Aharon）认为音乐对于移民群体的族群认同重构有重要作用，他以以色列安德鲁乐团为例分析了文化企业家如何通过适当的方式重塑音乐文化并提升族群地位以符合"高文化"身份。⑥旅游中音乐认同的最典型案例还是夏威夷，旅游场景中夏威夷的呼啦舞与地方音乐在"视-听"融合中形成了特有的旅游吸引物和重要的旅游文化品牌⑦，呼啦舞对于夏威夷的地方形象塑造也起着举足轻重的作用。

3) 音乐、旅游与移动

"地方"是被建构出来的，具有固定性与移动性，有学者认为音乐与地方的研究还可从移动（Mobility）的视角进行研究⑧。

蒂莫西·罗蒙（Timothy Rommen）对罗米尼加音乐与移动性的边界问题进行了研究，音乐可以提供各种场所和地点，不同场合下的音乐表演又促进了更多的移动性，跨越国界与社

---

① "Identity"一词，有译作"身份"或"认同"，在此采用约定俗成的"认同"。

② 余向洋，吴东方，朱国兴，等. 旅游视域下的认同研究——基于文献综述的视角[J]. 人文地理，2015（2）：21-28.

③ Gundolf Graml. "The Hills Are Alive …"：Sound of Music Tourism and the Performative Construction of Places [J]. Women in German Yearbook Feminist Studies in German Literature & Culture, 2005（21）：192-214.

④ Ray Hudson. Regions and Place：Music, Identity and Place[J]. Progress in Human Geography, 2006, 30（5）：626-634.

⑤ Henry Johnson. Balinese Music, Tourism and Globalisation：Inventing Tradions within and across Cultures[J]. New Zealand Journal of Asian Studies, 2002, 4（2）：8-32.

⑥ Meirav Aharon. Riding the Culture Train：An Ethnography of a Plan for Social Mobility through Music[J]. Cultural Sociology, 2012, 7（4）：447-462.

⑦ Janet Borgerson. Soundtrack to Paradise：Sonic Branding in the South Pacific[J]. European Advances in Consumer Research, 2006（7）.

⑧ Manuel Tironi. Enacting Music Scenes：Mobility, Locality and Cultural Production[J]. Mobilities, 2012, 7（2）：185-210.

会团体边界的音乐风格无处不在①。同时,现代科技与虚拟旅游的更多移动性也给地方音乐带来了更多的影响。②还有学者聚焦于移动音乐研究,认为现代高科技的传媒对音乐的移动性产生了各种影响③,且音乐自身具有"自主移动性",音乐风格、乐器以及音乐创作都具有移动性,音乐的移动性还可能带来了一种新型的基于移动和合作的而非对空间感知的移动音乐制作方式④。

音乐的移动对全球流动背景下移民的自我认同具有特殊意义,西蒙等人(Simone Krüger,2013)认为移民人口的流动促进了音乐在其原有社区和跨越国界的传播,反之也促进了移民通过移民音乐(diasporic music)来增强自我认同,如对以色列游客来说,参加音乐表演有助于构建文化心理认同。所形成的音乐移民(musical migration)及其研究给流行音乐研究、文化人类学研究、移民研究和旅游研究在内的研究领域带来了更多的价值空间,移民音乐还对音乐实践和新文化都产生了影响⑤。

5.2.3　音乐旅游的内涵与类型

全球旅游带来的移动性增强了音乐在旅游中的独立性,音乐旅游成为了文化旅游中的重要组成。克里斯·吉布森和约翰·康奈尔对音乐旅游的界定为:是指为满足游客需求而利用丰富音乐资源展开的各种活动,音乐旅游是一个包括地方、景点、节事活动、服务员和潜在旅游者等内容的组合概念⑥。通过观察、参与和"旅游聆听",使新的现代多元化旅游活动成为可能,并形成旅游音乐声景的新现象。声景范围指涉广泛,是由一个人或多个人所感知、经历或理解的声学环境组成,音乐声景只是其中的一种。他们重点对英国孟菲斯的音乐与旅游进行了研究,并对音乐旅游进行了分类,音乐旅游的类型大致包括以下内容:①抒情音乐;②地点,如出生地与死亡地;③音乐生产地,如录音工作室;④演出地点或表演城市,如维也纳;⑤有伴奏的地方,如街头艺人;⑥节事场合;⑦博物馆,特别是服务于表演者、作曲家或地方塑造的博物馆;⑧旅游地促销音乐;⑨大众旅游中的音乐,如有现场表演的音乐度假胜地、旅游城镇、俱乐部和卡拉OK俱乐部等;⑩主题公园中的音乐;⑪土著文化表演等⑦。这种划分主要依据音乐旅游空间及其使用目的,且受到了地方研究的一些影响,但是地方边界是复杂的,所以这种分类中包括了对地点类型、音乐表现及文化表演等诸多内容。有学者

---

① Timothy Rommen. Creolit'e,'(Im)Mobility, and Music in Dominica[J]. The Journal of Musicology,2015,32(4):558-591.

② John Connell,Chris Gibson. "No Passport Necessary":Music, Record Covers and Vicarious Tourism in Post-War Hawai'I[J]. The Journal of Pacific History,2008,43(1):51-75.

③ Sumanth Gopinath, Jason Stanyek. The Oxford Handbook of Mobile Music Studies[M]. Oxford:Oxford Universty Press, USA:Reprint,2017.

④ Manuel Tironi. Enacting Music Scenes:Mobility, Locality and Cultural Production[J]. Mobilities, 2012,7(2):185-210.

⑤ Simone Krüger, Ruxandra Trandafoiu, The Globalization of Musics in Transit:Music Migration and Tourism[M]. London:Routledge,2013.

⑥ Chris Gibson,John Connell. Music and Tourism:On the Road Again[M]. Bristol:Channel View Publications,2004.

⑦ Chris Gibson,John Connell. Music, Tourism and the Transformation of Memphis[J]. Tourism Geographies,2007,9(2):160-190.

还从音乐场景的不同类型角度进行分类,认为音乐旅游空间分为:本地的、跨地域的和虚拟的三种场景①。不论哪种分类,音乐既与景观紧密相连又在不同地方发生移动,带来不同的音乐审美体验。有学者认为,音乐旅游提供了音乐作为一种表演艺术的研究模式,当然,传统表演艺术在旅游场景中受到了来自各方面因素的影响和挑战。旅游音乐是被制造的,音乐艺术主要包括作曲、表演和听众三个要素,但作为表演艺术的旅游音乐生产是包括音乐家、音乐活动、表演、听众和社区在内的复杂关系网络的反映②。有学者还从音乐心理学的角度对音乐的共同创作与审美关系进行分析③,对音乐表演中音乐与乐器、音乐与舞蹈的重要关系进行研究。旅游中的音乐不是单独存在的,它常常是与舞蹈、风景等交融在一起,如夏威夷的音乐与呼啦秀(hula show)、日落景观、购物中心以及鲁奥大餐一起共同对旅游审美发生作用,各种共生关系的现场表演产生了独特的魅力。

音乐旅游的隐喻意义是多元而复杂的,它既是一种工具化的商业形式,也是一种社会分流和市场关系的互动交流方式④。音乐为游客提供了一种感性的叙述方式,游客从中获得进行音乐旅游的角色认同;移动的音乐旅游也可能成为音乐景观,音乐表演与日落景观共同形成了游客对夏威夷目的地的形象认知与旅游想象。游客在各种音乐场景中既可定义目的地的边界,也可以超越目的地的边界,这对于相对固定的地方景观来说是难以企及的。因此,音乐旅游往往被认为是"发明传统"的另一种形式,它向游客呈现的是部分传统或传统碎片,至少是不完整的版本⑤。需要指出,大多音乐旅游都需要现场表演,这可以对旅游体验产生不同的效果与影响。旅游中的音乐表演(musical performances)主要包括土著表演、乐器表演如尤克里里、流行音乐表演、音乐节表演和舞蹈表演等,特别是胜于听觉的舞蹈表现,是旅游目的地表演者和观众/听众的共同在场和审美同构,以及音乐制造者和音乐消费者的现场共同表现。旅游音乐表演包含了参观、参与和体验,是视觉与听觉等多感官的综合作用,而且还是地方文化、经济消费和心理情感的综合反映。甚至,音乐表演与景观融合在一起,很难分清究竟哪些是文化表演哪些是旅游景观。有学者还认为,作为表演艺术的音乐在电子技术的影响下已经越来越偏离表演了⑥。

需要指出的是,音乐节是未被充分关注的领域,应引起重视并进行研究。现场有音乐艺术家、节事生产者、活动管理者、社会媒体等各种要素的介入,尤其从旅游管理视角进行的探讨还很少⑦。

① Andy Bennett,Richard A Peterson. Music Scenes:Local, Translocal and Virtual[M]. Nashville:Vanderbilt University Press,2004.

② Stan Godlovitch. Musical Tourism:A Philosophical Study[M]. London:Routledge,1998.

③ R Keith Sawyer. Group Creativity:Musical Performance and Collaboration[J]. Music and Psychology Research,2006, 34(2):148-165.

④ Simone Krüger,Ruxandra Trandafoiu. The Globalization of Musics in Transit:Music Migration and Tourism[M]. London:Routledge,2013.

⑤ Chris Gibson, John Connell. Music and Tourism:On the Road Again[M]. Bristol:Channel View Publications,2004.

⑥ Stan Godlovitch. Musical Performance:A Philosophical Study[M]. London:Routledge,2002.

⑦ Simon Hudson, Martin S Roth, Thomas J Madden, et al. The Effects of Social Media on Emotions, Brand Relationship Quality and Word of Mouth:An Empirical Study of Music Festival Attendees[J]. Tourism Management,2015,47.

5.2.4　音乐旅游研究新视角

国内外关于音乐与旅游的研究存在很大差异。国外对音乐与旅游的研究文献很多,涉及学科领域非常广泛,有音乐学、地理学、人类学、社会学、心理学等,虽然本世纪以来研究逐渐聚焦于音乐旅游,但从旅游角度展开研究仍较少,在研究方法上以质性研究、深入访谈为主,对音乐的量性研究很少,研究代表人物有克里斯·吉布森、约翰·康奈尔、戈登·威特、米歇尔·达夫等。虽然,也从音乐声景的角度进行评估研究,但音乐本身具有心理性、审美性等特点,对其进行量性研究存在一定困难。从国内的研究现状来看,研究成果较少,且主要围绕音乐的旅游经济作用、音乐旅游的开发及模式①、音乐旅游的资源分布②以及民族(民间)音乐旅游等内容来展开,还有对北京、鼓浪屿③、张家界④等地的案例研究。国内相关研究相对薄弱,研究视野相对比较局限⑤。

相对而言,国外研究已体现出较为明晰的研究层次与路径,如图5.3所示。基于音乐与旅游的密切关系出现了特殊的音乐旅游类型,研究侧重点形成了相应的研究学科领域。研究主要有两个切入路径:从音乐的路径出发强调音乐的声音存在、精神文化的表达以及旅游资源的作用;从旅游的路径出发则突出音乐与旅游中地方、认同及移动的特有勾连关系。研究需要强调其与视觉相对的听觉感官的延伸,但也离不开音乐在现代旅游中作为表演艺术的存在、表现形式及表征符号。

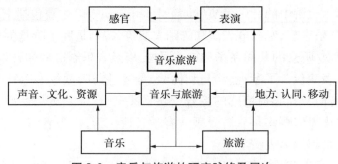

图5.3　音乐与旅游的研究脉络及层次

综合前述分析,结合当前国外研究现状与国内旅游发展实际,音乐与旅游的研究应在现有基础上重点关注以下几个方面:

(1)整体性的视角

从研究内容上而言,音乐与旅游的研究与其他研究主题相互渗透甚至密不可分,延展广

---

①　唐嫚丽.音乐旅游开发研究[D].青岛:中国海洋大学,2007:3-25;陈浩,陆林.基于音乐功能的旅游产品开发[J].资源开发与市场,2005,21(3):259-261;刘晗,曹诗图.试论音乐文化资源的旅游开发[J].云南地理环境研究,2006,18(3):91-95.

②　李山石,刘家明,黄武强.北京市音乐旅游资源分布规律研究[J].资源科学,2012(2):381-392.

③　汪慧.鼓浪屿音乐旅游发展模式探析[J].商场现代化,2016(21):126-128.

④　李静,吴淑仍.张家界音乐旅游开发研究[J].旅游纵览,2014(10):183-184.

⑤　邓玮菁.国内有关音乐旅游文献综述[J].旅游纵览(下半月),2014(1).

度大。作为文化旅游的一部分,音乐旅游已越来越受到关注,但对音乐内在的相关整体性研究却显得相对薄弱,像音乐与舞蹈、音乐与表演、音乐与美食等形式的旅游活动是很难割裂的。或者也可以说缺少对人类五种感官:视觉、听觉、嗅觉、味觉和触觉的整体性经验研究,如"歌、乐、舞"的形式如何影响旅游体验,歌舞伴餐或"宴舞"的多维感官对游客旅游体验的影响研究等。

(2)互动性的视角

音乐作为表演艺术的呈现离不开表演者与受众,旅游音乐表演中表演者与游客如何互动等,还有待进行深入研究;对于音乐旅游者与其他旅游者的区别还不甚明晰,音乐生产者、制造者与音乐消费者之间的相互关系和相互影响也有待进一步阐释。

(3)旅游生活的视角

在"新文化地理学"出现以来,人们开始重新分析日常生活文化和流行文化(包括音乐),因为音乐在塑造人物和地方的典型混合身份方面,对于地方感及地方依附感的产生都有重要作用①。但是,音乐本身的移动性以及现代旅游生活的移动性加大了对其研究的难度,越是如此越需要以日常的视角揭示音乐旅游的当下意义。

本节参考阅读与学习材料:

[1] Andy Bennett, Richard A. Peterson, Music Scenes: Local, Translocal and Virtual[M]. Nashville: Vanderbilt University Press, 2004.

[2] Stan Godlovitch. Musical Tourism: A philosophical Study[M]. London: Routledge, 1998.

[3] Stan Godlovitch. Musical Performance: A Philosophical Study [M]. London: Routledge, 2002.

[4] Simone Krüger, Ruxandra Trandafoiu. The Globalization of Musics in Transit: Music Migration and Tourism[M]. London: Routledge, 2013.

[5] Markus Giesler. The Sounds of Consumption: Listening to the Musical Landscape[J]. European Advances in Consumer Research, 2006, 7.

[6] Chris Gibson, John Connell. Music, Tourism and the Transformation of Memphis[J]. Tourism Geographies, 2007, 9(2): 160-190.

[7] John Connell, Chris Gibson. Vicarious Journeys: Travels in Music [J]. Tourism Geographies, 2004, 6(1): 2-25.

[8] John Connell, Chris Gibson. "No Passport Necessary": Music, Record Covers and Vicarious Tourism in Post-War Hawai'i[J]. The Journal of Pacific History, 2008, 43(1): 51-75.

[9] Chris Gibson, John Connell. Music and Tourism: On the Road Again[M]. Bristol: Channel View Publications, 2004.

① Hunter Shobe, David Banis. Music Regions and Mental Maps: Teaching Cultural Geography[J]. Journal of Geography, 2010, 109(2): 87-96.

[10] Gordon Waitt, Michelle Duff. Listening and Tourism Studies[J]. Annals of Tourism Research,2010,37(2):457-477.

[11] Arun Saldanha. Music Tourism and Factions of Bodies in Goa[J]. Tourist Studies, London,2002,2(1)43-62.

[12] Kaley Mason. Sound And Meaning in Aboriginal Tourism[J]. Annals of Tourism Research, 2004,31(4),:837-854.

[13] Sunday N Nnamani. Music and Tourism:Their Roles in Generating Employment in Nigeria [J]. American Journal of Educational Research,2014,2(11):1065-1068.

[14] Lucy L Henke. Music Induced Tourism:Strategic Use of Indigenous Music as a Tourist Icon [J]. Journal of Hospitality & Leisure Marketing,2005,13(2):3-18.

[15] Ray Hudson. Regions and Place:Music, Identity and Place[J]. Progress in Human Geography,2006,30(5):626-634.

[16] Hunter Shobe, David Banis. Music Regions and Mental Maps:Teaching Cultural Geography [J]. Journal of Geography,2010,109(2):87-96.

[17] Henry Johnson. Balinese Music, Tourism and Globalisation:Inventing Tradions Within and Across Cultures[J]. New Zealand Journal of Asian Studies,2002,4(2):8-32.

[18] Philip Long. Popular Music, Psychogeography, Place Identity and Tourism:The Case of Sheffield[J]. Tourist Studies,2014,14(1):48-65.

[19] David Leaver, Ruth A Schmidt. Before they were Famous:Music-based Tourism and a Musician's Hometown Roots[J]. Journal of Place Management and Development,2009,2 (3):220-229.

[20] Meirav Aharon. Riding the Culture Train:An Ethnography of a Plan for Social Mobility through Music[J]. Cultural Sociology,2012,7(4):447-462.

[21] Janet Borgerson. Soundtrack to Paradise:Sonic Branding in the South Pacific [J]. European Advances in Consumer Research,2006(7).

[22] Manuel Tironi. Enacting Music Scenes:Mobility, Locality and Cultural Production [J]. Mobilities,2012,7(2):185-210.

[23] Timothy Rommen. Creolit'e, '(Im)Mobility, and Music in Dominica[J]. The Journal of Musicology,2015,32(4):558-591.

[24] R Keith Sawyer. Group Creativity:Musical Performance and Collaboration, Society for Education[J]. Music and Psychology Research,2006,34(2):148-165.

[25] 朱璇,解佳,江泓源.移动性抑或流动性?——翻译、沿革和解析[J].旅游学刊,2017 (10):104-114.

[26] 余向洋,吴东方,朱国兴.旅游视域下的认同研究——基于文献综述的视角[J].人文地理,2015(2):15-22.

[27] 唐嫚丽.音乐旅游开发研究[D].青岛:中国海洋大学,2007:3-25.

[28] 陈浩,陆林.基于音乐功能的旅游产品开发[J].资源开发与市场,2005,21(3):259-261.

[29] 刘晗,曹诗图.试论音乐文化资源的旅游开发[J].云南地理环境研究,2006,18(3):91-95.

[30] 李山石,刘家明,黄武强.北京市音乐旅游资源分布规律研究[J].资源科学,2012(2)381-392.

[31] 汪慧.鼓浪屿音乐旅游发展模式探析[J].商场现代化,2016(21):126-128.

5.3　精神旅游

5.3.1　朝圣与宗教旅游中的精神性

朝圣,一直是宗教文化中的重要内容。世界三大宗教:佛教、基督教和伊斯兰教的信徒都有朝圣的传统,前往东南亚的佛教圣地或中国的四大佛教名山,前往基督教耶路撒冷圣城,前往伊斯兰教的麦加、麦地那等圣地。朝圣,通常被理解为为了精神目的和成长需求而进行的一段旅程,朝圣者将自己归为寻求更深层精神性的旅行者,他们希望得到神灵的恩惠或追寻圣人的足迹。朝圣与宗教旅游,在形式上都具有旅行、旅游的特点,常常被联系在一起考察。一般地,朝圣者通常很少参与到"旅游"中,他们有时宁愿将自己视为"旅行者""追寻者""朝觐者""朝圣者""奉献者"而不是"节事旅游者"或"度假者"[①]。宗教旅游一般是指出于宗教目的而参观圣地或参与节事的旅行活动[②],是基于信仰的旅游。旅游作为一种现代朝圣,是在工作或娱乐中对精神性的探索,从广义上看,旅游过程也有精神性的维度[③]。朝圣者、宗教旅游者、世俗旅游者三者过去常常被讨论但界限模糊。

1992 年,瓦伦·史密斯(Valene L. Smith)探讨了朝圣、宗教与旅游三者的特殊关系,他从游客角度着重分析了从"朝圣者"到"旅游者"的发展路径,认为从"朝圣"到"宗教旅游"再到"现代旅游"的发展经历了"神圣—基于信仰/知识/世俗—世俗"的演变过程。从朝圣者到游客的路径为两条平行的可互换的通道,一条是基于知识的世俗科学路线,另一条则是前往信仰的神圣之路。如果朝圣者被定义为"宗教旅行者",旅游者则可被定义为"度假者",后者是为了娱乐目的而进行环线旅行并返回出发地的个体。根据个人需求动机以及时间、地点和文化环境等因素,可在任何一条发展轴上发展或在两条轴之间切换,如图 5.4 所示。在 20 世纪早期,已有很大一部分旅游者都是宗教旅游者,"旅程"的外表可以遮掩"宗教危机"下其对宗教信仰的追求,而现代旅游者是朝圣者的世俗化身,他们有一个共同点就是对"精神性"的追求。

① Haq Farooq, Jackson John. Spiritual journey to Hajj: Australian and Pakistani Experience and Expectations[J]. Journal of Management, Spirituality and Religion, 2009(6):141-156.

② Trudy Mercadal. Religious Tourism. International Encyclopedia of Travel and Tourism[M]. New York: SAGE Publications, 2016:1017-1022.

③ 理查德·沙普利.旅游社会学[M].谢彦君,等,译.北京:商务印书馆,2016:165.

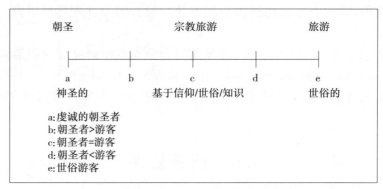

图5.4 "朝圣者—游客"的路径轴①

　　精神性(Spirituality),是与物质概念相对应的词汇,代表着信仰和实践,广义的"精神性"也包括一系列非宗教因素。理查德·沙普利认为现代社会中宗教和精神性具有动态的多层次本质。他对旅程、宗教圣地及旅游地的精神性进行了分析比较,认为旅程中的精神性体现在困难、转变、丰富、交融与回归过程中所带来的充满意义的精神体验,宗教圣地的精神性可能与宗教、遗产、文化或特殊兴趣有关;旅游地的精神性则是由"别处"提供的精神性意义的旅游体验②,较典型的如边境旅游、乡村旅游和黑色旅游等。如果说朝圣、传统宗教旅游可以被视为正统的、本真的和严肃的,那么现代旅游中的精神性则在广义上具有更积极的内涵。

　　全球化背景下的宗教、宗教旅游的概念及实践日趋世俗化,朝圣、宗教旅游和世俗旅游的许多方面已经融合(Konrad Gunesch,2016),像瑜伽旅游、禅修旅游③等。瑜伽所衍生的梵语"yuj"的含义暗示着追求与高于自身事物相结合的精神感知,体现了对"身体、心理和精神"(physical, mental and spiritual)的后世俗疗法效应④。一般来说,瑜伽中精神层面的练习属于比较高级的层面,但大多数练习者目前还停留在身体层面。同时,对朝圣、宗教旅游的看法也越来越多元化,包括其本身的宗教信仰及历史的、人类学方面的关注,也包括其作为社会现象所具有的与经济性、文化性、社会性等方面的关联。在对朝圣、宗教旅游与现代旅游的探讨中,关于"精神性"的话题已显露并形成对"精神旅游"⑤的研究,沙普利认为"精神性"是宗教后现代高潮(Sharpley and Jepson,2011:54)体现之一。全球化背景下的旅游现象及问题日益复杂。一方面,旅游成为精神文化发展的重要形式;另一方面,对现代生活方式的超越发生了对更广泛精神需求态度的转变。从某种角度来看,朝圣与出于精神动机的旅行都是旅游业的重要组成部分,且有着宗教之外的更多内涵,如对健康、康养和自我提升的

---

①　Valene L Smith. Iintroduction:The Quest in Guest[J]. Annals of Tourism Research,1992(19):1-17.

②　理查德·沙普利.旅游社会学[J].谢彦君,等,译.北京:商务印书馆,2016:165.

③　蒋婷,张朝枝.世俗与神圣的交集:禅修旅游体验的核心[J].旅游论坛,2019(2).

④　Hana Bowers, Joseph M Cheer. Yoga tourism:Commodification and western embracement of eastern spiritual practice[J]. Tourism Management Perspectives,2017(24):208-216.

⑤　"Spiritual Tourism"也被翻译作"灵性旅游"(见董培海,李庆雷,李伟.大众旅游现象研究综述与诠释[J].旅游学刊,2019(6):135-144),这里为了与朝圣、宗教旅游作区别而译作"精神旅游"。

需求。现代生活的快节奏反映了现代的物质主义和享乐主义的生活方式,而精神性可能是促进真正精神旅游发展的潜在力量①。

5.3.2 精神旅游的内涵与类型

1)精神旅游的兴起

关于"精神旅游"的兴起,可以回溯到十七八世纪,欧洲"大旅行"(The Grand Tour)活动为年轻贵族提供了通过旅行增强个人和文化成长的机会,特别是朝圣旅行可以使旅行者体验启蒙或在身体和精神方面的治疗。20 世纪 70 年代以来,人们一直在寻找一种新的个人的精神导向和内省追求,新旅游移动中强调自我发展与自我治疗的重要性,包含了生物医学意义上的治疗(物理治疗)、心理健康的感觉(心理治疗)和精神更新的感受(精神治疗),重点是精神层面的意义。因为精神旅游是旅游发展中的重要特征,它为个体在身体、心理和精神层面带来了诸多益处②。现代大众旅游活动中的精神旅游或度假旅游不仅关注逃避现实生活也关注鼓励旅游者深度参与,并通过在旅游中的真实自我来协调与内在个体的关系。2013 年,联合国世界旅游组织在越南召开的"精神旅游可持续发展"(Spiritual Tourism for Sustainable Development)峰会上首次提出了"精神旅游"(Spiritual Tourism)这样一个特殊议题,指出:"精神旅游引发的文化交流和对话是相互理解、宽容和尊重的基石,是可持续性的基本组成部分"。2015 年,在澳大利亚也召开了一次关于"精神旅游"的研讨会,主要讨论"精神探险"(Adventures of Spirit)③。精神旅游,已是全球旅游业发展关注的主题之一。

2)精神旅游的定义

如何界定"精神旅游"十分困难,"精神旅游"是一个多元意义的概念,以地理空间和不同文化结构为支撑,也与某些遗址的历史因素、宗教因素、文化因素有关。那么,谁是精神游客,谁又是宗教游客? 他们的精神旅游或宗教旅游的动机是什么? 这就成为理解精神旅游的两个重要问题。总的来看,对精神旅游的理解有两方面内容:一方面,精神旅游在一定程度上是宗教旅游与世俗旅游的连续统一体,特别是潜在动机是否具有精神的宗教动机还是世俗的旅游动机;另一方面,现代精神旅游的精神性不只是一种宗教朝圣的意义而具有现代旅游的时代性特点。关于精神旅游的动机,与马斯洛需求理论中的自我实现需求、自我生活需求以及生活意义等存在相关性。

从广义上讲,如果朝圣经常处于既定宗教的范围之内,那么精神旅游更多的是对于精神体验和个人成长的渴望而不是传统宗教所规定的虔诚性和朝圣性的动机。人类学或社会学

---

① (Editorial)Spiritual tourism: Entrée to the Special Issue[J]. Tourism Management Perspectives,2017(24):186-187.

② Lucrezia Lopez, Rubén Camilo Lois Gonzáleza, Belén Ma Castro Fernández. Spiritual Tourism on the way of Saint James the Current Situation[J]. Tourism Management Perspectives,2017(24):225-234.

③ (Editorial)Spiritual Tourism: Entrée to the Special Issue[J]. Tourism Management Perspectives,2017(24):186-187.

领域的很多研究都在关注朝圣旅游中的目的和原因,尤其是精神需求而不是宗教目的[①];人类学领域中对精神旅行记忆或回忆录的文本分析就主要集中在精神旅行和传统宗教朝圣之间的感知差异及转换。

表5.1 "精神旅游"定义一览表

作 者	年 份	含 义
斯密斯(Smith M.)	2003	精神旅游(包括瑜伽旅游)是一种"逃避现实"的形式,旅行者从所谓"现实世界"的焦虑和需求中寻找风景[②]
霍尔(Hall)	2006	精神旅游的核心是宗教体验,其特殊性是通过外在的旅行需求实现内在的精神意义体验[③]
夏普利(Sharpley)	2011	"精神性"要求与个人和周围的世界和谐相处[④]
诺曼(Norman)	2011,2012	在平常环境中访问特定的具有精神意义/成长意义的人和地点,没有明显的宗教目的而可能是出于宗教的、非宗教的、神圣的或实验的原因;在神圣旅行中,无论原因是什么都是精神旅游[⑤]
威尔逊等(Willson)	2013	人们自己追寻意义和生活目的,追求意义是最大动机[⑥]
罗莱多(Robledo)	2015	精神成长的旅游[⑦]

关于精神旅游的定义(如表5.1所示),霍尔(Hall,2006)明确指出宗教体验是精神旅游的核心,精神旅游的特殊性是通过外部旅行需要实现内在的精神意义体验。威尔逊等人将这种现象描述为"从个人的角度来寻求个人意义"(Wilson etal,2013),通过个体的描述即游客通过精神旅游后会感到"精力充沛""有灵感",获得精神上的"提升感",并感受到与外来者的"联系"感。史密斯(Smith,2003)指出,精神旅游也是一种"逃避现实"的形式,旅行者可以从所谓"现实世界"的焦虑和需求中找寻风景。诺曼将精神旅游定义为:"在平常环境中访问特定的具有精神意义/成长意义的人和地点,没有明显的宗教目的但可能是出于宗教的、非宗教的、神圣的或实验的原因,在神圣背景下无论旅行的主要原因是什么都是精神旅游"(Norman,2012)。

精神旅游,更强调个人的个体内在性以及对更深层次体验的需求,而不是信仰的外在表

① Joanna Kujawa. Spiritual Tourism as a Quest[J]. Tourism Management Perspectives,2017:193-200.

② Smith M. Holistic Holidays:Tourism and the Reconciliation of Mind, Body and Spirit[J]. Tourism Recreation Research,2003(1).

③ Hall M C. Travel and Journeying on the Sea of Faith:Perspectives from Religious Humanism. Dallen Timothy, Daniel olsen. Tourism, Religion and Spiritual Journeys[M]. London:Routledge,2006.

④ Sharpley R,Sundaram P. Tourism:A Sacred Journey? The Case of Ashram Tourism, India[J]. International Journal of Tourism Research,2005(3):161-171.

⑤ Alex Norman. The Varieties of the Spiritual Tourist Experience[J]. Literature & Aesthetics,2012(1).

⑥ Gregory B Willson, Alison J McIntosh, Anne L Zahra. Tourism and Spirituality:A Phenomenological Analysis[J]. Annals of Tourism Research,2013(42):150-168.

⑦ Robledo M A. Tourism of Spiritual Growth as a Voyage of Discovery[J]. Tourism Research Frontiers:Beyond the Boundaries of Knowledge,2015(20).

达,主观性是精神游客与传统朝圣者的区别。有学者认为现代旅游者进行的精神旅游并非前往宗教目的地而有可能是遗产地,旅游者也不是传统的朝圣者而是新时代旅游群体。这种对神圣景观游览的结构变化以及远离宗教而转向精神的现象,是个体主观性层面发生转变的结果,更关注主观生活(Heelas & Woodhead, 2005)[1]。也有一些学者从旅游者动机的角度出发对精神旅游的概念体系予以明确,如图 5.5 所示,认为精神旅游者的旅程主要涉及三个因素:流动性(物理和内部)、体验价值(真实、独特和宣泄)以及旅游路线本身的内在品质;而且精神旅游的世俗动机和宗教动机不同,呈现出精神旅游作为世俗旅游与宗教旅游集合体的特点,更进一步凸显了话语转换背景下精神旅游者对"精神性"(Spirituality)的内在诉求[2]。

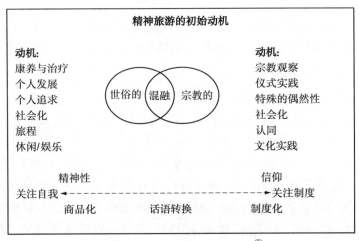

图 5.5　精神旅游的概念框架[3]

3)精神旅游的类型

作为休闲旅游中的一种,精神旅游被定义为一种以自我意识的精神改善为特征的旅游(Norman, 2012)活动,它为理解"非宗教身份/意义旅游"的精神旅游体验提供了有用框架,尤其凸显了其个体性精神体验的多样性,大致可从五个方面来理解精神旅游体验:

(1)作为治疗的(healing)精神旅游

这一类旅游体验强调以"健康"为导向,身体健康与心理健康密切相关,甚至可以明确地归为"健康旅游",精神作为旅游的核心体验。

(2)作为实验的(experimental)的精神旅游

印度和"东方"似乎是这类精神旅游的热点,至少对西方旅游者而言是如此。有人认为实验是前往"东方"且作为精神目的地旅行的核心内容。当然,这种旅游体验与目的地文化

① Heelas P, Woodhead L. The Spiritual Revolution: Why Religion is Giving Way to Spirituality[M]. London: Blackwell Publishing, 2005.

②③ Joseph M Cheer, Yaniv Belhassen, Joanna Kujawa. The Search for Spirituality in Tourism: Toward a Conceptual Rramework for Spiritual Tourism[J]. Tourism Management Perspectives, 2017(2): 4252-4256.

相遇,是为旅游者日常生活提供替代方案时一个至关重要的内容。这类旅游者重视对个人的探索和对知识的追求,重视个体在精神旅游中的行为和体验。

（3）作为探索的（quest）精神旅游

阿兰·德波顿等人注意到这类精神旅游体验将意义作为核心,将旅行描述为不仅是一个地方的旅程而是一种探索发现新自我的方式,强调它是一种"不断发现的行程",强调精神旅游的真实性或自我的旅游经验,其特征是逃离日常的对神圣或仪式的更新。这种形式与健康有关但也不一定,因为游客会寻求社会空间上的逃避而不是情绪或心理修复。

（4）作为退隐的（retreat）精神旅游

这类旅游者一般是从一个忙于期望和义务的世界"隐退"。旅游体验可以被设想为来自麻烦世界的"逃避",目的常常是远离躁狂的生活圈和现代城市生活的快节奏。因此,在冥想静修、健康水疗和生态旅游中就可以找到退隐的精神旅游者或治疗型精神旅游者。

（5）作为集体的（collective）精神旅游

这类精神旅游常常能够吸引那些有兴趣与其他人居住在一起带来的旅游体验,且可能成为旅游体验的新趋势或新时尚,这种特殊的旅游体验动机导致没有强烈的对个体形象的追求。

以上五种类型并不是相互排斥的,主要通过精神性特征来强化对旅游本身的理解途径,对旅行、宗教、个人、意义等要素相结合的复杂行为有了更丰富的理解,如旅程如何变得神圣,旅游意义的来源及自我完善的过程。精神旅游体验的多样性说明:精神旅游可以是个体宗教实践系列中的一部分或"非宗教"意义身份的一部分。有学者还提出了精神旅游的其他分类角度,将精神旅游定义为精神成长的旅游,通过它来寻求意义,寻求"内外联系"及超越自我（Robledo, 2015）,将精神旅游的独特性视为一种深刻的个人变革体验,且经常发生在与志趣相投的人的集体环境中。需要指出的是,后两种关于精神旅游的分类更关注内在性与精神体验的相互作用,并通过外部旅游移动远离可能的社会角色身份,这些分类都将精神旅游理解为对个人转变（精神的或治疗的）的超越和有关体验的追求。[①]

5.3.3　精神旅游的边界与性质

精神旅游之所以区别于其他类型的旅游活动,还在于其"内在"性质,一种内在的世俗化精神成长。2002 年,格雷本（Graburn, 2002）[②]曾讨论过内在（internal）的和外在（external）的旅程,即意识的内心世界和外在的经验世界以及如何通过旅游来协调,尤其对某些景观的观赏和思考可以不同程度地激发内在的敬畏感、内省性等,以提醒人们在世界中的位置以及自我与时空的关系。对旅游业发展来说,重要的是要意识到"真实性"是作为真正的精神旅游者的激励因素,同时旅游企业也要提供相应的有意义的体验。有学者还认为大多独立的个

①　Joanna Kujawa. Spiritual Tourism as a Quest[J]. Tourism Management Perspectives, 2017, 24:193-200.

②　Graburn N. The Ethnographic Tourist, The Tourist as a Metaphor of the Social World[M]. London:CABI, 2002: 19-40.

体旅行者都是精神旅游者,他们在寻求精神体验时变化不大,都在通过东方哲学、宗教或神秘主义去认真寻求某种内心的平静或启示。为了进一步加深对精神旅游的理解,再从精神旅游与宗教旅游、文化旅游的差别对精神旅游的特质进行呈现。

1)精神旅游与宗教旅游的重叠与差异

精神旅游的动机是实现"精神性"的需求,具有宗教旅游和世俗旅游的某些共通性,有时被看作"朝圣"或"宗教旅游"的同义词,有时又被认为是以宗教信仰为主要目的并排除其他非宗教因素或世俗因素的旅游活动。

在某种程度上,宗教旅游和精神旅游确实是相互并存的,但朝圣、宗教旅游与精神旅游的联系与差异也是明显的。诺曼指出了精神旅游与宗教旅游之间的差异,认为"宗教描述了一个共同的信仰系统和参与典型的公共崇拜,而精神是个人的,描述了一个人的内心道路以及使人们能够发现实践他/她存在的本质"。精神旅游主要通过个人身份和意义建构得到确定,它在朝圣传统中发生并可能类似于宗教旅游。精神旅游与宗教旅游的不同之处主要在于旅游目的是"以世俗化的形式实现精神成长",如图5.6所示。

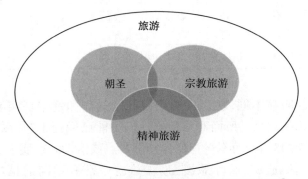

图5.6　与宗教旅游和朝圣传统有关的精神旅游①

2)精神旅游与文化旅游的区别与关联

精神旅游有时也被理解为一种文化旅游,精神旅游者很难与一般的文化旅游者区分开来,这些精神旅游者都寻求教育改善或精神更新,他们可能是"探险者"或"流浪者",寻找一种"不寻常"(off-beat,Smith,1989)或"体验式",也或"实验性"或"存在性"②。典型的精神旅游者可能正在寻求个人空间和自由,传统旅游中的"舞台表演"(Edensor,2002)就可能不太吸引游客了。

精神旅游中有些游览活动更类似于朝圣,游客参观神圣的景观或景点时通常由"精神导游"或"国际治疗师"引导,可能是参观特定的遗产(如宗教圣地或玛雅文化),也可能参与仪式、庆典或节日。这些游览都注重游客个体的内心和外在的体验过程,所以精神旅游体验也

---

① Alex Norman. The Varieties of the Spiritual Tourist Experience[J]. Literature & Aesthetics,2012,22(1).

② Melanie Smith. Holistic Holidays:Tourism and the Reconciliation of Body, Mind and Spirit[J]. Tourism Recreation Research,2003(1):103-108.

被归为是对朝圣、宗教、文化或特殊兴趣的旅游体验①。特别是对于整体性旅游者而言强调在远离正常环境中与真实自我的联系,因为人们早已忘记了在日常生活中自我本真的身份。可以从精神旅游者的分类以及精神旅游者与文化旅游者的区别对其特征有进一步的认识和了解,如表 5.2 所示。

表 5.2　典型的精神旅游者/整体性旅游者的特征及动机②

大众旅游者(海滩型) (Mass Tourist)	文化旅游者 (Cultural Tourist)	精神旅游者/整体性旅游者 (Spiritual or Holistic Tourist)
寻求逃避日常生活	寻求文化教育体验	寻求个人的提升或启发
倾向有组织的和有导览的活动	倾向独立旅行和活动	倾向独立的个人空间和自由
可能参与享乐行为	可能参与族群的和敏感的行为	可能参与个人的或集体的、宗教的或精神活动
倾向可预见的令人想家的体验	享受传统地方中的非寻常体验	享受与自然和谐相处的简单自然体验
对真实的地方体验较少有兴趣或没有兴趣	在地方环境中寻求"客观"真实性	寻求"存在"真实性
与当地人互动的兴趣不明显	积极地寻求与当地人的互动	可能参加当地人的传统仪式

与传统的旅游体验明显不同,现代旅游经常鼓励远离和逃避现实或是参与享乐活动。典型的精神旅游者希望找到自己所面对或拥抱他们可能已经处于"休眠"的自我。因此,旅游者本人成了游客凝视的对象,而不在意任何外部景点或活动。事实上,现代精神旅游的活动内容更丰富多样,健康旅游、医疗旅游、瑜伽旅游中都有不同的精神性内容,如表 5.3 所示。

表 5.3　精神旅游的活动类型③

类　型	例　子
医疗	水疗、海水浴疗法、按摩、芳香疗法
治疗	阿育吠陀疗法、灵气疗法、反射疗法、水晶疗法、占星术和塔罗牌
沉思	静修、冥想、祈祷、可视化
活动	瑜伽、普拉提、太极、亚历山大技术
创意	绘画、写作、戏剧、舞蹈
启示	朝圣、圣地、神秘景观

---

① Haq Farooq, Jackson John. Spiritual Journey to Hajj: Australian and Pakistani Experience and Expectations[J]. Journal of Management, Spirituality & Religion, 2009(6): 141-156.

②③ Melanie Smith. Holistic Holidays: Tourism and the Reconciliation of Body, Mind and Spirit[J]. Tourism Recreation Research, 2003(1): 103-108.

续表

类　型	例　子
互动	志愿服务、社区参与、参加仪式或节日
个人发展	咨询、压力管理、生活策略

瑜伽旅游者对自我发现、自我体验及自我改变的愿望和动机要更强烈,成为了当下很热门的一种精神旅游类型。或者说,世俗的精神之旅主要依靠世俗动机而不是虔诚的宗教信仰来推动全球旅游发展,如前往埃及金字塔、巨石阵等地并从旅游参与中获得成就感、启蒙体验,增强文化福利,满足惊奇需求,甚至到体育比赛主场获得与运动相关的神圣体验。这些集宗教的与世俗的旅游动机于一体的精神旅游活动,反映了精神旅游作为一个集合性知识概念的兴起与发展[①]。

5.3.4　精神旅游的实践意义

精神旅游的兴起与发展与日益丰富的物质生活形成对比,"精神旅游"一词目前主要与学术研究有关,背后所蕴含的内在性诉求更关注个人的自我发现和幸福追求,"主位"(emic)的声音越来越清晰,甚至精神旅游正在形成下一种"朝圣"旅游(Bone,2013)[②]。作为一种特殊旅游,精神旅游强调旅游者在精神层面对自我的发现,对自我精神成长的需求。精神旅游的动机有一部分与宗教有关或以宗教仪式、仪式化实践、身份认同和文化表演强调的特定原因为内容[③],但可以在精神旅游实践的日常生活中产生心理分离,得到精神层面的某种获得感或者体验。

对精神旅游内涵的把握还有助于全面深入了解现代旅游现象。首先,有助于了解那些有意义的非宗教旅游、有精神层面需求的健康旅游和瑜伽旅游;其次,特别通过区分现代旅游者的旅游动机对不同类型旅游者的市场发展也有积极引导作用;再者,学者们对宗教旅游中精神性元素的研究促进了旅游目的地营销研究深化;此外,还有助于发展社区精神旅游等多种类型,甚至做好精神旅游的规划与管理,通过满足旅游者的精神需求有利于社区旅游的健康发展。有学者通过社区潜力、吸引力潜力和社区合作的三因素模型对社区合作、可持续发展和宗教文化管理进行了深入分析,认为对精神旅游与社区发展的融合研究有助于提升社区综合能力和促进社区管理[④];其中,社区潜力主要包括社区治理和旅游可持续发展潜力,吸引力潜力包括社区的历史、艺术、文化和宗教的重要性、环境及保护工作等;社区合作涉及

---

①　(Editorial) Spiritual tourism: Entrée to the Special Issue [J]. Tourism Management Perspectives, 2017(24): 186-187.

②　Bone K. Spiritual Retreat Tourism in New Zealand[J]. Journal of Tourism Recreation Research, 2013(3): 295-309.

③　Joseph M Cheer, Yaniv Belhassen, Joanna Kujawa. The Search for Spirituality in Tourism: Toward a Conceptual Framework for Spiritual Tourism[J]. Tourism Management Perspectives, 2017(24): 252-256.

④　Sarawut Piewdang, Panithan Mekkamola, Subchat Untachaia. Measuring Spiritual Tourism Management in Community: A Case Study of Sri Chom Phu Ongtu Temple, Thabo District, Nongkhai Province, Thailand[J]. Social and Behavioral Sciences, 2013(88): 96-107.

对社区的规划、管理及利益分配等。就如联合国世界旅游组织越南会议上指出的：精神旅游研究的实践意义就在于"在精神旅游发展中负责任和可持续地利用自然和文化资产，创造就业机会、创造收入、减轻贫困、遏制农村移民迁移、促进产品多样化以及在目的地社区培养居民的自豪感"①。

本节参考阅读与学习材料：

［1］Linda L Lowry. The SAGE International Encyclopedia of Travel and Tourism［M］. New York：SAGE Publications，2016.

［2］Raj R，Morpeth N D. Religious Tourism and Pilgrimage Festivals Management：An International Perspective［M］. London：CABI，2007.

［3］Cohen E H. Religious Tourism as an Educational Experience. In：S. J. Timothy and D. H. Olsen，eds. Tourism，Religion and Spiritual Journeys［M］. New York：Routledge，2006：78-90.

［4］Alex Norman. The Varieties of the Spiritual Tourist Experience［J］. Literature & Aesthetics，2012，22（1）：20-37.

［5］（Editorial）Spiritual tourism：Entrée to the Special Issue［J］. Tourism Management Perspectives，2017，24：186-187.

［6］Joanna Kujaw. Spiritual Tourism as a Quest［J］. Tourism Management Perspectives，2017，24：193-200.

［7］Lucrezia Lopez. Rubén Camilo Lois González，Belén Ma Castro Fernández. Spiritual Tourism on the Way of Saint James the Current Situation［J］. Tourism Management Perspectives，2017（24）：225-234.

［8］Alex Norman. Jennifer J. Pokorny. Meditation Retreats：Spiritual Tourism Well-being Interventions［J］. Tourism Management Perspectives，2017，24：201-207.

［9］Haq Farooq，Jackson John. Spiritual Journey to Hajj：Australian and Pakistani Experience and Expectations［J］. Journal of Management，Spirituality & Religion，2009（6）：141-156.

［10］Joseph M Cheer，Yaniv Belhassen，Joanna Kujawa. The Search for Spirituality in Tourism：Toward a Conceptual Framework for Spiritual Tourism［J］. Tourism Management Perspectives，2017（24）：252-256.

［11］Kumi Kato. Ricardo Nicolas Progano，Spiritual（walking）Tourism as a Foundation for Sustainable Destination Development：Kumano-kodo Pilgrimage，Wakayama，JapanTourism［J］. Management Perspectives，2017（24）：243-251.

［12］Holistic Holidays：Tourism and the Reconciliation of Body，Mind and Spirit［J］. Tourism Recreation Research，2003，28（1）：104.

---

① （Editorial）Spiritual tourism：Entrée to the Special Issue［J］. Tourism Management Perspectives，2017（24）：186-187.

［13］理查德·沙普利.旅游社会学［M］.谢彦君,等,译.北京:商务印书馆,2016:165.

［14］蒋婷,张朝枝.世俗与神圣的交集:禅修旅游体验的核心［J］.旅游论坛,2019(2).

【思考题】

1. 简述美食旅游的兴起及主要类型。请说出食物旅游、美食旅游与厨艺旅游的关联与差异。

2. 什么是味觉景观、听觉景观? 服务景观与旅游景观的联系如何理解?

3. 如何理解从"游客凝视"到"旅游聆听"的转变? 请说出"旅游聆听"的研究意义。

4. 简述音乐旅游的特殊性及其与音乐声景的关系。

5. 简述精神旅游的兴起及发展脉络。精神旅游与健康旅游的关联表现在哪里?

6. 如何理解美食旅游、音乐旅游与精神旅游的感官体验与具身性体验?

7. 除了美食旅游、音乐旅游与精神旅游外,还有哪些旅游活动也具有多感官旅游体验,又体现在哪些方面?

8. 如何看待中西方茶文化旅游的不同?

［下　编］
案例与田野

【学习目标】

通过学习本章,学生能够了解旅游人类学的实践意义,掌握旅游人类学研究的社会意义。

理解:国内外典型案例的旅游人类学研究适用性

熟悉:旅游人类学领域田野调查方法的运用、旅游人类学理论的分析与运用

掌握:旅游人类学的研究方法、旅游人类学的实践意义

【关键术语】

旅游人类学,案例研究,旅游文化模式

【开篇导读】

人类学对旅游研究的贡献

20世纪20年代,Redfield最早对旅游现象进行民族志研究,他以一种清晰而简单的方式提出了旅游的人类学问题,如富裕的社会群体、休闲活动、产品适应新客户、新意义的产生、商业化、真实性、世俗化、城市品牌等。随后,作者从对人类学研究纪事的研究分析中得到一些有趣的发现:绝大多数人类学的研究都描述了特定旅游环境下的社会和文化进程。需要强调的是,社会和文化人类学寻求对旅游的理解大多在特定的地域进行民族志研究。另外,人类学关注居民与来访的游客之间的相遇过程以及结果。从人类学的视角研究旅游,预示着分析某些社会群体离开惯常环境,利用闲暇时间,从事的一套技术实践和计划以及他们在这些目的地的行为会对目的地带来怎样的社会进程。

那么,人类学对旅游研究存在哪些贡献呢?主要包括以下五个方面:

贡献一:旅游是权力的代名词

经过几十年研究,社会科学已经认识到,我们所谓的旅游,不仅是复杂的社会经济过程网络,还包括土地和资源所有权的变化和领土的转变、社会分层的形式、市场和工作方式以及收入分配。这个庞大的网络反过来又是一个政治—经济领域,权力集团、派系和政党在其中解决各自对立的利益。

贡献二:旅游环境是主要领地

人类学研究表明,除了任何理论饱和点之外,如果不了解旅游环境中发生的社会和文化进程,就无法理解旅游现象的复杂性。虽然所有人类活动都必然发生在空间和时间上,但很少有活动比旅游业更密切地与空间的利用联系在一起。例如,旅游业经常寻求新殖民主义的"优质空间"(Gaviria,1974),与第二居所或住宅旅游相联系的跨国活动就说明了这一点。

如果说旅游活动与其他类型的活动有什么区别的话,那就是它们带来了一种本质上不同的时间和空间的消费:休闲时间(leisure time)和领地(territory)。这里需要强调的是领地

一词。也就是说,很少有以经济为中心的研究将旅游消费领地而不是空间作为一个指标。然而,正如 Antonio Mandly 所说的,文化在一个空间上建立了它们的领地,人们用形容词来标记它们,并根据信仰、价值观、意识形态来限定它们,并赋予它们意义。

社会科学的研究帮助我们了解了土地和景观对生活在那里的不同人类群体的时间敏感性,也帮助我们理解旅游业会消耗领地。这种对领地的消耗可能导致与当地社会某些社会群体在资源的占有和控制方面的紧张关系,这些紧张关系不仅会影响商业利润,还会影响旅游业的体验和景观的审美乐趣。

贡献三:旅游情境中的社会空间

人类学的研究无疑有助于减少甚至消除实体主义的认识论风险,也许这是因为我们对将社会和文化概念化为同质的、封闭的和功能性的实体持谨慎态度,我们更愿意把社会空间称为“关系系统”(Bourdieu, 1989:16),文化是“我们可以用来谈论差异的启发式手段”。

“社会空间”概念是布迪厄用来颠覆“社会”概念中经常隐含的同质性和静态性的隐喻。选择“社会空间”这一概念既强调了社会空间的多维度,又强调了权力斗争的不断变化。布迪厄还提出资本和场域的概念,将人们日常实践中使用、交换和分配不同类型资源的多维空间称为“资本”,同时就场域本身的具体规则进行协商。

当人类学把目光转向旅游业时,构成旅游社会领域的行动者系统的复杂性就被揭示了。很明显,这种复杂性与 Doxey 刺激指数等工具无关。Doxey 刺激指数是为衡量社区对目的地生命周期的反应而制订的,范围从欣喜若狂到对抗,并且可能仍然适用于解释社会行为、反应和谈判,例如在重要旅游目的地的市中心。考虑到这种复杂性,社会学家认为,游客在任何地方的行为方式并不总是一样,并且接待客人的关系并不总是相同的。因此,为了避免认为东道主和游客是同质性群体(后者只是影响和培养前者),越来越多的社会科学家倾向于说他们研究在旅游环境中发生的社会和文化过程。

贡献四:作为重要中介的旅游空间

在人类学对旅游学做出如此多贡献之后,得出的另一个普遍结论是:旅游是一种全球交流的手段。这就是世界旅游组织的想法,它的目标之一是旅游业可以促进各国之间的和平与谅解。旅游促使来自不同价值体系的人彼此接触,旅游想象对旅游目的地和事件的生产具有较大的影响。一些知名的研究被 Malcolm Crick 恰当地定义为“旅游——地方互动的语义学”。这些研究帮助学者们了解了旅游想象的产生及其如何在复杂的旅游环境中为社会和文化进程创造条件。

旅游空间是意义的中介,而不是旅游活动的地理容器,这一概念似乎是一个很好的启发工具,可以在旅游活动成为景观一部分的环境中研究社会和文化进程。该模型的核心思想在于认识到旅游产业唤醒了潜在旅游者和社会群体对过去(集体记忆)、现在(当前管理)和未来(发展思想)观念的渴望。

本书对这一理论模型所涉及的三个主要问题进行了详细的讨论。即:①遗产化或爱国主义或某些要素被挑选、发明、识别、命名和管理的过程;②旅游领地的生产或旅游业如何呈现给人口作为发展的载体;③跨国流动和世界主义或不同社会行为者(社会—生态移民、居住游客、散居游客、都市居民—社区、地方当局、跨国精英、对游客感兴趣的群体)之间相互关联、模糊分析类别、产生和复制其身份的模式。在希腊、西班牙、摩洛哥、克罗地亚、黎巴嫩、法国进行的案例研究分析了全球化、世界主义、运动、权力和晚期资本主义等主题,并详细介绍了地中海旅游目的地的社会和文化动态。这些案例研究讨论了旅游和移民活动之间存在的扩散边界,旅游空间在文化身份对话建构中的作用,以及地方群体和非地方群体之间的相互联系。此外,人类学的叙述展示了旅游如何塑造在旅游环境中的群体的社会生活,以及它如何为集体记忆提供独特的意义。

贡献五:促进旅游业发展的方式多样

人类学研究表明,文化适应和自上而下的区域发展方法越来越不适用于了解世界不同地区旅游活动的发展。自20世纪70年代以来,旅游业一直被视为发展的工具,而今天,在发展领域工作的所有组织和机构——例如西班牙国际开发合作署(AECID)——在旅游活动、被视为遗产和发展的资源之间产生了直接的因果关系。

近几十年来出现了许多不同的形容词来修饰旅游业,如生态、农业、可持续发展、社区、团结、志愿、扶贫、伦理等。正如旅游空间有意义的调解模式所预测的那样,这些词汇不仅可以成为外部利益相关者的管理工具,也可以成为地方利益相关者的目标。这些不断涌现的形容词创造的过程突显出治理和管理者模式的来临,这些模式正试图扭转对地域资源价值评估的战略,该战略仍优先考虑从外部进行旅游规划,面向外部,以满足游客的需求,如城市品牌。此外,在研究旅游业发展的社会科学研究人员中,有些人正在探索从内部产生的战略,这些战略着眼于内部,以便赋予当地代理人权力,并优先考虑他们的需要和愿望。

研究结论

①相对于单纯和不加批判地将旅游业视为一种经济活动的还原论方法,社会科学研究已经达到了深刻的概念化,主要是从实证和功能主义范式出发,确定了基本的历史组成部分,并在文化细节的记录和对不同社会、经济和政治进程的详细描述的基础上提出了强有力的论点;在这里,"实证主义"一词是在George Steinmezt所建议的意义上使用的,即指那些以"规律性、决定论和系统封闭"为特征的认识论立场(Steinmetz,2005),并从其产生中被解构化。

②研究人员应该意识到,定性的方法和对旅游过程的详实描述——无论是从解释主义、建构主义、后现代主义观点还是从批评理论角度都与学术现实的节奏不太合拍。事实上,考虑到这种要求很高的学术环境,很难将巩固学术生涯的正当愿望与进行高质量、长期、定性研究的愿望相调和。

③在早期阶段,文化适应的方法适合于将旅游业理解为全球化和现代化框架内的一套广泛的外部实践。在相对孤立和边缘化的地域上,它们可能仍然是适当的。然而,这种现象的全球扩展及其历史连续性促使研究者们用更多的语境方法来补充传统的文化适应视角。此外,包括城市通勤者和郊区居民在内的一系列活动挑战了社会科学的传统分析范畴,如

家、地方或社区。因此,对旅游业感兴趣的社会科学研究人员现在正在拓展新的理论和方法工具,将旅游业作为一种背景而不是作为对一个地域或当地社会采取行动的外部因素来对待。

④人类学研究表明,发展与旅游有关的活动和商业不仅是一种方式。当地的文化生态节奏、劳动结构以及构成当地社会空间的社会距离和网络决定了旅游业的经济环境。根据人类学家在许多不同地区所作的详述,旅游业现在被理解为一组流动的现象。因此,旅游利益相关者和学者都应考虑旅游社会科学的成果,以改善旅游业的经济可持续性。

⑤需要加强某些领域的研究。在旅游业可持续性领域尤其如此,特别重要的是要在企业回报、生态保护以及社会和文化历时一致性之间取得平衡。

摘引自:Antonio-Miguel, Nogués-Pedregal. Anthropological contributions to tourism studies [J]. Annuals of Tourism Research,2019(75):227-237.

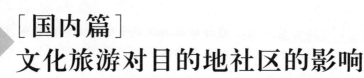

［国内篇］
文化旅游对目的地社区的影响

案例1　茶文化旅游对茶产业发展的影响

1.编选说明

茶文化与旅游。云南是世界茶树原产地,也是世界茶文化的发源地。目前,在世界上发现的40种茶类植物中,以云南分布最多。云南省是中国重要产茶区之一,主要分布在滇南和滇西地区,包括普洱茶、滇红、滇绿和云南白茶等多种类型。其中,普洱茶是云南茶叶的代表性品种之一,主要产地集中在西双版纳、临沧、普洱等地。随着文旅深度融合发展,文化旅游的业态得到不断发展,茶文化与旅游的融合将对旅游目的地的旅游发展产生一定影响。

2.精读文献

Lee Jolliffe. Tea and Tourism［M］. Clevedon:Channel View Publications,2007.

茶王玲.中国茶文化［M］.北京:九州出版社,2022.

余悦,叶静.中国茶俗学［M］.北京:中国出版社集团,世界图书出版公司,2019.

余悦,王柳芳.茶文化旅游概论［M］.北京:中国出版集团,2014.

李远华.茶文化旅游［M］.北京:中国农业出版社,2019.

郑剑顺.茶文化旅游设计［M］.厦门:厦门大学出版社,2011.

周玉忠,何青云,陈玫.云南少数民族茶俗茶艺文化研究［M］.北京:中国农业出版社,2021.

龚加顺,周红杰.云南普洱茶文化学［M］.昆明:云南科学技术出版社,2011.

光映炯.茶马古道上的旅行者和旅游文化［M］.昆明:云南大学出版社,2015.

3.问题讨论

案例主要介绍云南茶文化旅游的现状,包括茶文化旅游发展的基础、特征、困境及解决对策等。文化旅游及其对旅游目的地的影响,是旅游人类学领域的重要研究内容,茶文化旅游作为文化旅游诸多类型中特有形式,兼具观光、休闲、度假、康养和研学等多功能,在文旅融合发展进程中值得关注和研究。

茶,不仅能促进人的身体健康,还能通过产业带动边疆民族地区经济社会发展,"以茶促旅、以旅带茶,茶旅互动",可以推进地方茶产业转型升级的发展。茶文化,尤其云南的民族茶文化丰富多样独特。2022 年 11 月,中国传统制茶技艺及其相关习俗被列入联合国教科文组织人类非物质文化遗产代表作名录,44 项代表性项目中云南省有 6 项在列。茶文化遗产具有历史价值、经济价值、工艺价值、科研价值和社会价值等,茶文化的保护和旅游利用已成为当前云南旅游业发展中的重要内容。茶旅产业高质量深度融合发展,对生态文明和乡村全面振兴等方面都有积极作用。

4. 思考与引导举要

(1)茶文化旅游在文化旅游研究中的独特意义?

(2)茶文化旅游对茶产业高质量融合发展的重要性?

(3)如何从旅游体验的视角分析和研究茶文化旅游的旅游满意感获得?

(4)云南茶文化旅游发展中的新业态都有哪些,如何推进茶文化旅游新业态发展?

2018 年以来,云南省明确提出了云茶产业一二三产业融合发展战略,大力推进云南省茶产业和相关产业的深度融合发展,加强深度挖掘、弘扬云南茶文化,推动茶产业与特色旅游、民族风情文化、绿色餐饮、"大健康"等第三产业融合发展,开辟跨界融合发展新途径。近日,云南大学茶文化旅游调研组重点深入云南省普洱市墨江县、宁洱县、思茅区、澜沧拉祜自治县、西双版纳傣族自治州勐海县等地,就云南省西南地区普洱茶的茶旅融合及其助力民族地区茶产业融合发展的现状进行了调研。

1. 以绿色理念为茶旅融合基色

"通过茶旅产业的发展及村落环境的整治,使我们的家乡更加美丽,使其成为更多人心目中生态宜居、文化底蕴深厚的美丽乡村。"(引自《勐海县勐混镇贺开村村庄规划村民读本》)。

普洱市宁洱县困鹿山古茶园景观(光映炯摄)

云南地处高原,纬度较低,山峦起伏,云雾缭绕,雨量充沛,土壤肥沃,气候温暖湿润,特别适宜茶树生长,具有得天独厚的茶叶生产的自然条件,因而云南茶的内外品质俱佳,在国内外享有盛誉。云南茶的种类多种多样,按其制作方法不同可以分为红茶、绿茶、普洱茶、乌龙茶、花茶五大类,普洱茶和滇红为云南茶的典型代表,"普洱茶"主要产于云南澜沧江流域的普洱市、西双版纳傣族自治州、临沧市等区域。

云南的植茶历史悠久,古茶树资源丰富,现有古茶树91万亩,约5 400万株,是迄今所知全世界古茶园保存面积最大、古茶树和野生茶树群落保存数量最多的省份,古茶园(树)资源集中分布在普洱、临沧、西双版纳、大理、保山、红河、文山七个州。其中,普洱市在2013年被国际茶叶委员会授予"世界茶源"称号,西双版纳勐海县也是世界茶树原产地的中心地带,世界公认的普洱茶发祥地之一,有古茶树中时间最长的野生型古茶树(勐海县巴达大茶树)、栽培型古茶树(勐海县南糯山半坡寨南糯山大茶树)、过渡型古茶树(普洱澜沧拉祜族自治县富东乡邦崴大茶树)。由于粗放管理和过度采摘等,古茶树破坏严重,近年来,云南省高度重视对古茶树资源的保护和"普洱茶"品牌的保护,以促进云南省茶产业的健康发展和"绿色食品牌"打造;各级地方政府相继出台了一系列古茶树、茶园的保护条例和管理办法,如《普洱茶地理标志产品保护管理办法》《云南省西双版纳傣族自治州古茶树保护条例》《云南省澜沧拉祜族自治县景迈山保护条例》《临沧市古茶树资源保护办法》《普洱市古茶树资源保护条例》《云南省双江拉祜族佤族布朗族傣族自治县古茶树保护管理办法实施细则》《云南省普洱茶地理标志保护产品茶园登记办法》《云南省古茶树保护条例(草案)》《普洱市景迈山古茶林文化景观保护条例(草案)》等,保护好古茶树、古茶园资源是保护好茶旅游资源的重要内容。

以困鹿山古茶山为例。位于普洱市宁洱县宁洱镇的困鹿山古茶山属无量山南段余脉,"普洱"是哈尼语,意为"水湾环绕之地";"困鹿"为傣语,意为雀鸟多的山凹,这里生长着上万亩野生古茶林,山中峰峦叠翠,困鹿山古茶园相传为清代皇家茶园,过渡型、栽培型古茶大中小叶种相混而生。《困鹿山核心区茶叶管理办法》和《宁洱镇宽宏村困鹿山小组村规民约》对核心茶区内所有茶园的种植、经营、管理与保护都有严格规定。调研组所到凤凰山、困鹿山、布朗山、景迈山等地,当地都以保持良好的茶树生长环境为茶产业发展的重要任务,在种植茶树过程中不得使用茶园规定外的化肥,多人工除杂草,在村寨入口处设有禁止外来化肥的值班岗亭,不许外来茶叶进入茶叶种植加工核心区,不得销售核心茶区以外的各种茶叶鲜叶、毛茶和成品茶等,良好的生产生态环境塑造了优美的自然旅游景观,优美的自然旅游景观是茶文化旅游发展的重要资源基础。

普洱市宁洱县困鹿山古茶园(光映炯摄)

《云南省人民政府关于推动云茶产业绿色发展的意见》（云政发〔2018〕63 号）中指出，云茶产业是云南省的优势产业、特色产业、重点产业。在严格保护古茶树资源、茶园全部绿色化、持续扩大有机茶园规模、茶叶初制所全面规范化等方面持续推进，努力打造绿色云茶品牌，包括绿色食品、有机农产品、农产品地理标志和地理标志保护产品等内容。云南各地积极围绕省委、省政府打造"绿色食品牌"的决策部署，主动服务和融入"千亿云茶产业"战略，以"健康普洱茶"为需求源点，在标准建设、品牌提升、生态茶园建设上狠下功夫，走出了一条特色鲜明的现代茶叶企业发展新路子。目前，云南省已形成了古茶园、生态茶园、有机茶园等不同类型的茶园，在保护茶树生长的生态环境的同时也保证了普洱茶饮用的安全、健康和品质。云南省现有约 64 万亩栽培型古茶园，普洱市拥有 18.2 万亩栽培型古茶园，其中景迈山古茶林面积 2.8 万亩，被誉为"世界面积最大的栽培型古茶园"。2021 年，云南省生态、绿色、有机茶园面积达 542.4 万亩，占全省茶园面积的 72.4%，其中有机茶园 105.7 万亩，同比增 26.1%，绿色茶园认证面积 54.7 万亩，同比增 20.5%；有机茶园认证面积及获证产品自 2015 年以来连续八年均居全国之首。

云南省各茶区的茶树、茶山、茶林、茶园都已形成了一套独特的生长、保护和保养系统。2012 年普洱古茶园与茶文化系统被联合国粮食及农业组织授予"全球重要农业文化遗产（GIAHS）保护试点"，双江勐库古茶园与茶文化系统也被列入全球重要农业文化遗产预备名单，两者先后都被评为全国重要农业文化遗产。景迈山古茶林文化景观体现了森林、古茶园、古村相互依存、生产、生活的生态有机结合，是人地和谐的山地森林农业文化景观的杰出代表，是天然的"世界茶文化历史自然博物馆"，2021 年入选"中国世界文化遗产预备名单"，2023 年入选世界文化遗产，成为中国第 57 项世界遗产。

"高山云雾出好茶"，自然环境是茶产业发展的重要条件和重要保障；得天独厚的自然条件和优良立体的生产生态环境是践行"绿水青山就是金山银山"的重要体现，也是茶文化与旅游融合的重要基础。茶产业发展必须始终坚持走生态优先、绿色发展之路，持续保护好生态环境，茶旅融合发展也必须树立绿色发展理念，依托茶产业发展基础，走好可持续绿色发展之路。

勐海县勐混镇贺开云海（光映炯摄）

2. 以民族茶文化为茶旅融合添姿

"当民族风情和普洱茶文化融合在一起，就构成了一幅具有普洱独特的地域文化和民族文化的画卷，就能令您沉醉，令您流连忘返。"（引自"中华普洱茶博览苑导览图"）云南茶文化资源丰富,茶山文化、民族茶文化尤为突出。

云南"六大茶山"之说最早见于清朝檀萃的《滇海虞衡志》:"普茶名重于天下,出普洱所属六茶山,一曰攸乐、二曰革登、三曰倚邦、四曰莽枝、五曰蛮砖、六曰曼撒,周八百里",后又有"古六大茶山"与"新六大茶山"之说,有人也称之为江内六大茶山与江外(北)六大茶山,江北六大茶山主要是倚邦、攸乐、蛮砖、革登、莽枝和易武,江内六大茶山主要是南糯、南峤、勐宋、巴达、布朗、景迈。以"古六大茶山""新六大茶山"所形成的茶树资源、茶园资源和茶俗文化等组成了云南省茶文化旅游资源的重要内容。

云南省因地貌土壤环境的不同,使茶叶的内含成分呈现出不同差异,鲜叶或清香或香甜或微苦或苦涩,鲜叶经摊晾、杀青、揉捻、晾晒、压制或晒青毛茶、潮水、渥堆、蒸压成型、干燥摊晾加工后等不同的制作工艺后又形成了不同滋味,或苦而回甘或醇厚浓郁或冰甜回味,经过不同仓储转化后越陈越香、喉韵持久,"班章为王、易武为后",经多元空间条件和时间转化后形成了"一山一味"的特点,老班章、冰岛、易武、昔归、南糯、贺开、勐宋、景迈、布朗、勐库等茶山、茶寨和茶品更是饮茶人的热门话题。

普洱市和西双版纳傣族自治州是云南省少数民族重要聚居地,普洱市是全国少数民族成分最多的地级市,有 26 个少数民族,14 个世居民族,少数民族人口占全市总人口的 61%,主要有哈尼族、彝族、傣族、拉祜族、佤族、布朗族、瑶族等;西双版纳有 13 个世居民族,少数民族人口占全市总人口的 70%,少数民族中人口最多的是傣族。澜沧江流域不仅滋养了优良的普洱茶生态环境,也养育着生活在流域两岸的多民族及其各具特色的民族茶文化。

景迈山景迈大寨的傣族妇女在云海前(光映炯摄)

傣族、布朗族、拉祜族称茶为"腊",基诺族称茶叶为"老博",以茶入菜,凉拌茶叫做"腊攸",即将各种调料加入新鲜茶叶进行凉拌而食。基诺山乡的亚诺村定期举办"老博啦"。"老博啦"是基诺族古老的祭茶习俗之一,每年到采茶季节进行仪式祈福来年风调雨顺,茶叶丰收。基诺族生活在基诺山一带,旧称"攸乐山",曾被列为普洱茶六大茶山之首,基诺族是我国最后一个被确认的民族,在整族脱贫过程中,茶叶的生产、加工和销售发挥了重要作用。基诺山寨景区是以巴坡自然村寨为依托,将基诺族的历史文化、民居建筑、生产生活方式和饮茶习俗展示,现已是全国唯一一个全面集中展示基诺族文化的旅游目的地。

哈尼族称茶为"腊博"。在勐海县格朗和南糯山脚下大巴拉村的哈尼族茶文化调查中了解到一则关于茶来历的故事:哈尼族最早生活在山上,有自己的习俗,有很多寨子,不同寨子的人一起玩的时候产生了摩擦。每一个寨子都有头人,遇到矛盾和大事时就要处理。一天商量不好，两天商量也不好，半个月后都没有吃的喝的了。一天，路上遇到一棵树，嫩叶很好看，拿回家煮了吃，很好吃。头人说拿茶招待来商量和处理事情的人。于是，"腊"是招待的意思，"博"是商量的意思，那棵树也叫"腊博"，后来，"腊博"就有招待客人、敬祖先的意思。哈尼族在上新房、结婚、做习俗、拴线和举行仪式时都要有茶、酒、盐等，"腊博"在民间生活中具有重要社会文化教育功能。在哈尼族习俗中还有"茶为大"的说法，客人来时都是"来来来，先喝茶"，一般又用土罐煮茶招待客人。

中国少数民族特色村寨翁基古寨中正在拣茶叶的布朗族妇女（光映炯摄）

布朗族以茶为生，"以茶为命"，是较早发现、认识和利用茶叶的民族之一。布朗族居住的景迈山平均海拔1 400米左右，这里山高林茂，地形、气候和土壤条件十分适合普洱茶生长。一千多年前，布朗族先民在迁徙途中发现野生茶林，于是在此定居并与傣族等世居民族一起，探索发展出了林茶互生、人地共荣的景迈山古茶林文化景观。在景迈山"帕哎冷"寺旁，苏国文先生给我们讲述了关于布朗族与茶的故事，帕哎冷留下遗训，"我要给你们留下牛马，怕遭自然灾害而死亡；我要给你们留下金银财宝，你们也会吃完用完，就给你们留下肥沃的茶园和茶树吧。你们要像爱护自己的眼睛一样爱护茶树，一代传给一代，绝不能让它遗失。"为了把茶树与其他植物区分开来，帕哎冷将其命名为"腊"（所有的绿叶都叫"腊"，茶树为"long la"）。每年都有祭茶祖节，又分小祭和大祭，小祭每年一次，大祭每四年一次。景迈山现存5片保存完好的古茶林，芒埂-勐本古茶林、景迈大寨古茶林、糯岗古茶林、芒景上下寨-芒洪古茶林和翁基-翁洼古茶林；景迈古茶林文化景观遗产区有芒埂、勐本、景迈大寨、糯岗、芒景上寨、芒景下寨、芒洪、翁基和翁洼9个传统村落，区内居住着傣族、拉祜族、哈尼族、佤族、布朗族等民族，更形成了"林中有茶，茶中有寨，茶生寨中，茶寨相融"的一幅人与自然和谐的文化景观。

电影《一点就到家》取景地——普洱市景迈山翁基古寨（光映炯摄）

云南省的民族茶文化旅游资源尤为丰富,例如傣族的竹筒茶、烤茶,布朗族的青竹茶、酸茶,哈尼族的土锅茶、烤茶,拉祜族的烤茶和竹筒茶,德昂族的酸茶,大理白族三道茶等。近年来,国家《"十四五"旅游业发展规划》和《关于开展旅游资源普查工作的通知》等文件提出要全面开展旅游资源普查,以进一步摸清旅游资源家底,提高保护利用与管理水平,促进旅游业高质量发展,对各地的民族茶文化旅游资源也急需深入而系统的整理、记录和保护,为茶文化旅游开发提供基础资料和重要参考。《云南省人民政府关于推动云茶产业绿色发展的意见》(云政发〔2018〕63号)中也明确指出要促进茶产业深度融合,加快中国普洱茶中心建设,充分体现"展示、交易、仓储、体验、科研、旅游"六大功能,大力促进茶产业与旅游的深度融合,传播云茶文化,以茶文化赋能茶产业,这为推进云南省茶文化旅游发展提供了重要政策引导并有利于产生积极的社会效应。

3. 以茶产业促进茶旅融合

"以茶促旅,以旅带茶,茶旅互动"。茶不仅能促进人的身体健康,还能通过产业带动边疆民族地区经济社会发展,"为群众谋利益。"

随着茶产业和旅游业影响力的逐渐提升,茶文化旅游已成为人们出行旅游的选择之一,茶文化旅游因其生态、健康、养生的形象,使得茶旅市场蓬勃发展。在普洱,调研组重点考察了困鹿山古茶园、普洱茶中华博览苑、天士力帝泊洱生物茶谷和景迈山景区等。2022年调研组重点考察了西双版纳勐海县的云南省农科院茶叶研究所、大益庄园及大益馆、贺开古茶园、老班章村等。各级地方政府正大力推动茶旅融合发展,已初步形成以茶林、茶园、茶乡、茶山和博物馆、景区等为载体的观光休闲、度假康养、商务考察等茶旅产品,但部分地区的旅游交通设施、旅游公共服务、旅游接待服务和旅游产品等方面并没有得到很好地开发,特别是部分茶山、茶庄园的可进入性、可游览性以及茶山与主旅游线路空间关联度等方面还有待提升。

宁洱镇宽宏村的工作人员带领着我们参观了困鹿山古茶园并介绍了困鹿山的旅游业现状。政府已修建了一个观景栈道和观景台,村里有一个小的茶文化展厅;但是"这里没什么农家乐,也没有住宿客栈,要参与茶体验的活动要到茶叶初制所"。路上,我们遇到了一位带朋友来困鹿山旅游的茶人,她说"如果要住的话可以住我家,也可以去家里体验炒茶过程,在我家吃饭"。一位游客还告诉我们,"如果你要喝真正的古茶、好茶的话就要来这种'远点'的地方,这里禁止化肥和其他的茶叶进入。这里的茶比外面的便宜,这里的茶叶质量让我们觉得更有保障,还愿意再来(重游)"。

普洱茶中华博览苑位于在距市区29千米的营盘山上,以万亩生态茶园为建设背景,青山环绕,丘陵相拥,景区内由"普洱茶博物馆""村村寨寨""嘉烩坊""普洱茶制作坊""茶祖殿""品鉴园""采茶区""问茶楼""闲怡居"九个部分组成。景区依托拉祜族、佤族、布朗族、哈尼族、傣族等5个普洱市主体少数民族独具特色的民族文化,把民族风情和普洱茶文化进行有机融合。

天士力帝泊洱生物茶谷的产业园区以茶产业为基础,以茶科技为内容,以茶文化为传播,并以"产学研"合作方式开展普洱茶技术、标准、产品和安全功效等方面的研究,相继荣获"十大工业旅游示范基地""国家AAAA级旅游景区"等多项荣誉。2022年5月,中国农业国

普洱市中华茶博览园远眺万亩茶园（光映炯摄）

际合作促进会茶产业分会与中国茶产业联盟联合举办的全国茶乡旅游精品线路入围名单出炉,天士力帝泊洱生物茶集团的"帝泊洱生物茶谷"线路和腾冲市农业农村局申报的"腾冲高黎贡山茶旅走廊"成功入选"春季踏青到茶园""夏季避暑到茶乡"全国茶乡旅游精品线路名单,积极推动了茶乡旅游发展并促进了茶产区三产融合发展。

普洱市天士力帝泊洱生物茶谷大门（光映炯摄）

随着景迈山知名度提升,基础设施逐步完善,越来越多的游客来到这里,村民通过开办民宿、餐饮、节庆民俗体验、采茶制茶体验等旅游活动,吸引了国内外游客,提高居民的经济收入,不少景迈山茶农从单纯的种茶、卖茶逐渐走向了茶旅融合发展之路。2021年,景迈山入选美国《国家地理》杂志"最佳旅游目的地"。此外,2008年开业的景迈山柏联普洱茶庄园有11 000亩茶园,全部通过中国有机认证、欧盟有机认证,是集茶叶种植、加工、旅游、文化等功能于一体的国内最早的普洱茶庄园之一,并已形成集"吃住行游购"为一体的茶旅融合发展模式。

景迈山古茶林（大平掌古茶林）（光映炯摄）

大益庄园占地面积 1 500 亩,2007 年开始对外营业,以深度了解和体验茶文化、茶马古道文化、茶生活体验为内容和特点,2011 年 12 月被评定为国家 AAAA 级景区。2016 年 6 月大益茶业集团、云南金孔雀旅游集团及云南省农业科学院茶业研究所围绕西双版纳州旅游发展战略和旅游市场需求调整实现了三方在"茶旅同行"上的战略联手,云茶庄园正式更名为"大益庄园",建成了包括手工采制茶、茶道品饮鉴赏、马帮文化体验、生态茶餐膳食和茶文化主题酒店等在内的普洱茶文化创意主题类的"休闲文创体验式庄园","人文茶餐,以茶入菜"是其重要特色,现已成为集民族文化旅游观光、科普人文教育体验和茶文化趣味休闲为一体的庄园式旅游度假胜地,大大促进了普洱茶文化、茶马古道文化和旅游文化的深度融合发展,增强了游客的茶旅体验。2017 年 8 月,大益庄园被评为云南省文化创意与相关产业融合发展示范基地。大益庄园以"茶文化+旅游"为主题,带动周边茶农、旅游服务产业,帮扶解决周边村镇、村民就业,为周边村民提供较为稳定的工作岗位。目前,大益庄园是勐海县内最为完整的普洱茶文化对外展示地,已吸引游客 15 万余人。大益馆则以博物馆形式全方位地向游客展示了大益集团的发展历史、重要藏品、制作技艺和大益精神文化。

电视剧《让我听懂你的语言》取景地,大益庄园内茶语亭(光映炯摄)

贺开古茶园是国内迄今保存较好、连片面积较大的古老茶山之一,连片面积约 1.6 万亩,现有古茶树 230 余万株,茶山上聚居着云南省特有的少数民族拉祜族。2019 年 12 月入选第二批国家森林乡村名单,2021 年 11 月入选云南省 2021 年度美丽村庄名单。2011 年,贺开村引进云南六大茶山茶业股份有限公司,就贺开古茶山开展旅游投资,现已建成贺开庄园半山酒店、普洱茶博物馆、普洱茶档案馆、古茶树初制精制体验中心等,贺开庄园是半开放式茶庄园,游客须由讲解员带领才能游览普洱茶博物馆和进行茶加工体验活动。同时,贺开村不断开发旅游配套系列产品,在管理好茶叶专业合作社的同时还建有百润庄园等旅游酒店,形成了"茶文化+旅游"发展模式,每年吸引游客约 5 万多人。

随着各地茶商的大量进入,老班章村也不断加强对古茶树、古茶园资源的保护,2018 年修好老班章茶王路,茶树王也已恢复生长,通过"村规民约"等对茶商进入茶山及相关茶叶生产、销售、经营活动采取了相关管理办法。

不论在茶山、古茶园还是茶企、茶林景区,茶产业的发展都是茶旅融合发展的重要基础

勐海县布朗山老班章村恢复中的茶树王(光映炯摄)

和重要条件,茶的种植、采摘、加工、体验和科技等都是游客观光、参与和体验的重要内容和重要旅游资源,茶产业和茶文化、茶科技的融合也深深地嵌入在茶旅融合发展之中。讲好普洱茶品牌、品质和品味的故事,保护性开发茶文化旅游才能有利于促进"三茶"融合和云南茶旅融合的绿色发展之路。

4. 以品牌引领茶旅融合高质量发展

"勐海茶,勐海味",那么,"云茶"的"云味"是什么?

2021年中华人民共和国农业农村部、国家市场监督管理总局和中华全国供销合作总社发布的《关于促进茶产业健康发展的指导意见》中要求统筹茶文化、茶产业、茶科技,贯通产加销、融合农文旅、加快品种培优、品质提升、品牌打造和标准化生产,提高茶产业链供应链现代化水平,打造茶产业全产业链,拓展茶产业多种功能,提高茶产业质量效益、竞争力和可持续发展能力。同时,要积极推动茶文旅融合,开发茶文旅融合新业态,打造茶旅精品线路、精品园区和特色小镇。"云茶"产业是云南省的传统优势特色支柱产业,对推动云南省乡村特色产业发展,促进农民增收具有重要意义。做大做强"云茶"产业,培育和打造特色品牌是必由之路。近年来,普洱市正积极打造普洱茶文化主题街区、茶林半山酒店、乡村民宿,做好茶旅融合文章,努力建设国际生态旅游胜地;同时普洱市以景迈山古茶林文化景观申遗为契机,高标准建设普洱茶博物馆、景迈山田园综合体等项目,把景迈山打造成为全省乃至全国知名的乡村振兴示范园。

茶旅融合的"勐海模式"已逐渐彰显特色,勐海以"生态立茶"为核心,以自然景观和民族文化的结合为支撑,依托勐海茶品牌,旅游业获得长足发展。在提出建设"中国普洱茶第一县"目标的同时构建了以城市品牌、区域品牌、企业品牌为核心的品牌体系,形成了以"勐海茶+科技创新+文化旅游+康体养身+学习体验"为重点的"勐海茶+"的全域旅游产业链,通过一片叶子,初步形成了具有勐海特色的茶旅融合发展模式。据了解,勐海目前正加快建设普洱茶工业旅游、七子饼茶文化旅游环线、半山酒店、大益庄园升级改造、勐混农业特色观光小镇和曼先国际旅游度假区等一批项目建设,并以构建智慧化旅游服务体系为目标,加快

5G 网络、人工智能、区块链等场景开发和应用进程,开发沉浸式、体验式线上智慧旅游产品,构建"游前、游中、游后"的全过程智慧化服务体系。2015 年,雨林古茶坊庄园落地勐海县,目前主要接待代理商并提供茶山行旅游活动,将古树茶产品研发、古树茶原料仓储、古树普洱茶文化体验与民族茶文化相融合,"富百姓、兴文化、美家园",是全国先进基层党组织、州民族团结进步工作示范单位,以党建引领茶产业发展,成为西双版纳民族团结进步事业的一个缩影。

《云南省人民政府关于推动云茶产业绿色发展的意见》指出,加大招商引资力度,鼓励采取内引外联、资源整合、股份合作等方式,打造一批茶叶龙头企业。完善交通基础设施,结合当地自然风光、民族风情、民俗美食等,打造一批茶特色小镇、美丽茶乡村、家庭农场、秀美茶园、茶休闲观光主题公园等,打造形成茶产业三产融合示范区;要引导茶企在茶区建设茶体验场、茶产品展示购物店、茶文化吧等,传播普洱茶文化,拓展茶功能,延伸产业链,提高茶产业综合效益。2022 年 8 月,云南省农业农村厅颁布的"10 大名品"和绿色食品"10 强企业""20 佳创新企业"名单中,勐海"陈升号""雨林古茶坊""六大茶山"、普洱"龙生""澜沧古茶""天士力帝泊洱生物茶"、大理"下关沱茶"、双江"勐库"、腾冲"高黎贡山"生态茶等企业榜上有名;同时,云南省的茶企、茶商和茶农们借助互联网营销,开启了茶产业"互联网+云茶"的新时代。通过打造一批茶业龙头企业,鼓励支持各地各行业及茶企充分依托茶资源,进行资源整合,促进茶旅有机结合。

2022 年 5 月 21 日,第三个国际茶日对中国茶文化的宣传起到了积极作用,各地也举办茶文化旅游节等各种活动,中国普洱茶文化旅游节、高黎贡山茶文化节、基诺山的"老博啦"茶文化节庆和各种茶博会、斗茶比赛等汇集、传播和传承着丰富的地方茶文化。茶产品的品鉴与展销中包含了茶产业发展、茶企文化和茶科技的联动和融合,普洱市以数字赋能普洱茶产业发展,建设普洱茶品质区块链追溯平台,构建茶产业全产业链大数据,并以普洱市原产地的地理条件和气候环境优势为基础制定与完善普洱茶仓储技术标准,推进仓储平台建设,为客户提供专业的普洱茶仓储方案,通过数字技术提高产品竞争力。尤其传统茶企在转型升级中与现代技术的结合中,将茶产业的优势转化为竞争优势,围绕"产业+科研""产业+文化""产业+旅游"等多业态布局,打造集生产、加工、展销、科研、宣传、旅游、商务等于一体的全产业链。

茶文化旅游是现代茶业与现代旅游业交叉结合的一种新型旅游模式,茶旅融合推动了茶产业的发展,是提升品牌知名度的有效途径。目前,云南省已推出云茶 10 条精品茶旅线路"寻根易武、品味勐海、揽胜景迈、茶源普洱,探秘临沧,滇红之旅,魅力大理、边地腾冲,秀美德宏、茶马古道"。"茶源普洱"的推荐线路是:景谷——镇沅县千家寨——宁洱县那柯里茶马驿站、困鹿山——思茅区中华普洱茶博览苑、茶马古道旅游景区——澜沧县景迈山古茶林和古寨;"品味勐海"的内容主要是勐海县布朗山上的老班章、老曼峨、班盆、帕沙等普洱名寨,贺开的万亩连片古茶园,南糯山半坡寨栽培型茶树王以及滑竹梁子、那卡、勐海八公里茶产业园和云南省农科院茶叶研究所的大叶种种质资源圃等。西双版纳推荐的茶旅线路是:景洪—大渡岗万亩茶园——基诺山(攸乐山)——孔明山——易武古镇——布朗古茶山——贺开古茶山——景洪;同时还推出了红色茶旅线路,从"中国普洱第一县"勐海、"红色旅游小镇""中国贡茶第一镇"勐腊易武镇等优势资源出发,围绕"茶"这一主题,将茶区建成旅游景区、将茶园建成休闲公园,把采茶劳动变成旅游体验、把茶叶产品开发成旅游商品,将大益庄园、勐巴拉雨林小镇、易武茶博物馆、南糯古茶山等古茶园体验游、生态茶园风情游等茶旅目的地串联,讲好西双版纳红色茶旅故事。临沧的"滇红茶""冰岛茶""昔归茶"等是国内外知名茶品,临沧也围绕讲好临茶故事、提升茶旅品质、推出茶旅精品线路、采取了一系列措施打造产品体系,重点在凤庆、勐库和冰岛等地推出研学康养、亲子游和休闲度假旅游产品等。

茶文化、茶产业和茶科技的"三茶"统筹大大促进茶文化旅游体验和茶文化旅游消费的高质量提升,尤其通过"茶+旅游"的产业整合促进了地方茶产业与第三产业的融合,但一方面受茶产业发展中茶种植、茶加工、茶仓储等品质影响,另一方面受旅游交通、旅游服务设施等旅游发展因素制约,在数字科技赋能茶产业、茶文化旅游资源内涵挖掘、茶文化与旅游产业融合深度、茶文化旅游产品消费质量等方面还有待进一步提升。为促进民族地区茶旅深度融合,提升茶文化旅游高质量发展,调研组建议:

一、**树立绿色发展理念**。茶旅融合离不开以茶产业为基础,茶产业的发展离不开茶树、茶园、茶山及其保护。"绿水青山就是金山银山",要加强产茶区名山古茶树和古茶园资源及其生态环境的保护,落实相关古茶树、古茶园的保护条例和管理办法,实行保护性开发策略。

二、**优化茶产业市场环境**。建设好生态茶、绿色茶、有机茶,形成规模,提高茶叶生产加工销售质量,通过地理标志产品的使用权、有机茶认证等手段规范茶叶市场,引导大众理性消费,合理消费,如严格执行各级各类茶叶产品的国标、地标、团标、企标等,并落实《生态茶园建设指南》及《云南省茶叶初制所建设管理规程》等茶叶初制所和茶业合作社的规范化管理,提升茶文化旅游体验品质。

三、**打造精品茶文化旅游线路**。通过对云茶的类型、品种等梳理,加强"云茶"文化系列特别是民族茶文化研究,推进落实《云南省人民政府关于推动云茶产业绿色发展的意见》,构建围绕"看茶树、摘茶叶、游茶园、入茶山、制茶叶、品赏茶、吃茶餐、住茶宿、消费茶"为内容的精品旅游线路,打造一批观光、研学、体验、休闲、度假、康养等茶旅一体示范区,全面提升"吃住行游购娱网厕"等旅游要素品质,拓展茶旅融合新业态和延伸发展全产业链。

四、**提升旅游接待服务和管理**。在保护茶山环境和茶树生态质量的前提下,提高茶山行的可进入性,可通达性,改善现有观光、游览、休闲的旅游服务环境,加强茶文化旅游专业人才培养,提升茶农参与旅游发展的意识,可通过茶艺师、评茶员、制茶师、新媒体等相关专业知识的培训,提升旅游从业人员对茶知识掌握的专业性,拓宽新媒体营销方式,促进茶文化旅游从业服务和管理高质量发展。

五、**深化"三茶"融合,促进茶旅消费高质量发展**。在"三茶"统筹发展中,茶产业是重要基础,茶文化是重要内容,茶科技是重要手段,茶旅融合是重要路径。以滇西南普洱茶产业为例,茶产业走上了从农业普洱到人文普洱再到数字普洱的发展之路,以文化塑魂,以产业振兴,以科技创新,将"三茶"有机统筹,充分发挥茶产业的旅游富民效应。

调研路上,茶树花开,又进入谷花茶采摘季了。调研组走进古茶林、古茶园、古茶山,调研茶企、游览庄园、茶博览苑、工业旅游地,进山览寨,入园观茶,实地走访,深切感受到了云南的秀美自然风光、浓郁民族风情、独特人文景观、深厚历史文化,感受到了以茶为媒、以茶为文、以茶为魂的茶文化旅游魅力,体会到茶旅融合发展的"云南模式",一路之行都有茶花、茶香、茶味、茶人相随相伴,在去往"诗和远方"的路上,最美风景莫过于"茶香醉人"。

案例2 东道主凝视下的社区旅游发展

1. 编选说明

在云南丽江,由于文化与旅游的互动,因文化而带动旅游业又以旅游发展反哺遗产保护而被称为"民族文化和经济对接"的"丽江现象"甚至"丽江模式"。随着旅游业的大规模发展,传统文化以及民间艺术正在消亡和改变,对纳西族文化也产生了很大影响。

2. 精读文献

杨福泉,等. 丽江市和迪庆州旅游与文化互动发展研究[M]. 北京:中国书籍出版社,2015.

杨福泉. 策划丽江:旅游和文化篇[M]. 北京:民族出版社,2005.

杨福泉. 纳西古王国的东巴教[M]. 成都:四川出版集团,四川文艺出版社,2007.

杨福泉,等. 云南名镇名村的保护和发展研究[M]. 北京:中国书籍出版社,2010.

宗晓莲. 旅游开发与文化变迁——以云南省丽江县纳西族文化为例[M]. 北京:中国旅游出版社,2006.

光映炯. 旅游场域与东巴艺术变迁[M]. 北京:中国社会科学出版社,2012.

光映炯. 文化与旅游:东巴文化的旅游展演及活态保护[M]. 北京:中国社会科学出版社,2019.

3. 问题讨论

案例主要反映从游客凝视到东道主凝视的理论发展及其适用性。东道主凝视也是一种重要凝视类型,选取的案例是云南香格里拉白地,由于其具有东巴圣地与旅游景区的双重性,在跨文化背景下从东道主凝视的角度对其进行研究可以更多地了解社区旅游的发展,并提出有益于社区旅游发展的有效建议。同时,试图将有关理论和案例进行结合,推进旅游人类学理论研究对于地方的服务实践意义。

4. 思考与引导举要

(1)旅游业是怎样影响东道主社区文化变迁的?

(2)旅游场域中的象征资本是什么? 又如何发生演化?

(3)东道主凝视与游客凝视与下的社区旅游有何不同?

(4)东道主凝视的研究意义如何与旅游业发展现状进行结合并研究?

1. 作为"文化圣地"与"旅游景观"的白地

这里的案例地——"白地"是指云南省迪庆藏族自治州香格里拉县三坝纳西族乡白地村民委员会所辖区域①。三坝乡位于香格里拉县东南部，哈巴雪山之东麓，乡驻地距香格里拉县城100千米，辖江边、哈巴、瓦刷、白地、东坝、安南6个村委会，75个自然村，人口1.5万，有纳西族、汉族、彝族、藏族、回族、傈僳族等世居民族，其中纳西族占62%以上。白地村委会下辖15个村民小组（自然村），其中古都、波湾、吴树湾、水甲、恩水、恩土、补主湾、阿鲁湾8个自然村为纳西族村，其余为汉族村寨和彝族村寨；距白水台较近的主要有4个纳西族村，即波湾村、古都村、吴树湾村和水甲村，尤其是白水台景区与古都村几乎为一体。由于交通不便，白地较少受到外来文化的影响，保存了比较古老的东巴文化形态，2012年白地村被列入第二批中国传统村落名录。白地不仅保留了"圣地"的光环也吸引了慕名而来的游客，成为当地的重要旅游景点之一。

1.1　作为"文化圣地"的白地

"白地"即"白色之地"，一般来说包含两层含义：一是具有自然景观特点的白水台景区；二是具有宗教文化意义的白水台所在之地——白地。

首先，白水台是白地的标志性景观。它方圆不过百里，但在整个纳西东巴文化区有着举足轻重的作用。白地的白水台是我国最大的华泉台地，面积约3平方千米，是由于碳酸钙溶解于泉水中而形成的自然奇观，又被称为"仙人遗田"。据说，白水台最初是作为神祇来敬奉的，相传纳西族东巴教的第一圣祖丁巴什罗从西藏学习佛经回来，途径白水台被其美景吸引，留下来设坛传教，并形成纳西族的主要聚居区之一。这里是当地各民族人们祭祀神灵的地方，一些重大东巴祭祀仪式和民族节日都在白水台进行，白地纳西族传统节日有每年的"二月八"（又称"朝白水"）祭天仪式和歌舞会等。《光绪新修中甸志书稿本》中有记载："仲春朔八，土人以俗祀为祭，赟币承牲，不禁百里而来；进酒献茶，不约千人而聚。此一奇也，亦胜景也。"②"二月八"的节日融地方历史、宗教、民俗、文艺、民族关系等为一体，集中体现了当地传统农耕文化、游牧文化、东巴祭祀文化、民间歌舞文化等丰富的文化内涵。③奇特的自然华泉台地和纳西东巴文化组合成了特有的文化旅游景观，吸引了无数游客前来观光。

白地是纳西东巴文化的发祥地，又被认为是纳西东巴文化的"圣地"。和志武认为"东巴教开始大规模用象形文编写东巴经，可能始于被奉为神明的白地人阿明。阿明生于北宋中期（11世纪），这时的东巴教已发展到著书立说的新阶段，标志着东巴文化已形成于白

---

① 白地，又称"北地、蹦地"。按当下行政区划单位为白地村民委员会，简称白地村委会，其下辖自然村称为村民小组。为叙述方便，本文依照传统习惯，把自然村称为村。

② 吴自修纂，张翼夔纂，和泰华、段志成标点校注，光绪新修中甸志书稿本，见《中甸县志资料汇编》第2册，中甸县志委员会办公室，1990.

③ 和继全，和晓蓉.传统节日的文化传承与多元民族宗教和谐功能——以香格里拉白地纳西族传统节日"二月八"为例[J].思想战线，(人文社会科学专辑)2009,35(S1):4-8.

地。"①和志武还曾论述:"白地为东巴教圣地,出过阿明大师,有著名的白水台和阿明灵洞圣地,象形文字和东巴经书保持古老独特风格,是东巴文化形成的中心,这里受外来文化影响较小,不用标音文字(哥巴)的经书,学问高深的大东巴也比较多,因此民间有'白地东巴最贤能'之说。"②和志武论及了白地东巴文化圣地的内容:圣人阿明和阿明灵洞、圣地白水台、东巴文化形成的深厚文化底蕴。杨正文认为白地作为"东巴圣地"有三个条件:一是这里拥有天地神川,如白水台的独特地理位置和环境,二是这里有"阿明灵洞"的圣祖遗迹,三是东巴宗教活动仍然还在民间有传承,所以将这里称为"东巴圣地"③。民间又有"没有到过白地,不算真正的东巴"之说。

1.2 作为"旅游景观"的白水台景区

就白水台景区的旅游发展而言,依据介入的社会主体不同可分为三个时期:

(1)1987年以前:民间性朝拜及旅行时期

据传,纳西东巴教的创立者东巴世罗曾经住在这洞里,并从那里向四处传教;而且,"北地(今白地)是一个朝圣的著名地方,因为每个纳西东巴教徒的愿望是在他的一生中,要到北地'世罗内可'圣洞朝一次圣……"④又据,古代木里、盐源、丽江等地很多东巴教徒都到白地去拜师、学经、研习东巴文化,甚至在阿明灵洞举行"汁再"("加威灵")仪式。在白水泉边的一石刻上有明代纳西土知府木高所题诗一首:"五百年前一行僧,曾居佛地守弘能。云波雪浪三千垄,玉埂银丘数万塍。曲曲同流尘不染,层层琼涌水常凝,长江永作心田玉,羡此高人了上乘"。诗末题"嘉靖甲寅长江主人题释哩达禅定处"。嘉靖甲寅为公元1554年,由此上溯500年,即公元1054年,此虽举其大概,但可知在北宋中期东巴教的祖师就在这里修行传教,丽江土知府木高400多年前就去朝觐"圣地",题诗摩崖。后来,著名美术家、被誉为"摩些先生"的李霖灿也曾于1941年到白水台游览并与当地的藏、纳西、傈僳、彝各族人民欢庆"二月八",白地在民间的宗教影响早就吸引了一些前来朝拜旅行的"旅行者"。

(2)1995年至2002年:政府行为的主导时期

1985年香格里拉到三坝的公路(毛路)修通,游客开始进入白水台景区。1987年,白水台地区成立文物保护区,并聘用三人进行白水台的保护工作⑤。1995年,三坝乡成立了乡旅游管理委员会以加大对景区的管理,当时有5~6个工作人员,由副乡长分管。1992年,香格里拉正式对外国人开放。

1995年,迪庆州旅游局的成立标志着香格里拉旅游业开始走入正轨。1996年由于香格里拉的旅游热潮,到香格里拉再到白水台的旅游者开始增多⑥。自2000年开始,白水台景区

① 和志武. 纳西东巴文化[M]. 长春:吉林教育出版社,1989:91.
② 和志武. 纳西东巴文化[M]. 长春:吉林教育出版社,1989:57.
③ 杨正文. 东巴圣地——白水台[M]. 昆明:云南人民出版社,1999.
④ 约瑟夫·洛克. 中国西南古纳西王国[M]. 刘宗岳,译. 昆明:云南美术出版社,1999.
⑤ 肖佑兴. 旅游目的地旅游效应及调试对策——以白水台为例[D]. 昆明:云南师范大学,2002.
⑥ 杨桂红,孙炯. 香格里拉的腹心地——中甸旅游业发展及管理模式探讨——兼谈中国西部老少边穷地区旅游产业发展之路[J]. 经济问题探索,2001(2):116-123.

由香格里拉旅游局下属的门票办统一负责有关票务工作,门票收入上交县财政①。1998 年底开始发动村民修水沟,用于补给白水台水源。据了解,波湾村 100% 的用水、古都村 30% 的用水均取自这一泉眼。1999 年修景区栈道,专供旅游者行走。2000 年由乡政府出资,古都村将原先的人行道改建为马道。在 2001 年年初,公路改建为柏油路②。1999 年,国家实行"五一""十一"黄金周的休假办法(2008 年"五一"黄金周取消),游客量逐年增多。这个阶段,由于有政府和当地有关部门的共同参与努力,白水台景区的"五景"及其规模都已基本成型,景区面积大约有 100 多亩。据调查,当时白水台景区一天的最多游客量达 2 000 人左右,一年的收入在 140 万元左右。

(3)2002 年至今:企业组织的运作时期

2002 年 3 月,香格里拉天界神川旅游业发展有限公司成立,该公司是由云南澜沧江实业有限公司和香格里拉县人民政府共同组建、能进行大规模的景区管理和旅游资源开发。公司于 2002 年 4 月正式启动"天界神川之旅",包括虎跳峡急流峡谷探险景区、哈巴雪山自然风光环山景区、白水台东巴文化探秘景区、碧塔海高原湖泊植被考察景区 4 个著名景区。2003 年,退耕还林。2005 年前后,丽江至香格里拉旅游线路中,游客们大多都会经过白水台并前往参观,曾经的东巴文化山庄也很"火"。而天界神川旅游业发展有限公司对古都村所属的白水台景区先租用,后又以每亩 6 万元进行了征用,至今在景区的中部还有一片社有林,这造成了林地使用与管理上的诸多矛盾。

交通通达性较差,香格里拉到三坝的弯道很多,丽江到三坝沿线虎跳峡经常有碎石滚落,加上 2006 年以后,在香格里拉约 200 千米的东环线上,还分布着普达措国家公园、碧塔海国际重要湿地、哈巴雪山、虎跳峡等更多旅游景区景点,到白水台景区的游客量开始逐年减少。目前的游客也只是"看一眼"就走,停留时间一两个小时且都是香格里拉至丽江一线的过往来客。

2006 年以后,白水台景区的旅游发展处于相对变革期。白水台景区被迪庆州旅游开发投资有限公司③购买,现隶属于香格里拉虎跳峡旅游经营有限公司。2013 年年底,迪庆旅游投资公司又被昆明旅游投资公司收购。香格里拉虎跳峡旅游经营有限公司的白水台景区部门,主要有两个旅游管理机构:一个管理部门,负责景点管理,包括景点的保护、垃圾清运、景点治安和监督旅游者的不良行为等;一个售票部负责门票的销售、监督和处理等事务,以及一名炊事员负责景区工作人员的日常饮食。另外,还有一支马队(每天 12 人左右)。马队成员主要来自古都村村民,2016 年时全村 90 户分为 4 个组接待游客,主要在旺季负责接待,而公路沿线有宝丹商务酒店在内的 10 家左右的私人酒店、客栈。2018 年前,景区的景观受到各种影响和破坏,栈道受损,水源越来越少,部分台地已变黑,经营管理也相对散淡。

---

①②　肖佑兴.旅游目的地旅游效应及调试对策——以白水台为例[D].昆明:云南师范大学,2002.
　③　云南省迪庆州旅游投资集团成立于 2006 年,截至 2008 年年底,公司注册资本达 1 亿元,总资产达 11.31 亿元。主营对迪庆州内旅游景点景区和宾馆酒店进行开发投资,并开展国内、国际旅游业务。主要是旅游重点开发项目、旅游基础设施、旅游精品工程以及相关配套产业的投资建设和经营管理。下设"梅里雪山国家公园开发经营有限公司""虎跳峡旅游经营有限公司""滇金丝猴国家公园经营有限公司""普达措国家公园旅业分公司"等公司,并经营管理多家酒店、旅行社、商品开发公司及演艺公司等。

2. 东道主凝视下的白地社区与白水台景区

白地的核心区古都村、波湾村和吴树湾村现共有8位东巴,古都村有4位东巴,波湾村有3位东巴,吴树湾村有1位东巴,还有十多个学徒。随着近年来东巴的老龄化或离世,白地东巴文化的传承也逐渐式微,这在当地工作人员眼中体现得尤为明显,他们通过作为社区居民的"我者"身份观察游客"他者"行为,同时在对游客的凝视过程中增进对本民族文化的进一步认识。东道主眼中的"二月八"及文化变迁,如摘录所言:

3月19日,星期二

在三坝纳西族里,最为隆重的节日是"二月八",称为"朝白水"。方圆几百公里以内,所有的纳西族都会到白水台参会欢度节日。在我的记忆里,那天的白水台,是人山人海,是歌舞的世界。早晨,我得准备所要用到的各种炊具及吃的饭菜,还要特备一只大公鸡,由马驮上白水台,然后回到售票室工作。村里的孩子们,也都早早穿上父母为他们准备的节日盛装欢天喜地地向白水台进发了。但是,只有20%的男性和40%的女性穿着纳西族古老的服饰。

以前,不管来自哪里的人都要牵着马,把东西放到马背上或骑着马到白水台。现如今,时代变了,各家都开着自家的大、小汽车,拖拉机而来。近两公里的公路两旁摆满了车。当然,人们还是要到祭坛前祭拜、烧香、磕头,喝口圣水再装瓶圣水带回家。祭坛上,香火从早到晚一直不断。而今的节日都为了一顿饭,吃过午饭,很多人就匆匆下山去打牌了。几年前,还有赛马场、歌舞场,如今都是空空如也。①

东道主在观察游客的行为过程中不仅观察到了自己本民族文化的变化,且通过东道主对游客的凝视发现游客的文化需求及对东巴文化的了解。

旅游目的地社区的一些文化精英对文化保护及旅游展演的认识,说明了白地东巴文化保护的现状也道出了他们自己的忧思。据调查,三坝乡政府的文化调研和迪庆州东巴文化传习馆对文化保护已做了大量的基础工作,但由于资金匮乏而很难对东巴文化产生更积极的保护效应,只有民间散存的传习点自发地进行东巴文化保护和传承工作。究竟什么是文化保护?白地进行保护工作的老师如是说:

问:到底什么是"保护"?

答:有保护、抢救、传承三种(层次)。我们曾设了一个以纳西东巴文化为主的活的"纳西文化博物馆",小小的博物馆,"活的"是因为这个博物馆会"说话""跳舞""唱歌"。

问:一个活态的、在民间的?

答:对,活态的、在民间的。

问:会不会以表演性的形式去做这些仪式?

答:不会,宁可学校散了我们决不搞表演性的。当然,跳一些民族民间歌舞,那是随时都可以搞,但是那些祭祀仪式是不会随便搞。比如正月十九必须祭牲畜神,其他时间就不能

---

① 2014年记录。日志记录人,和先生,白水台景区工作人员。

祭。我们有场地,祭天有场地,祭署有场地,祭牲畜神也有场地,每个村都是。

问:有人认为,有些旅游景区的文化展示在一定程度上可以起到一个保护东巴文化的作用,您怎么看呢?

答:文化是旅游的灵魂,旅游是文化的载体。搞得好(旅游)是载体,搞不好旅游会变成文化的坟墓。这必须处理好,处理不好,表演性的文化只是一个泛化的保护形式,真正的保护形式必须要在民间传承。原来说过"传承民间化""学术国际化"(2003年的时候),这几句我非常赞同,我们要搞(传承东巴文化),万一以后热起来,必须分得清清楚楚,"一块"和"一块"不干涉,"一块"服务"一块"。这样我认为日子会比我们现在好得多。现在我们是很苦,但是有些苦只有我们自己知道,苦和甜都是为了自己的民族文化,我们这代人不搞,谁来搞,尤其我们是喜欢文化的人。搞文化有好几种搞法,我们是因"喜欢文化而搞文化"①。

当地人已经认识到旅游发展对文化保护的影响,但白地的旅游发展对文化保护的作用如何呢? 通过东道主凝视,东道主社区尤其是进行旅游工作的居民也在"内化"式地凝视自己身处"文化与旅游"场景中的感受。

3月4日,星期一,晴
近来,每天30人左右的游客数,我的工作也很清闲。

4月28日
来白水台旅游的游客中,除了自驾的、团队的,包车的、徒步的外,还有部分是乘坐公交车来的游客。每天多多少少都有10人左右,而最为受罪的是中午班的游客。早上9点多从香格里拉县城出发到上午12点左右到达白水台,下午2点20左右就要返回香格里拉。若在途中还要随时上下客人的话,有时要12点30分以后才到达,所以游客在白水台景区停留的时间就相当有限,有时甚至会误车,我们要为他们找车才能赶上。

5月27日,星期一,晴
这段日子,丽江来的游客较多,都讲纳西语,很多都会要求减免门票。有时让我很为难。一般他们来的人数都较多,7人以上;也有少数的。

6月9日,星期天,多云
这几天的老外朋友很多,同为旅游者,可他们有"天壤之别",一看就可知道他们的"来头",衣物比较脏乱,背上大包小包,有的是徒步,坐客车、骑单车的稍好些。基本都是胖的老外的团队肯定是较豪华的旅游团队,整个团队基本是有备而来。有司机、陪同、导游、医务人员等。一般这些游客的年龄偏大。有些旅行团人数很少,两三人一个团,他们买票从不讲价,就算上年纪的也都全票付钱,带着小孩的同样以成人票购买。

7月8日,星期一,多云
今天,我早早地起床,要在6点半以前赶到值班室开门,开始一天的工作。路上遇到了很多前往白水台烧香的,有些已经从白水台回来了。原来,今天是初一,农历六月初一。纳西族最讲究的是初一、十五两天,传统中吃斋饭的日子。这两天不能杀生,连一个鸡蛋都不

---

① 和老师访谈资料(部分)。访谈时间:2014年1月,访谈地点:和老师家。

能碰破壳,停止一切生意往来,不能扫地,往外倒垃圾、灶灰等。只要时间允许,老户人家都会安排一个人到白水台烧香、装圣水,采摘吉祥树枝或好看的花草带回家。今天来的人特别多,八个自然社,每个社都有人来烧香。①

所摘录的日志揭示了东道主凝视中的"初始凝视",即东道主对游客外表的印象,可以从"来头"对游客进行区分;当然,"区别凝视"主要体现的是对当地纳西人、外来的国内游客和外国游客的区分;还可以了解到游客对东道主社区东巴文化的印象和兴趣等,特别是通过景区售票处的"小窗口"形成了解外来的游客文化的"窗口",在经过上述旅游发展时期的过程中同时已经形成了一种"整体性凝视"。尤其是从东道主对游客、对景区的长期"观察"来看,作为旅游目的地社区的白地居民逐渐形成了一种特有的介于社区生活和旅游工作之间的生活方式。

通过香格里拉白地这个案例,一个社区居民生活和游客观光的地方,可以看到,东道主凝视对研究社区旅游发展尤为重要,表现如下:

东道主眼中的"圣地":历来,香格里拉、丽江等地的纳西族及其他地方的藏族、纳西族、傈僳族、彝族都会来这里烧香,喇嘛(僧人)也都有来烧香,像藏族称白水台为"黑白水"。也有节日祭和日常祭,而且还有很多严格的规矩。平时,若在初一、十五,或遇考试、结婚等重要事情时都要来烧香,具有很强的神圣性,是纳西人不可缺少的生活场所。但是,古都村的祭天场就在景区入口处,知道的游客很少,当地人也很少对游客介绍。

东道主眼中的"景区":游人在参观泉华台地的过程中随意践踏正在沉淀的钙华颗粒,在白水台的钙华台地上拉上一根铁丝禁止游人进入,"很简单",不能保证景区及游客的旅游安全。旅游旺季时,对马匹的管理不力,导致垃圾很多,有很多简易的竹编垃圾篮,没有形成良好的景观保护环境。景区沿线的旅游接待设施简易,旅游从业人员的接待能力和从业素质都有待提升。在景区门票一事上,不对当地村民进入景区设限,不收门票,这就需要门票处的管理人员对进入景区的客人进行区别。而且,售票处在景区入口处的对面也不方便管理游客的进入,甚至"叫游客买票,有的还不买"。对从香格里拉进入丽江的游客因途中要经过虎跳峡景区也要收取门票,这对景区的门票管理、经济收益和旅游声誉等方面都有一定的阻碍。

东道主眼中的"游客":游客的停留时间很短,"看看"就走,"对少数民族文化真正感兴趣的游客很少"。白水台最热闹的是"二月八"的民间节日活动,但那时是"当地人"多于外来"游客",外来"游客"中也是"附近的"游客多于来自"远方的"游客,东道主与游客的社会交往很少。游客对景区的人为破坏很严重,如游客留下的纸屑、饮料瓶最多。当地人烧香时不能爬到烧香台上,不能抽烟,不能乱讲话,但是游客不知道,也不会顾及这些禁忌,常有游客爬上去拍照的事情发生。相反,游客对白水台景区的感受就是:"不来白水台觉得遗憾,来了白水台也觉得遗憾",对白水台景区的共同关注形成了一种来自不同角度的"双向隐性凝视":游客凝视关注当地的文化内容和旅游体验,东道主凝视关注游客也关注景区发展。

---

① 2014年记录。日志记录人,和先生,白水台景区工作人员。

3. 基于东道主凝视的社区旅游发展对策

"东道主凝视"对社区旅游研究而言是重要且必要的。调查中,还对香格里拉白地旅游场域中所涉及的相关社会行动者进行了调查,有政府部门、企业、游客等,经历过"热闹"的时期,也遭遇过"清冷",原因是多方面的,与景区资源规模小有关,同时受限于旅游交通,还受丽江、香格里拉旅游市场发展的影响,东道主都"凝视"过这些"经历"和"变迁",相反游客只是匆匆"过客"。因此,基于"东道主凝视"提出的社区旅游发展思路和策略应更具有针对性,且更符合以社区为依托的社区旅游发展之路。于是,从东道主凝视的视角对白地的社区旅游发展提出以下几点思考:

3.1 重视"社区文化"的建设

"东道主凝视"与"游客凝视"明显存在文化差异,这主要取决于各自所携带的文化因子。当下,东道主仍是白水台景区的重要主体,因此首先要在尊重当地文化的基础上加强当地社区旅游的发展,可以通过对少数文化精英的力量引导村民加强对民族文化的认识,强化景区的文化主题:东巴文化圣地,提高民族自信心和文化自觉。同时,要特别加强对水源地的管理,它不仅是东道主民间信仰的重要载体,也是游客旅游的核心景观,更重要的是它可以体现东巴文化中人与自然和谐相处的重要生态理念。

3.2 重视对"圣地—景区"的跨文化管理

首先,充分发挥政府的主导作用。随着旅游市场的发展,经营权的市场化趋势增加了乡村的管理难度,所以要明晰产权,明确其私有性、公共性或混合性特征,有效配置和利用公共资源、提高市场效率,限制非理性行为;不仅需要上级政府发挥主导作用建立规章制度以规范和健全良好的旅游市场秩序,也需要当地政府积极进行协调并维护当地的社会秩序。从2014年开始,乡政府又开始举行纳西文化艺术节,这在保护纳西文化、扩大其正面效应等方面都发挥了积极作用。

其次,强化企业的社会责任。加强基础设施建设与管理,对旅游道路等基础设施进行建设。据了解,昆明旅游投资公司投资了两千多万以进一步开发白水台景区,景区的大型停车场、门禁系统、栈道维修、白水河源头引水工程等问题大都已得到解决。加强景区安全管理,不能是"一根铁丝"式的管理,危险系数太高也不利于景区工作人员的管理。加强景区门票的管理,包括门票室的设置、门票制度的管理等。对于景区的门票收入,旅游公司并没有与当地村落分成,村民与景区的关系一度较为紧张。2006年5月,当地居民与旅游公司还因旅游门票收入发生了冲突①。加强对景区员工的管理,包括培训工作、礼仪行为、解说服务、管理制度等多方面。白水台景区的员工绝大多数都是社区居民,需要增强员工的情感归属感和文化认同,提高员工的工作效率。加强与社区居民的关系协调,通过合适的利益分成实现景区的和谐发展。加强旅游宣传,增加营销渠道。到达白水台景区的中巴车上都有宣传白

---

① 中国香格里拉生态旅游区总体规划(2007—2020)[R].北京:中国旅游出版社,2009:252.

水台景区的图片,但与旅游企业的宣传是不匹配的。

第三,加强社会力量的参与及整合。香格里拉地区的主体民族是藏族,决定了它在云南旅游场域中的稀缺资本特征和独特的文化权力,因此白水台景区的文化旅游资源就必须与其他相关旅游产品进行整合式的营销发展,才有利于整个白地社区旅游经济的可持续发展。

3.3 重视对游客行为的引导

社区居民已关注到游客的到来必定带来各种影响,宣传民族文化并扩大其影响会使当地人了解自己文化的旅游价值,增强族群意识;而对于负面影响,尤其应该加强管理,减少对环境的污染,禁止对自然景观和文化景观的破坏;促进游客的文明旅游行为,要对游客行为加以引导并进行行为管理,防止各种不良事件的发生,积极引导游客尊重社区的宗教习俗,增进对民族文化的了解。

4. 结论

居民是东道主社区的主体,他们对于自己所处的社区发展非常关注,对于社区旅游发展已逐渐形成了自己的看法,如环境保护、文化变迁、社会变迁、文化保护、旅游展演,并对游客行为、旅游景区的管理等都提出了相关的建议和意见。限于篇幅,本文没有将调查日志一一呈现,只是列举一二。加强对东道主凝视的研究,对于社区的旅游发展而言无疑是有益的。从上述分析可知:东道主凝视下的白地主要是由"圣地"所建构起来的"神圣性"与"生活性"为一体的地方,社区居民仍在白水泉进行日常朝拜;另一方面,东道主凝视下的白水台景区秩序的良好与否主要与是否对社区正常生活造成影响有关。也就是说,白地的主体是社区居民,对于具有"双重性"特征的文化空间而言,社区旅游的发展既要维护社区的利益又要兼顾社区居民和外来游客的使用与观光。

东道主凝视不仅是对游客凝视的一种发展,而且是对游客凝视的重要补充,专家凝视、"第二凝视"等都是旅游凝视系统中的重要组成,"第三凝视"[①]即对凝视者的凝视有可能过度解读凝视理论,但是,在整体旅游凝视系统中由"游客凝视"和"东道主凝视"所反映的"游客—东道主"关系之上的多元凝视格局充分体现出了旅游人类学视域中理论的独特性和重要性。

---

① Omar Moufakkir, Yvette Reisinger. The Host Gaze in Global Tourism[M]. London:CABI,2013.

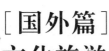

［国外篇］
文化旅游中的旅游表演与品牌管理

1.编选说明

美国夏威夷文化。夏威夷州(Hawaii State),美国唯一的群岛州,由太平洋中部的 132 个岛屿组成。首府位于欧胡岛上的檀香山。最早的居民是波利尼西亚人,1778 年以后欧、亚移民陆续移来。1795 年建夏威夷王国。1900 年归属美国。1959 年成为美国的第五十个州。居民以欧、美白人和日本人居多,其次是混血种人、菲律宾人和华人,体现了多元文化与旅游发展的各种关系。夏威夷州的产业主要包括旅游业、国防工业和农业。欧胡岛南岸的珍珠港是美国在太平洋内最大军港;州府檀香山是工商业中心。由于宜人的气候和旖旎的风光,旅游业很发达,年均游客量达 700 多万人次,瓦胡岛是旅游业集中地区。旅游业在夏威夷的经济中占有举足轻重的地位,因此,夏威夷州政府十分重视保护环境,保护旅游资源,注意发展"清洁"产业,如海洋科学、水产养殖、热带农业、金融服务、商业中心等,以此来促进旅游业的发展,进而推动经济发展。因此,以旅游业为主要产业之一的夏威夷在旅游发展过程中的保护、发展等问题都一直为社会各界所关注。

2.精读文献

[美]马歇尔·萨林斯."土著"如何思考——以库克船长为例[M].张宏明,译.上海:上海人民出版社,2003.

[美]马歇尔·萨林斯.历史之岛[M].蓝达居,张宏明,等,译.上海:上海人民出版社,2003.

范师齐,纪骏杰.21 世纪生态博物馆与参观者的互动关系研究——以波利尼西亚文化中心(PCC)为例(Ecomuseum and the Tourists: The Polynesian Cultural Center)[J].科技博物,2015(19).

Jane C Desmond. Staging Tourism: Bodies on Display from Waikiki to Sea World[M]. Chicago:The University of Chicago Press, 1999.

Heather A Diamond. American Aloha: Cultural Tourism and the Negotiation of Tradition [M]. Honolulu: University of Hawaii Press, 2008.

Max E Stanton. The Polynesian Cultural Center: A Multi-Ethnic Model of Seven Pacific Cultures. [J]. Hosts & Guests the Antnropology of Tourism, 1977.

Christopher B Balme. Staging the Pacific: Framing Authenticity in Performances for Tourists at the Polynesian Cultural Center[J]. Theatre Journal, Theatre, Diaspora and the Politics of Home, 1998,(50)1:53-70.

T D Webb. Highly Structured Tourist Art: Form and Meaning of the Polynesian Cultural Center. The Contemporary Pacific[M]. Honolule: University of Hawaii Press, 1994.

3. 问题讨论

夏威夷人对自己传统文化保护的呼声很高,通过长期努力,夏威夷语和英语同为美国夏威夷州的官方语言。1978 年,夏威夷州修改宪法,提出要进一步保护土著人的利益与传统;同年通过了《夏威夷家园管理法》,批准成立夏威夷事务办公室。20 世纪 90 年代以来,美国夏威夷旅游局十分关注社区居民在旅游开发中的收益与态度,并于 1997 年设立了原住居民接待业协会,以促进社区居民与旅游业之间的良性互动。时至今日,夏威夷社区居民不仅能够参与开发决策,可以得到很多就业岗位,还能从大量惠民政策中得到实惠。依据当地规定,全部沙滩须让社区居民方便进入。在旅游开发中注重社区居民参与,保障社区利益,增进当地居民幸福感,营造良好的社会环境进而塑造夏威夷美好的旅游目的地形象。

案例 3,美国夏威夷波利尼西亚文化的旅游表演。波利尼西亚文化中心(Polynesian Cultural Center),位于美国夏威夷州瓦胡岛北岸,是"一个七种太平洋文化的多元族群模型"。波利尼西亚文化中心是为了避免波利尼西亚文化在外来文化影响下完全消失,为了给杨百翰大学(Brigham Young University-Hawaii)学生提供勤工俭学机会而创办的。目前,波利尼西亚文化中心是由来自夏威夷、萨摩亚、塔希提、汤加、斐济、新西兰等地的波利尼西亚人组成的 7 个村庄所构成,集中反映了波利尼西亚文化圈的传统文化与风土人情,也是一个大规模的"民族文化博物馆"。

案例 4,美国夏威夷文化旅游品牌管理的经验及启示。主要聚焦于旅游目的地东道主文化的开发与文化品牌管理方面的实践案例,从中体现了东道主与游客及多种社会角色的相互关系。

4. 思考与引导举要

(1)美国夏威夷 Aloha 文化与社区参与旅游发展如何结合?
(2)美国夏威夷文化旅游资源的保护与开发都有哪些经验及困境?
(3)美国夏威夷文化旅游品牌管理的借鉴与启示是什么?
(4)旅游真实性中建构主义真实的具体表现是什么?
(5)主题公园的旅游表演有何特点?

案例3　美国夏威夷波利尼西亚文化的旅游表演

1. 波利尼西亚文化中心发展概况

波利尼西亚文化中心集中呈现的是波利尼西亚区域主要岛屿上的族群文化。"波利尼西亚"一词最早于1756年由法国作家查尔斯·德布罗塞斯提出,泛指太平洋上的1 000多个岛屿。1831年,朱勒·杜蒙·德维尔(Jules Dumont d'Urville)在巴黎地理学会的讲座上提出了该词使用的地理范围。"波利尼西亚三角区"包括了夏威夷群岛,它位于这个三角型的顶角,而"波里尼西亚文化圈"是由北端的夏威夷群岛、南端的新西兰和东边的复活岛形成的大三角形区域的波里尼西亚文化区域,是东西方文化汇聚的地方,居住在波利尼西亚群岛的土著人被称为波利尼西亚人,他们在语言、家庭、文化和信仰等方面有许多相似特征。

波里尼西亚文化中心,以下简称PCC,位于夏威夷欧胡岛(Oahu)的北海岸,是以发展与保护族群文化为目的的文化观光发展中心,它集中了太平洋群岛上的部分少数族群,并通过集中展演的方式展示着波利尼西亚群岛不同族群的生活文化。

1951年,摩门教马修·考利长老(Elder Matthew Cowley)在亚洲及太平洋地区进行传教。当时,教会正在夏威夷北岸莱耶小镇盖一所教堂,来的建筑工人多半是该教会的教徒,但夏威夷的物价高,教徒们生活物资较缺乏,马修长老与当时夏威夷教会会长商议在当地建一个大家屋,藉由毛利人的传统家屋和传统舞蹈来吸引一些游客以增加收入。到1960年,夏威夷教会学院(The Church College of Hawaii, CCH)才开始从南太平洋各岛屿招生,利用教会力量组织学生并进行表演训练,集结了夏威夷、萨摩亚、汤加、毛利、斐济等地的舞者、歌手与音乐家。1962年,正式建立了一个保存文化与展演文化的平台,即今天波利尼西亚文化中心的雏形。1963年,夏威夷欧胡岛莱耶小镇上的教徒与教会所属的杨百翰大学以非营利的产学合作方式开始经营PCC,既保存了波利尼西亚的原住民文化,也为杨百翰大学的大学生找到了能交付生活费的重要途径。1963年10月,PCC正式对外开放,大部分员工都是来自杨百翰大学这所教会学校的大学生。于是,PCC将教会社区与旅游景区、大学生导游讲解与群岛文化表演、东道主与游客的互动与交流都汇集在这里了。

在最早的几年里,波利尼西亚文化中心只有星期六能接待游客。后来,随着夏威夷旅游业的蓬勃发展以及好莱坞露天剧场和电视秀的宣传,该中心开始蓬勃发展。20世纪60年代末,原来能容纳600人的圆形剧场已扩大到近1 300个座位,村民每晚都会举办晚会(周日除外),旺季时每晚两次,以满足游客的需求。1975年,PCC进行了一次重大扩建,重新扩建了夏威夷村。1976年,新的圆形剧场开放,可容纳近2 800名宾客,并在场地内增设了其他建筑物,其中包括拥有1 000个座位的餐厅。20世纪80年代,新建了斐济"精神屋"、博物馆和购物店。20世纪90年代,又推出了新一批产品,旨在确保游客每次都能获得全新体验。1995年以后,还陆续推出了夜间节目地平线(Horizons)、巨幕电影(IMAX™)和一些岛屿商品。1996 年,中心又向游客展示呼啦舞、音乐之旅、传统鲁奥(lū'au)美食和各种娱乐活动。鲁奥美食被夏威夷旅游局授予"Keep It Hawai'i"奖,以表彰它是夏威夷最真实的"鲁奥"。1997 年,中心还获得了夏威夷州颁发的成就奖("Oihana Maika'i",好工作奖),以表彰其卓越服务。2001 年,PCC 的门票收入已超过一百万美元。2003 年,波利尼西亚文化中心成立 40 周年,又新建了复活节岛,展示一些雕刻手工艺品。从 PCC 创立到 2014 年的 50 年期间,约有 3400 万旅游者前往 PCC 参观过,PCC 已成为世界闻名的旅游、娱乐和教育场所[①]。

2. 波利尼西亚文化表演与旅游艺术

2.1　主题公园的文化表演

波利尼西亚文化中心的文化表演主要包括夏威夷(Hawaii)的呼啦舞、塔希提(Tahiti)的草裙舞、汤加(Tonga)的树皮服饰、斐济(Fiji)的祭祀圣殿和传统仪式、萨摩亚(Samoa)的火刀舞、新西兰(New Zealand)的毛利战舞,以及一些纹身图案和雕刻等,集中呈现了波里尼西亚文化的精华。(下面重点介绍夏威夷村落、汤加村落和萨摩亚村落等。)波利尼西亚中心于每天中午 12 点开门迎来一天的游客。PCC 以动态与静态的方式展演歌唱、舞蹈、建筑、手工艺、器物等,以吸引游客观光、游览。每天下午两点,有 7 个族群舞蹈的水上表演,晚上还有一场夏威夷文化专题表演:the Breath of Live。

夏威夷村(Hawaii)的文化表演主要是夏威夷呼啦舞(Hula dance)。伴着尤克里里的现场演奏,讲解员带领着游客一起跳呼啦舞,让游客学习简单的舞蹈手势如海洋、波浪和爱的动作。

夏威夷呼啦舞,可分为"传统呼啦"与"现代呼啦"两种,男女都可参与,通常不穿鞋,颈部和手腕处都戴有花环(lei)。呼啦舞的特点基本都体现在舞者的各种手势中,每一个动作都有它的语言。优雅的手部动作再结合跨步、膝盖、腿部的动作就是对一个意义的表达,呼啦舞具有很强的叙事性和装饰性。

汤加村(Tonga)的文化表演主要为编织和掷矛体验。"Pandanus"是夏威夷和波利尼西亚地区一种常见的植物,它的叶子在晒干之后可以编织成草席、篮子、扇子和衣服等。可以看到园区里织布人之家(Weaver's House)中汤加妇女的手工艺品编织表演。汤加村的战鼓表演是游客最喜爱的节目之一,因为游客可以到舞台上进行体验,可以和舞者一起互动娱乐。节目演出中,主持人已经能随游客反应灵活地改变节目的表演,让现场的气氛、情绪及乐趣达到一致,让游客与表演者实现一种充满乐趣的互动。

萨摩亚村(Samoa)的文化表演主要为椰奶制作、钻木取火、爬椰子树。萨摩亚人擅长采摘椰子,采摘椰子表演的整个过程就好似一场"现代表演秀",如何摘椰子,怎样拨开椰子,椰子的各种用途,还有表演者与游客的各种互动,主持人幽默的主持风格使萨摩亚文化的表演具有强大吸引力。表演过程中,当表演者爬上椰树的顶端,游客就拿着相机一阵狂拍,一阵

---

① 资料来源:波利尼西亚文化中心网站,2018.05。

尖叫,让游客在"亲眼看见"中满足"亲身体验"。韦伯认为萨摩亚村阿维亚(Sielu Avea)的主持表演风格类似于"美式单口滑稽戏"(American-style stand-up comic routine),这个过程不仅展示了椰子文化,也是主持人与参与互动的游客一起带来的现场表演。据说,PCC 原本打算让游客与"村"里的"居民"互动,交流有关传统艺术和手工艺品的话题,但现在这些都已变成"高度正式化"的表演,表演背景是自然景观(棕榈树)和萨摩亚建筑,唯一现代的标志是表演所必需的麦克风。

PCC 里展示的萨摩亚文化是美属萨摩亚地区的文化。美属萨摩亚(American Samoa)又称东萨摩亚,多为萨摩亚族。西萨摩亚现在是萨摩亚独立国。约公元前 1 000 年已有萨摩亚人在此定居,1722 年欧洲人发现萨摩亚群岛,19 世纪中叶英、德、美殖民主义者相继侵入,1899 年根据美、英、德三国协定,西经 171°以东被划归美国,东萨摩亚正式成为美国殖民地,1922 年成为美国非建制领土。萨摩亚人有两千多年的纹身(Tatoo)艺术,男性大多数会在14～18 岁纹身,直到今天,仍有一些男性的纹身是从身体的前后、两侧到膝盖并覆盖全身。纹身图案大多来自生活环境中的大山、河流、鱼、鸟、贝壳,还有一些几何图案。传统纹身不仅在萨摩亚而且在整个波利尼西亚地区都有文化认同的象征意义。

表演之前的仪式　　　　　　　　　　　　　夏威夷的呼啦舞

对游客来说,PCC 是一个迅速接触波利尼西亚文化的"快捷方式",但是,有些舞蹈已从宗教性的舞蹈转向为游客所需的商业化表演。如汤加村的战鼓表演,传统上是严肃的仪式,在景区中则是"娱乐模式",游客难以了解战鼓文化背后的意义,当文化被加入太多娱乐喜剧元素后,人为操演将战鼓本真的文化意义变成了一种商业性的文化符号。这对于一个宣传保存文化的景区而言势必是一个矛盾,这些文化变成了只属于 PCC 的波利尼西亚文化,而不是太平洋地区日常生活中的"波利尼西亚文化"。

毛利人村的文化表演主要为神圣严肃的哈咔(Haka)战舞、毛利人的纹面、吐舌、Poi 球表演等。毛利绒球舞(Moari Poi Balls)颇具特色,充满了原始的野性和力量,绒球是一种打击乐器也是一种舞蹈乐器。据说,毛利人妇女使用它模仿大自然的声音、动作和节奏,讲述故事。绒球,可以是单线或双线,约 8～10 英寸或 25～35 英寸长,最初是由干燥的苔藓裹着亚麻制成,当击中人的手腕或手臂时会留下颜色。现在,绒球是用塑料包裹的纸巾制成,绳子则是由一般的编织线制成。文化展览馆中,还展示了一系列老式的绒球。

塔希提村(Tahiti)的主要文化表演为椰子面包的制作。塔希提人会将椰子汁倒出来后,把椰子的果肉放在板凳前端的尖锐柄上,用力旋转内削椰子的果肉,然后将果肉与面包一起放入地炕里烘焙。

需要指出，PCC里七个村的族群都会用自己的母语问候来自世界各地的每一位游客，游客也学习他们的语言来问候他们。阿罗哈(Aloha)是最常用的见面语，无论任何地方或任何活动。对于世界旅游胜地夏威夷来说，这种充满地方文化又富有浪漫色彩的语言能很快拉近游客与东道主之间的关系，通过这种语言文化的信息传递，让游客犹如置身异国，获得体验地方文化的愉悦感，这也是语言在旅游中的独特魅力所在。关于语言与旅游的相关研究在前述章节已有详细叙述。

除了各种文化展示与舞蹈表演外，当地特有的鲁奥美食也是吸引游客的一个重要内容。鲁奥(夏威夷语:lūʼau)，是一种传统的夏威夷派对或娱乐宴会，宴会上一般会有泼伊(poi，煮熟的芋头与肉的混合食物)、泼可(poke，生鱼肉等加上各种香料拌在一起的食物)和啤酒等美食，以及传统夏威夷音乐和呼啦舞表演等娱乐活动。

传统的鲁奥宴会主要包括家庭宴会、事件宴会与宗教宴会三类。家庭宴会，标志着生活中的重要事件。事件宴会，主要是纪念生活中的某些特殊事件。宗教宴会，与每年的仪式活动有关，也最为重要，生活信仰渗透在食品的生产、供应和消费各个方面。夏威夷的传统宗教是一个复杂的信仰体系，几乎所有的物质都被看作是有生命的，充满了神圣的象征。在过去，吃饭被认为是一种信仰类的行为，做饭是一种享受祭祀的习俗，体现了与农业、渔业和畜牧业有关的信仰习俗。

"过去"的鲁奥

"现在"的鲁奥

在古代，夏威夷人的饮食习俗是男、女分开吃饭，古代宗教禁止所有级别的人和女子一起用餐。1819年，这种情况发生了变化，当时的国王卡美哈美哈二世废除了传统的宗教习俗，于是"鲁奥"便出现了。对夏威夷人来说，"鲁奥"和"派对"的含义经常混用，如毕业鲁奥、婚礼鲁奥和生日鲁奥等。传统的鲁奥盛宴一般是坐在地上吃，把垫子("Lauhala")铺开，用一些叶子、蕨类植物和花朵作装饰，盛宴举行时，会必备夏威夷特色菜如泼伊(Poi)，配上肉块，以及红薯、干鱼等，用餐时用煮熟的菜叶裹着一起就食。

现在提供给游客的有3种餐食：一是简单的自助餐。在轻松的氛围中享用夏威夷的特色美食。二是鲁奥餐。可以在观看烤猪制作过程的同时享受波利尼西亚歌舞文化。三是大使级鲁奥餐。大餐厅环境优雅，佩戴上兰花花环，尽享夏威夷风情文化，强调味道、视觉和声音结合带来的美食体验。

2.2　旅游表演(Tourist Performance)中的建构真实(Framing Authenticity)

1989年,马克斯·斯坦顿(Max Stanton)最早对波利尼西亚文化中心进行研究,在论文"波利尼西亚文化中心:一个七种太平洋文化的多元族群模型"(*The Polynesian Cultural Center: A Multi-ethnic Model of Seven Pacific Cultures*)中提出了"Model Culture"(模型文化)一词,是对"一个文化中心,七个族群文化"的"集中展演式"文化模型的概括。他认为旅游目的地的地方经济与社区文化会影响文化展演的模式,而游客行为、经济因素及社会条件也会影响景区的文化表演,在PCC呈现的不是一种日常生活文化而是"伪文化",游客通过这种模型文化达到在短时间内了解波利尼西亚文化精华的目的,于是形成一种独特的"模型文化"。这种"模型文化"的出现,是文化产品塑造与消费凝视背后复杂社会关系互动的结果,这种复杂的社会关系互动又影响着"模型文化"的塑型。

PCC是一个"文化主题公园",又被认为是一个"生态博物馆",以保护当地生态为推广出发点,当地族群介绍自己的生活环境与文化历史的方式,改变了旧有博物馆的文化策略,体现了杨百翰大学、教会、教徒、族群认同、自我展演、自我诠释及对波利尼西亚文化的宣传。尤其汤加村、萨摩亚村和夏威夷村的文化表演具有极强的娱乐性,被韦伯(Terry Webb, 1994)称为"高度结构化的旅游艺术","村民被塑造成表演者",PCC成为"一件复杂的旅游艺术作品"(a complex work of tourist art)[①]。这里的"旅游艺术"是一个中性词,不以形式来区分,指的是为游客创作的艺术形态,旅游艺术与传统艺术形式相似又不同,它以纪念品或娱乐品的形式出售给游客进行意义交换。

波利尼西亚文化被"舞台化"了。韦伯认为,PCC的村庄、夜场、中心湖都是"被结构化"的场景,村庄与夜场分开,中心湖与波利尼西亚文化空间很相似,游客在参观完村庄后前往夜场,夜场变成了表演高潮地。每场演出都是一系列的"场景",每个村庄都是唱歌、跳舞、表演以及游客和村民交流的场所。文化表演中,除了服饰展示外,每个村庄都混合着食物、游戏、编曲、舞蹈、鼓乐等,表演很简短,大多数活动都是为了提高游客的参与度。当然,旅游表演中"舞台真实性"的讨论必须与实际研究对象相联系,且首先要解决观众的角色问题。PCC提供的旅游表演非常复杂,因为他们寻求对真实性的满足,期望提供成功的商业化旅游娱乐活动。表演真实性的"内容"是观众角色和所采用的表演策略组合的产物。PCC曾宣称其主要目的是保护波利尼西亚文化,要将PCC打造成世界级的"波利尼西亚活态文化存储库(the world's preeminent repository of living Polynesian cultures)";"存储库"和"活态"这两个术语中隐含着"不一致"。克里斯托弗·巴尔梅(Christopher B. Balme)注意到,1991年PCC发行的宣传册详细地概述了各村的不同文化,而1996年版本中的文化已具有"表演性"。1991年的宣传册中展示了一位令人"毛骨悚然"的毛利人战士形象,而1996年宣传册的封面是一位年轻美丽女子在织布(塔帕布)的照片,虽然都重视族群文化宣传,但只有杨伯

---

① Christopher B Balme. Staging the Pacific: Framing Authenticity in Performances for Tourists at the Polynesian Cultural Center[J]. Theatre Journal, Theatre, Diaspora, and the Politics of Home, 1998,50(1):53-70.

翰大学的学生是最"真实"的。[①]

PCC 中的"凝视"虽然体现了东道主与游客的互动凝视，但也并非是基于欧美人与波利尼西亚人的"二元"凝视。游客特别日本游客和韩国游客是 PCC 的重要客源组成，日本游客是夏威夷旅游市场的最大旅游团体之一。"东道主"的构成中还包括来自世界各地的杨伯翰大学在读学生，他们为游客提供相对应语种的讲解服务，英语、日语、韩语、中文（普通话、粤语）、德语、法语等，"东道主与游客"的凝视中汇聚了对多元文化的凝视。游客与东道主的互动表演使得游客成为表演者，游客们也在观看那些参与表演的游客的表演，游客的身份具有了"双重性"，既是"游客"也是"临时演员"，凝视双方在互视过程中发生了角色转换。

3. 旅游表演中的阿罗哈文化符号

夏威夷语属于南岛语系马来—波利尼西亚语族，与毛利语、斐济语、萨摩亚语、塔希提语接近。1978 年，夏威夷语与英语一起被定为夏威夷州的官方语言，当地人的日常交流也经常混用两种语言。其实，人们会发现当地人使用的英语与美国本土的英语表达方式有很大差别，游客只用简单的英语句式进行交流基本也不存在交流障碍。

来到夏威夷的游客，随处可见"Aloha"的标志，也随时随地可听见"Aloooooha"的声音。阿罗哈（Aloha）是夏威夷最地道的问候语，依语调不同分别有"你好""欢迎""珍重""再见"等意思。"Aloha"还有"我爱你"的意思，要表达此意，须让那"lo"的声调变高且长以表达爱之至深至切。当然，不管这个词的意思有多么丰富，游客主要还是用它来打招呼问好。

有时，在问候阿罗哈的时候还会加上一个手势来加强语气。沙卡（Shaka）的手势可看作是夏威夷有名的文化产品之一。右手握拳，将拇指和小指伸出，造型恰如中国人喝酒猜拳时的"六六顺"。游客所到之处都能听见 Aloha 声音，都能见到这个手势，大街上、海滩边、酒店里总能看到有人微笑着用这个手势跟你打招呼，甚至过马路时对开车司机的礼让也可以做这个沙卡手势。

PCC 入口处

沙卡手势

关于沙卡手势的来历，与哈姆那·卡里里（Hamana Kalili）的故事有关。哈姆那曾在哈呼库（Kahuku）糖厂工作，他在一次事故中失去了右手三个中指。由于无法完成以前的工作，他被重新分配去守护糖车。有人认为这是他在挥动那伤残的手去驱赶正往火车上跳的

① Christopher B Balme. Staging the Pacific: Framing Authenticity in Performances for Tourists at the Polynesian Cultural Center[J]. Theatre Journal, Theatre, Diaspora and the Politics of Home, 1998, 50(1): 53-70.

孩子们。后来,它演变为夏威夷阿罗哈精神的象征,传达了一种友好和包容的精神。另一种说法是,早先冲浪的夏威夷人中有一个人右手的中间三个指头被一头饿坏了的鲨鱼咬掉,他从水里伸出这只手时,由此产生了这个手势。

从20世纪40年代开始到现在,夏威夷阿罗哈文化渗透在日常生活的方方面面,沙卡手势传递与表达着夏威夷的阿罗哈文化,除此之外,阿罗哈衫(Aloha shirt)也是一个重要的文化符号。

阿罗哈衫的历史,最早可追溯到18世纪后期19世纪早期。水手们在岛上穿着宽松的长袖上衣,这种上衣是用帕拉卡(palaka)棉布做的。19世纪末,夏威夷来了一大批在田野和磨坊里劳作的移民,因这种布料耐磨、凉爽而受到欢迎,有领子和纽扣的定制衬衫则是那些到夏威夷的美国商人所设计的。1922年,这种服装作为工作制服开始普遍流行。到20世纪30年代,出现了带有族群文化主题的阿罗哈衫的转变,服装也具有族群身份认同与文化边界标记的作用。

夏威夷州是一个多元文化的移民社会。19世纪以前,这里的居民基本都是夏威夷人,后来库克船长发现了这里,外来者的大量涌入逐渐改变了当地“一成不变”的生活。种植园开始发展起来,需要越来越多的劳动力,进口工人主要来自亚洲,中国移民的迁入开始于19世纪50年代。19世纪70年代后期,葡萄牙人来到这里;19世纪80年代,日本人也大量移民到这里定居;20世纪初,韩国人和菲律宾人也移民来到夏威夷。现在的夏威夷就是一个融合有美国夏威夷人、欧洲人以及中国人、日本人、韩国人、菲律宾人等多族群文化之地。

阿罗哈衫的图案最初具有浓厚的夏威夷地方性特征,如当地的椰树叶、姜花等。第二次世界大战以后,就混合了亚洲文化的主题并逐渐开始占据主导地位,服装的面料主要是丝绸或棉花。到20世纪30年代,阿罗哈衫的面料已经以棉布为主,衣服的颜色和图案已经很丰富了,有当地热带花卉图案、日本文化图案、中国文化图案和夏威夷人物风情图案等。20世纪40年代尤其第二次世界大战以后,有了人造丝面料,图案也更张扬起来,夏威夷热带风光的图案大量出现,这个时期的阿罗哈衫开始为一些收藏家所收藏,“Aloha Shirt”从此闻名。20世纪50年代,夏威夷旅游业发展兴盛,夏威夷风格的图案继续占有重要地位。20世纪70年代,夏威夷族群文化受到越来越多的关注,人们开始重视传统工艺之美,重视发掘夏威夷的传统手工艺文化。夏威夷的多元文化使阿罗哈衫在面料使用上更多元化,在设计细节、文化整合方面也超过早期,仅面料就有取自印度尼西亚、非洲、中国、泰国、菲律宾的锦缎、丝绸、真丝混纺、纤维等多种织物。休闲服装曾一度流行,夏威夷人还喜欢穿着宽松的裤子,阿罗哈衫也从这个时候开始走进办公室成为正式服装,特别是一些重要事件与重要场合中都要穿着阿罗哈衫,如受洗礼、婚礼、毕业典礼、呼啦表演以及其他庆祝活动等。不过,不论哪个时期,不论面料怎样变化,夏威夷特有的热带风光图案、植物图案和鲜花图案在阿罗哈衫与阿罗哈裙子上都有不可替代的重要地位。

到了20世纪60年代,阿罗哈衫的制作还开辟了两条设计路径,一种是为“当地人”设计,可以穿着在周日礼拜活动中、在各种呼啦舞表演中、在各种正式场合中;另一种则是为外来游客或“局外人”制作、生产和消费。民族服饰,一方面是表征着地方文化,另一方面也融合了多元文化,反映出文化的独特性与包容性。"Aloha Shirt"成为了"本土"的身份象征,在夏威夷是一种泛族群化身份认同的符号。

身着阿罗哈衫的"猫王"

阿罗哈衫也是呼啦舞的重要组成部分。传统呼啦舞的表演者一般身着传统服饰,配以传统乐器伊普(ipu),一人边拍打伊普乐曲边吟唱,另一人在旁跳起呼啦舞,有时还吟诵夏威夷古歌,"乐、唱(诵)、舞"结合在一起讲述着夏威夷的古老故事。波利尼西亚地区的人们都认为舞蹈是男女都可参加的活动。男子表演的传统呼啦舞则是对古代战事的充分展现,它们不时发出吼声同时用手掌击打胸部、大腿,展现出的男性力量,很是震撼。现代呼啦舞表演中,常常有尤克里里、吉他的乐器伴奏,主要是音乐与舞蹈的结合。

阿拉莫拉购物中心的呼啦舞

威基基大榕树下的呼啦舞

每一年,夏威夷都会举办呼啦舞的各种表演和比赛,其中,洛特王子呼啦舞节(Prince Lot Hula Festival)是夏威夷最大的非竞赛型呼啦舞节庆,是为了纪念致力于复兴呼啦舞的洛特王子(即后来的卡美哈美哈五世)发展起来的节庆活动,2018年,被夏威夷旅游协会评为"最佳文化遗产"活动。每到这个时候,人们就聚集在洛特王子生前居住过的伊奥拉尼皇宫(Iolani Palace)一起庆祝这个特殊的日子,观看呼啦舞表演。在夏威夷,游客可以随处见到呼啦舞表演,在阿拉莫拉(Ala Monoa)购物中心、在榕树下、在海边、在剧场,每一次都会强烈地感受到由呼啦舞所带来的夏威夷风格的、蕴含着"阿罗哈精神"(Aloha Spirits)的好客文化。每当舞者起舞时,笑容可掬,迎着海风,日落时分,椰树下,一颦一笑,一曲一动,便是一幅美丽的风光图。

4. 启示

旅游业发展为文化表达与文化表演提供了一个全方位的表演空间,东道主与游客的互动主要通过旅游表演在文化差异对接中实现文化交流。在夏威夷的案例中可以看到,旅游表演和旅游凝视是多元的多方位系统,旅游表演中的文化流动是全方位的,游客凝视也只是旅游凝视系统中的一部分,旅游表演中的旅游凝视体现出关于人、物、文化和空间的多重文化流动网络特征,说明旅游表演、旅游凝视、旅游移动性研究具有重要意义,应该得到重视。

案例4　美国夏威夷文化旅游品牌管理的经验及启示

1. 夏威夷的旅游资源

2018 年,夏威夷人口 141.7 万,全州 80% 的人口都聚集在欧胡岛,这里是夏威夷州工商业中心,旅游业集中地区,此外大岛、茂宜岛、可爱岛也是重要的旅游目的地。夏威夷旅游资源丰富,主要包括自然资源、夏威夷文化(Hawaiin Culture)资源、历史遗产资源、多元文化资源等,夏威夷的自然景色与文化风情紧密融合形成了独特的"夏威夷文化景观"。

1.1　自然旅游资源

夏威夷的自然资源以气候资源、海滩资源、火山资源等为特色。夏威夷气候属于热带气候,常年有季风调节,全年气温变化不大,没有季节之分,2、3 月最冷,7、8 月最热,全年适宜度假休闲,旅游淡旺季没有明显区分,在火奴鲁鲁常常可看见彩虹,又被誉为"彩虹之城"。

夏威夷的海岛风光和海滩资源十分丰富,闻名群岛内外,如威基基海滩(Waikiki beach)、麦杰克海滩(Magic island)、北岸海滩(Northshore)、日落海滩(Sunset beach)、沙滩(Sand beach)、拉伊边海滩(La'ie point state wayside)、威美亚湾海滩公园(Waimea Bay Beach Park)、凯卢阿海滩(Kailua Beach)、恐龙湾(Hanauma Bay)、钻石头山(Diamond Head)、科科角火山口(Koko Head)等,每年冬天还会在日落海滩举行冲浪比赛。其中,恐龙湾是重要的自然保护区,也是游客喜爱的重要浮潜地。钻石头山是一座死火山,形成于 10 万多年之前,地质学上称作凝灰岩锥,适宜登山,是海岸景观的最佳观赏地。还有大风口,曾是古战场,是卡美哈美哈国王在公元 1795 年战胜欧胡岛酋长的地方,这里既可以领略大自然的威力又可以了解夏威夷的历史。北岸的古兰尼牧场(Kualoa Ranch)是侏罗纪公园等十多部电影的取景地和拍摄地,在保护夏威夷自然景观和文化的同时发展了与环境相协调的娱乐活动和农业项目,还有菠萝种植业与旅游业相结合的都乐水果种植园也是旅游资源的重要组成。此外,大岛的国家火山公园、黑沙滩、绿沙滩等都是重要自然景观。

1.2　"夏威夷文化"旅游资源

"夏威夷"一词源于波利尼西亚语,意为"原始之家"。1778 年欧洲航海家詹姆斯·库克首次发现夏威夷群岛。夏威夷语属于南岛语系的马来—波利尼西亚语族,1978 年,夏威夷语与英语一起被定为夏威夷州的官方语言。夏威夷语言中的 Aloha、Aloha Spirit(阿罗哈精神,一种关心、好客与尊重身边人的情愫)及其文化系统是最核心的文化资源。

Aloha,是夏威夷最地道的问候语,有"你好""欢迎""珍重""再见"及"我爱你"等意思。Aloha 文化现已演变为象征着夏威夷文化的符号,传达了一种友好接纳和包容的普遍精神。夏威夷的 Aloha 文化不仅起始于日常生活中的问候与手势,还表现在日常生活的方方面面,在物质层面有 Aloha 衬衫,更重要的是精神层面 Aloha 文化在社会交往交流中的渗透。

艺术是表达阿罗哈文化的重要方式之一。在古代夏威夷书面语言尚未形成的时代,呼啦舞及吟唱歌谣在保存历史、宗谱、神话和文化方面发挥着重要作用。手势、脚步、摇摆臀部伴随着每个动作,且都有一个故事。夏威夷原住民通过呼啦舞与土地诸神联系起来。在西方传教士到来之前,呼啦舞是为了礼仪和社交乐趣而表演,呼啦舞的歌谣和吟唱保存了夏威夷的历史与文化。很多人认为呼啦舞是在摩洛凯岛上诞生的,但是也有一些传说认为呼啦舞源自可爱岛。传教士到来后多年,呼啦舞、夏威夷语和地方音乐的发展都受到了抑制。跳呼啦舞甚至被宣布为非法活动。直到 1874 年国王大卫·卡拉卡瓦(David Kalakaua)继位,夏威夷文化传统才得以恢复。呼啦舞公开表演日渐盛行,截至 20 世纪早期,呼啦舞已经与时俱进,跟上了现代生活的步伐。每一年,夏威夷都会举办各种呼啦舞表演与比赛,其中,洛特王子呼啦舞节(Prince Lot Hula Festival)是夏威夷最大的非竞赛型呼啦舞节庆,也是为纪念一直致力于复兴呼啦舞的洛特王子(即后来的卡美哈美哈五世),2018 年还被夏威夷旅游协会评为最佳文化和遗产活动。

1.3　历史遗产资源

夏威夷的遗产资源遍布整个岛屿群,无论是独特的自然奇观,国家历史遗址,公园或纪念碑,还是夏威夷土著风俗、信仰和习俗的神圣场所,对游客了解夏威夷提供了重要的历史、文化和环境信息。火奴鲁鲁的历史文化遗产①主要有:①主教博物馆(Bishop Museum):主教博物馆是太平洋地区首屈一指的自然和文化历史机构,以其文化收藏、研究项目、公共教育计划和夏威夷原住民文物而闻名。②钻石头山州立纪念碑:钻石头山是夏威夷最著名的地标景观,可欣赏威基基和檀香山的全景。③伊奥拉尼宫王宫:始建于 1882 年,是美国唯一的官方皇室官邸,伊奥拉尼宫现已作为博物馆向公众开放。④Makapuu 点灯塔:Makapuu 点灯塔步道位于 Ka Iwi 国家风景海岸线上。⑤珍珠港(Pear Harbor):是国家历史地标和第二次世界大战期间的重要历史遗址,著名景点有亚利桑那号和密苏苏尼战舰,每天都免费接待大量的游客。⑥太平洋国家纪念公墓:每年有五百万人参观该纪念馆,以悼念在美国武装部队服役的逝者。⑦艾玛皇后宫殿(Queen Emma Summer Palace),卡美哈美哈四世国王(Kamehameha Ⅳ)的妻子的避暑胜地,收藏了她的个人物品和家具。⑧华盛顿广场(Washington Place):市中心的华盛顿广场(Washington Place)是夏威夷最后一位在位的君主利利奥卡瓦兰尼皇后的住所,供私人游览。

1.4　多元文化资源

夏威夷州是一个多元的移民文化社会。19 世纪以前,生活在这里的基本都是夏威夷人,随着库克船长发现这里以及后来西方人的到来,逐渐改变了这里的生活方式。种植园开始发展起来,需要越来越多的劳动力,而移民工人主要来自亚洲。19 世纪 50 年代中国移民开始来到夏威夷,19 世纪 70 年代后期葡萄牙人来到这里,日本人大概是 19 世纪 80

---

①　资料来源:根据夏威夷旅游局网站资料整理,2018.6.

年代移民到这里,韩国人和菲律宾人于 1900 年之后移民来夏威夷。所以,现在的夏威夷就是一个融合有夏威夷人、西方人、日本人、中国人、韩国人、菲律宾人等多种族群文化的地区,这种多元文化性又体现在基督教、天主教、佛教、道教等多元宗教信仰及教堂文化中。

卡怀亚哈奥教堂(Kawaiaha'o Church)是夏威夷岛上第一座基督教教堂,1842 年用珊瑚石建成,曾一度汇集了 4 000 多名信徒。圣安德鲁教堂,中央联邦教堂(夏威夷最大的联合教堂)、圣彼得和保罗教堂(St. Peter and Paul Church)、菲律宾独立教会(Philippine Independent Church)、中华基督教堂、韩国基督教堂等。甚至,游客们还列举出最适合举行婚礼的教堂如哥伦维亚教堂、圣安得烈大教堂、艾葵贝儿教堂、克欧莉娜教堂、海洋水晶教堂和安娜拉花园教堂,这些教堂都与夏威夷优美的自然风光相得益彰。

2. 夏威夷文化旅游的品牌营销与品牌管理模式

2.1 夏威夷旅游业发展概况

19 世纪 80 年代以后,美国大陆和西方国家游客纷至沓来。20 世纪 30 年代左右,由于地方种植园的发展,中国广东、日本、朝鲜、菲律宾的劳工来到此地,特别是第二次世界大战以后大量移民的涌入,加速了夏威夷旅游业的发展。20 世纪初到 40 年代,美国唱片和电影公司、音乐出版业以及其他传播媒介和娱乐场所对夏威夷文化采取了商业宣传,是 50 多部电影的重要取景地,如《夏威夷》《天堂夏威夷》《蓝色夏威夷》等,猫王的出演提升了夏威夷的影响。20 世纪 50 年代,特别是航空公司、旅行社和柯达电影公司等广播节目的宣传与支持提升了夏威夷的"天堂"品牌认知度。夏威夷州主要产业包括旅游业、国防工业和农业,自 1959 年建州以来旅游产业已成为夏威夷的经济支柱。夏威夷是世界著名的旅游胜地,良好的旅游资源、文化环境、接待设施、旅游服务等都在其中发挥着积极作用,如希尔顿度假酒店、喜来登度假村、万豪酒店、迪斯尼主题酒店及各类民宿等,夏威夷航空、达美航空、联合航空等航空公司,全世界最大露天购物广场阿拉莫阿那中心(Ala Moana Center)、DFC 免税店及 ABC 等大大小小的旅游零售店等,旅游业发展迅猛,2016 年游客人数达 893 万,游客消费总额 159.1 亿美元,州税收 18.6 亿美元[①],2017 年被列为美国排名第一的旅游目的地,后又被列为"全美最幸福、最健康的"地方。

2.2 文化主题公园旅游产品

夏威夷最著名的文化旅游产地要数北海岸的波利尼西亚文化中心(Polynesia Culture Center,简称 PCC),集中展示了波利尼西亚文化圈的多元文化精华,也是夏威夷文化旅游产品中的重要品牌。1963 年,夏威夷欧胡岛北岸莱耶(Laie)小镇上一些基督徒与教会所属的杨百翰大学以非营利的产学合作方式开始经营,既保存了波利尼西亚的原住民文化,也为大学生找到了解决生活费用的重要途径。PCC 是以发展与保护族群文化为目的的文化旅游中心,融合了夏威夷呼拉舞、大溪地草裙舞、汤加树皮服饰、斐济祭祀场所及传统仪式、萨摩亚

---

① 2017 Annual Report to the Hawai'i State Legislature[R]. Hawaii Tourism Authority,2017.

火刀舞、新西兰毛利人的战舞、纹身和雕刻等南太平洋岛屿文化，对游客来说 PCC 就是一个迅速接触波利尼西亚文化的"快捷"空间。

Aloha 是常用问候语，通过语言传递与交流，让游客置身异国体验与不同族群文化的互动，语言在旅游交往中具有独特吸引力，也反映了地方语言在文化旅游营销中的重要作用。在 PCC，夏威夷饮食文化中包含了夏威夷人独特的美食及习俗，泼伊（poi，煮熟的芋头与肉的混合食物）、泼克（poke，生鱼肉等加上各种香料拌在一起的食物）和鲁奥（lū'au，一种传统的夏威夷派对或盛宴，通常伴有娱乐活动）都很有地方特色，与传统夏威夷音乐和舞蹈结合在一起成为重要的文化景观。过去，吃饭被认为是一种信仰类的行为，做饭是一种享受祭祀的习俗，体现了对农业、渔业和畜牧业的宗教形式的奉献精神。现在，PCC 为游客提供了三种可参与的饮食方式：自助餐、鲁奥餐和大使级的鲁奥大餐。让游客在轻松的氛围中享用夏威夷特色美食，在观看烤猪的制作过程中享受来自太平洋地区的歌舞文化，尽享味道、视觉和声音的结合而带来的终极体验。

从 PCC 到其他旅游景区景点，从 Aloha 的问候语到音乐、舞蹈、美食、艺术到多元文化的旅游展演，构成了夏威夷文化旅游全方位品牌营销的重要产品，而围绕夏威夷旅游资源展开的以 Aloha 为支撑的高质量旅游服务巩固强化了夏威夷文化旅游品牌。

2.3 旅游节事与文化品牌营销

夏威夷旅游局（Hawaii Tourism Authority，HTA）成立于 1998 年，旨在促进夏威夷旅游业的可持续发展，维护游客、本地社区和旅游业的利益。HTA 每年都会通过大量旅游节日和旅游产品的开发来支持重要和标志性的夏威夷本土节日，这些节日对来自世界各地的游客体验夏威夷群岛文化真实性及延续夏威夷本土文化至关重要，这些旅游节事成为夏威夷文化旅游品牌营销的重要内容。这里有很多旅游节事活动，较隆重的节事活动有：2 月中国城的中国春节，3 月火奴鲁鲁节（Honolulu Fesitival），4 月梅里君主节（Merrie Monarch Festival），5 月是蕾节（Lei Day，花环节），5 月一个月的音乐节（Mele Mei），5 月末的灯节（Lantern Floating Festival），6 月卡美哈美哈国王节（King Kamehameha Day），7 月阔洛阿种植节（Koloa Plantation Days）、呼啦舞节日（Prince Lot Hula Festival）、尤克里里节（Ukulele Festival），9 月的阿罗哈节（Aloha Festivals，始于 1947 年），11 月的冲浪活动（Vans Triple Crown）、珍珠港纪念日活动（Pearl Harbor Remembrance），每个旅游节事都持续几天到几个月，如音乐节从 4 月直到 6 月。需要强调的是，从 1947 年开始的持续两周的阿罗哈节事涉及传统仪式、音乐、舞蹈、美食等多项活动，是宣传夏威夷阿罗哈文化的重要节日。

此外，夏威夷旅游局每年都要举办全球旅游峰会（Global Tourism Summit），届时，来自旅游业的精英、酒店行业专家，旅游目的地及景点负责人、旅游学界专家和学者上千人共同汇聚在夏威夷会展中心，共同分析世界旅游业发展的新形势，分享创新性的实践案例，探讨旅游目的地可持续发展策略，学习夏威夷旅游业发展的成功经验。通过多年的文化推广，"Aloha 精神"已成为夏威夷最重要的"文化名片"为众多游客所熟知。借助全球旅游峰会的交流机会，夏威夷旅游局从市场发展和文化传播角度与业界人士一同探讨文化旅游的发展经验，从战略管理层面对夏威夷州旅游业进行全球推广。

2.4　文化旅游品牌管理模式

夏威夷文化旅游品牌的管理,主要是由夏威夷旅游局引导展开多层次多方面的管理工作,机构设置中专门设有品牌管理部。夏威夷旅游局的上级部门有夏威夷州立法机关、工商经济发展和旅游管理部,品牌项目办的下级单位依据主要旅游市场和地理区域进行分类,具体包括美国、加拿大、大洋洲(澳大利亚和新西兰)、日本、韩国以及中国、中国香港地区、东南亚(马来西亚、新加坡、印度尼西亚和泰国)和欧洲(英国、德国、瑞士)等10个市场部,文化品牌营销和品牌管理工作具有很强针对性。同时,还特别设立旅游业基金,由酒店、公寓、分时度假酒店等临时住宿税(TAT)收入的一部分组成以用于营销、开发和支持夏威夷旅游经济发展。

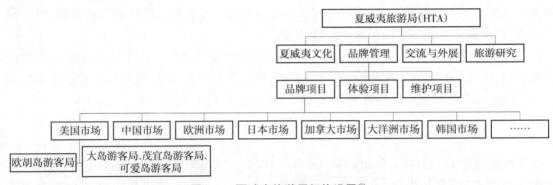

图 4.1　夏威夷旅游局机构设置①

具体而言,文化品牌营销主要通过不同旅游市场的品牌营销活动来进行推广。夏威夷旅游局有全球性的营销伙伴及营销团队,还有很多旅游界合作伙伴及社区利益相关者,以确保营销传播策略与夏威夷的文化旅游产品的一致性。从 2016 年开始,夏威夷旅游局与 8 个营销组织签约,在每个市场区域推广夏威夷文化旅游品牌,在夏威夷旅游局的直接监督下,营销团队负责制定各自区域的战略营销规划和合作计划。此外,夏威夷旅游局还创建和管理一些旅游扶持项目的开发,例如在夏威夷很多社区举办的文化节日、体育赛事和社区发展计划。通过各种社区援助计划,有效整合了社区和居民的利益,在保护夏威夷社区文化的同时也直接影响着游客的旅游体验。这种"地方—东道主—游客"②模式对夏威夷文化品牌管理与旅游业可持续发展起到了积极作用,其中,地方主要指整个旅游目的地,东道主包括旅游企业及其旅游服务人员,游客是来自各客源市场的游客,旅游局位于中心位置,对旅游品牌的维护与管理具有重要意义。

---

① 根据夏威夷旅游局机构图整理. 2017 Annual Report to the Hawai'i State Legislature[R]. Hawaii Tourism Authority, 2017.

② Hawaii Tourism Authority:Five-years Strategic Plan 2016[R]. 2018.

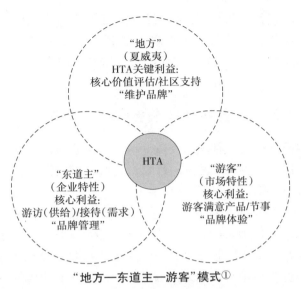

"地方—东道主—游客"模式①

夏威夷旅游业发展已相当成熟,这主要依赖于地方特色资源和好客文化。由于地理环境所限,对夏威夷旅游资源的保护极其重要,必须更加重视社区利益相关者的良好关系并保护"地方诚信",所以,地方部门采取了很多措施来保护文化遗产和文化空间,对旅游从业人员进行文化教育以确保文化的真实性,在文化旅游品牌维护方面积累了重要经验。

3. 夏威夷文化旅游品牌管理的经验

3.1 推进族群文化保护,重视与自然文化资源的依存关系

丰富而独特的自然资源、"夏威夷文化"资源、历史遗产资源等是夏威夷旅游业发展的重要基础、主要内容和核心特色,享有极高的知名度。海滩的侵蚀和污染是夏威夷旅游业发展的头等大事,旅游局与有关部门都积极致力于保护自然环境、自然景观,如加强防晒霜的品质以保护海洋环境、海滩景观。对于夏威夷文化资源也采取各种保护措施。1978年,夏威夷州修改宪法,提出进一步保护土著人的利益与传统;同年通过了《夏威夷家园管理法》,批准成立夏威夷事务办公室,并一直强调夏威夷语在旅游中的推广意义和文化实践,通过对各种独特而真实的旅游体验来促进夏威夷原住民文化的保护,保护文化就是保护夏威夷文化旅游品牌。

3.2 强调旅游体验中的"文化真实性",重视"主—客"关系

夏威夷的好客文化(ho'okipa,夏威夷语)一直是吸引游客的重要内容,夏威夷旅游业发展中"文化与旅游"结合被认为是"最好的融合"模式,东道主与游客的关系也令人愉悦,这与长期强调东道主文化真实性展示和旅游体验真实性的发展模式是分不开的,也是文化品牌管理中的重要内容。在各种旅游节事活动中,游客都可享受到包含美食、音乐、舞蹈、艺术

---

① Hawaii Tourism Authority: Five-years Strategic Plan 2016[R]. 2018.

等丰富多彩的本土文化,包括了与传统文化结合的节日如花环节、音乐节、阿罗哈节、君主节等,现代旅游节事中也将主题活动与地方族群文化相融合,如夏威夷国际电影节、全球旅游峰会上都充分展示了东道主文化与游客文化的高度融合,体现出东道主与游客良好的旅游交往关系。

3.3 以项目促进社区发展,重视社区与利益相关者的关系

夏威夷旅游局相当重视创建、管理和支持专项旅游体验项目的开发,例如在夏威夷很多社区举办的文化节日、体育赛事和社区发展计划,这种模式对夏威夷文化品牌影响力的提升起到了积极作用。

HTA 与美国国土资源部(DLNR)建立关系并开展部门间合作,重点保护夏威夷自然资源,与州立公园司(State Parks Division)合作改善旅游设施。HTA 每年提供资金以支持社区非营利组织保护资源和社区传统,通过"Āina Program""Kūkulu Ola Program""Community Enrichment Program"等社区支持项目保护夏威夷的自然生态和文化传统。2017 年,支持了 128个社区项目以延续夏威夷文化,保护自然文化资源;还通过支持节事活动来展示文化。其中,"阿伊娜项目"(Āina)主要通过社区来保护和振兴夏威夷自然资源。"库库鲁计划"(Kūkulu Ola)主要为社区团体、从业人员、手工艺人、音乐家和艺术家提供支持,以保护夏威夷文化。"社区致富计划"主要支持全州范围内的文化旅游、生态旅游、农业旅游、教育旅游、健康旅游、体育旅游等利基项目,旨在支持提供优质旅游体验,加强发展多元化夏威夷旅游业。[①] HTA 还重点支持文化从业者,音乐家和艺术家,致力于增强公众对夏威夷本土文化意义的认识。2017 年,第 37 届年度夏威夷国际电影节吸引了来自北美、亚太地区和夏威夷的电影摄制者,展示新电影,认识电影人才,促进与会人员进行文化交流。

3.4 推进多元文化和谐,重视跨文化管理

从多元移民文化中可以看到,夏威夷的"东道主与游客"关系并非是欧美人与夏威夷人的二元关系,从 PCC 的旅游接待设施就可了解多元化的旅游服务管理。在 PCC 发展早期,圆形剧场只有星期六能接待,坐满 600 个座位。20 世纪 60 年代末,圆形剧场扩大到近 1 300个座位,村民每晚都会举办晚会(周日除外),旺季时每晚两次。1976 年,新开放的圆形剧场可容纳近 2 800 名游客,增设了拥有 1 000 个座位的大餐厅。20 世纪 80 年代,新建了博物馆、购物店等。20 世纪 90 年代,推出了新产品旨在确保游客每次都能获得全新体验。之后,陆续推出了夜间节目 Horizons、IMAX™ 电影。1996 年,向游客提供呼啦舞及音乐之旅、传统鲁奥美食及各种娱乐活动。2001 年,PCC 的门票收入已超过一百万美元。从 PCC 创立到2014 年的 50 年间,约有三千四百万旅游者到 PCC 参观过,PCC 已成为世界闻名的文化娱乐和教育场所[②]。同时,根据游客需求而提供语言服务,英语、日语、韩语、汉语(普通话、粤语)、德语、法语等,对应的语言服务能很快消除游客的陌生感,这里的"游客凝视"不只是一

---

① 2017 Annual Report to The Hawai'i State Legislature[R]. Hawaii Tourism Authority, 2017. 2018 年 6 月搜集。
② 资料来源:美国夏威夷波利尼西亚文化中心网站,2018 年 5 月搜集。

种单向度的凝视,它体现了旅游凝视系统的复杂性和多元性。

3.5 提升文化品牌影响,重视全球客源市场

品牌管理是夏威夷旅游局的重要战略之一。HTA 每年必须向上级立法机关提交年度报告,包括经济支出、发展计划以及 HTA 战略计划、品牌管理、执行情况评估等。2016 年的五年战略规划中提到,夏威夷旅游业发展的七个原则:健康的经济,环境的可持续性,文化的真实性,市场知识,东道主与游客的满意度,协作和责任感,重视旅游行业、社区、政府和服务人员各利益相关者整体的共同利益发展。当然,世界经济变化加剧,在游客市场、旅游消费行为、网络技术多变的背景下,夏威夷旅游业的住宿结构、出行方式、消费支出等随之变化。受地理交通不便、旅游竞争威胁等影响,坚持夏威夷文化的独特性、真实性与旅游营销管理策略的一致性尤为重要,可保护夏威夷旅游竞争力。2018 年 10 月的全球旅游峰会就有来自 32 个国家 2 000 多名 19 种语言的与会者参会,会议由 40 多家赞助商支持、协助召开,每个市场部的负责人都会在大会上分享上一年度的进展和下一年度的计划等,HTA 旅游研究部也会在旅游教育、搜集资料和加强研究方面展开工作,以不断改善旅游产品的体验品质,提高旅游品牌知名度。

每年全球旅游峰会都会设置很多活动,有一个环节值得关注,组织学生团队进行辩论比赛,举办太平洋旅游协会学生论坛,为夏威夷州高中生和大学生提供参会机会,增进学生与旅游专业人士和旅游服务组织的交流。通过此类会议,在扩大建立合作伙伴关系的同时营造良好的旅游文化生态环境,对促进夏威夷旅游业可持续发展有积极意义。

4. 启示

夏威夷文化旅游品牌是在旅游目的地自然旅游资源和文化旅游资源相结合基础上,以东道主与游客为核心的多元社会角色互动而形成的。文化旅游品牌以其核心价值阿罗哈文化为中心,文化旅游品牌具有综合性、文化性、族群性、象征性、附加值性等特征,既是无形与有形的结合更是文化旅游服务品质的体现,具体包括产品品牌、服务品牌、节事品牌、地点品牌等诸多类型,对保护文化旅游资源、打造文化旅游体验产品、塑造旅游目的地形象、提升旅游市场竞争力具有重要作用。在文化旅游品牌化运作过程中,既要注重文化主题旅游产品、旅游节事活动的品牌营销,强调以客源市场为中心的全球销售渠道,还要重视以旅游部门为主导的兼顾社区利益和游客旅游体验的地方品牌管理,这种"地方—东道主—游客"的文化旅游品牌管理模式不仅是促进夏威夷文化旅游业可持续发展的重要有利因素,也进一步丰富了文化旅游品牌的内涵。

当然,由于美国夏威夷的社会经济发展模式、人民生活方式和地方文化等具有独特性,我国在借鉴其发展文化旅游尤其发展民族文化旅游经验的过程中,应当充分考虑各区域的民族文化资源情况、社区发展状况以及文化旅游市场需求水平等,要因地制宜发展不同类型的文化旅游产品,提升文化旅游发展水平。重点是:①文化旅游的核心要强调"文化"的核心,就需要重视社区文化主体的发展,重视社区文化变迁及文化环境保护,避免社区族群文化的同质化,也可以通过一些文化保护发展项目来增进社区文化旅游可持续发展的潜力。

②文化旅游的发展要重视文化旅游体验的获得,就需要以体验为核心设计文化旅游产品。可以通过歌舞艺术、旅游节事及非遗展演等文化旅游形式甚至以节事活动带动并整合乡村旅游、美食旅游、文化创意旅游、遗产旅游等形式,以提供文化旅游深度体验的可能并增强文化旅游体验感。③文化旅游的品牌管理很重要,需要形成和发展适应地方的文化旅游品牌系列,包括产品的品牌化开发、品牌化营销与品牌化管理都会对地方经济与社会文化起到积极作用。④"东道主与游客"是文化旅游中最主要的社会角色,维护文化旅游市场中"文化利益相关者"的共生共存关系尤为重要。这就需要充分发挥政府的公共管理职能,协调旅游行业相关企业,加大品牌营销力度,联合相关机构进行品牌管理,甚至成立文化旅游管理部门,加强行业内部的自主协调,增强自我管理能力,共同引导和推进文化旅游市场的良性有序发展。

参考文献

[1] Erve J Chambers. Native Tours: The Anthropology of Travel and Tourism[M]. Long Grove: Waveland Pr Inc, 2010.

[2] Erve Chambers. Tourism and culture: an Applied Perspective[M]. Albany: State University of New York Press, 1997.

[3] Paul A Shackel, Erve J Chambers. Places in mind: Public Archaeology as Applied Anthropology[M]. London: Routledge, 2004.

[4] Peter M. Burns: An Introduction to Tourism and Anthropology[M]. London: Routledge, 1999.

[5] Linda L Lowry. The SAGE International Encyclopedia of Travel and tourism[M]. New York: SAGE Publications, Inc, 2017.

[6] Ellen Badone, Sharon R Roseman. Intersecting Journeys: the Anthropology of Pilgrimage and Tourism[M]. Champaign——Vrbana: University of Illinois Press, 2004.

[7] Chris Rojek, John Urry. Touring Cultures, Transformations of Travel and Theory[M]. London: Routledge, 1997.

[8] Greg Richards. Cultural Tourism: Global and Local Perspectives[M]. New York: Haworth Hospitality Press, 2007.

[9] Melanie K Smith. Issues in Cultural Tourism Studies, Routledge[M]. Oxford: Taylor & Francis Group, 2003.

[10] Melanie Smith, Mike Robinson. Cultural Tourism in a Changing World: Politics, Participation and (Re)presentation[M]. Bristol: Channel View Publications, 2006.

[11] Michael Haldrup, Jonas Larsen. Tourism, Performance and The Everyday: Consuming the Orient[M]. London: Routledge, 2010.

[12] D Medina Lasansky, Brian McLaren. Architecture and Tourism: Perception, Performance and Place[M]. Oxford: Berg Publishers, 2004.

[13] Omar Moufakkir, Yvette Reisinger. The Host Gaze in Global Tourism[M]. London: CABI, 2013.

[14] Stan Godlovitch. Musical Tourism: A Philosophical Study[M]. London: Routledge, 1998.

［15］ Theron A Nunez, Jr. Tourism. Tradition, and Acculturation: Weekendismo in a Mexican Village［J］. Ethnology, 1963,2(3): 347-352.

［16］ Nelson H H Graburn. The Anthropology of Tourism［J］. Annals of Tourism Research, 1983 (10): 9-33.

［17］ Dennison Nash, Valene L Smith. Anthropology and Tourism［J］. Annals of Tourism Research, 1991,18:12-25.

［18］ Noel B Salaza. Anthropologies of Tourism: What's in a Name? ［J］. American Anthropologist, 2017(4): 119.

［19］ Jonathan Benthall. The Anthropology of Tourism［J］. Anthropology Today, 1988,4(3): 20-22.

［20］ Amanda Stronz. Anthropology of Tourism: Forging New Ground for Ecotourism and Other Alternatives［J］. Annual Review of Anthropology, 2001,30:261-283.

［21］ Margaret Byrne Swain. Coping with the Anthropology of Tourism［J］. American Anthropologist, 1997,99(1): 162-164.

［22］ Erik Cohen, Robert L Cooper. Language and Tourism, Contemporary Tourism: Diversity and Change［M］. Amsterdam: Elsevier, 2004.

［23］ Erik, Cohen, Robert L Cooper. Language and Tourism［J］. Annals of Tourism Research, 1986,13(4): 533-563.

［24］ Graham M S Dann. The Language of Tourism: A Sociolinguistic Perspective. (Review by Michael Hitchcock)［J］. Journal of the Royal Anthropological Institute, 1998,4(3): 562.

［25］ Montserrat Iglesiasa. Language Travel Demand: New Insights into language Tourists' perceptions［J］. Procedia-Social and Behavioral Sciences, 2015,19 (9): 149-156.

［26］ Montserrat Iglesias Xamaní. Second Language Acquisition and the Language Tourism Experience［J］. Procedia-Social and Behavioral Sciences, 2015,17 (8): 139-145.

［27］ Montserrat Iglesiasa. Language Travel Supply: The Language Learning Programme［J］. Procedia- Social and Behavioral Sciences, 2016,23 (2): 242-249.

［28］ Muhammad Arfin Bin Salim, Noor Aireen Binti Ibrahim, Hanita Hassan. Language for Tourism: A Review of Literature［J］. Procedia-Social and Behavioral Sciences, 2012(66): 136-143.

［29］ Hayley Stainton. The Commodification of English Language Teaching in Tourism: A Sustainable Solution? ［J］. Tourism Management Perspectives, 2018 (25): 123-130.

［30］ Adam Jaworski. Linguistic Landscapes on Postcards: Tourist Mediation and the Sociolinguistic Communities of Contact［J］. SOLS, 2012(4): 569-594.

［31］ Monica Heller, Adam Jaworski, Crispin Thurlow. Introduction: Sociolinguistics and Tourism-mobilities, Markets, Multilingualism［J］. Journal of Sociolinguistics, 2014 (4): 425-458.

［32］ Funari P P A, Manzato F, Alfonso LP. Tourism and Archaeology in Brazil: Postmodern

Epistemology in Two Case Studies[J]. Internatinal Jowrnal of Historical Archaeology,2013 (17):261-274.

[33] Lynda Johnston. (Other) Bodies And Tourism Studies[J]. Annals of Tourism Research, 2001,28(1):180-201.

[34] Nancy A Wonders, Raymond Michalowski. Bodies, Borders, and Sex Tourism in a Globalized World: A Tale of Two Cities—Amsterdam and Havana[J]. Social Problems,2001,48 (4):545-571.

[35] Arun Saldanha. Music Tourism and Factions of Bodies in Goa[J]. Jourist Studies,2002,2 (1):43-62.

[36] Pau Obrador Pons. Being-on-holiday Tourist Dwelling, Bodies and Place[J]. Tourist Studies,2003,3(1):47-66.

[37] Karl cater, Paul Cloke. Bodies in Action the Performativity of Adventure Tourism[J]. Anthropology Today,2007,23(6):13-16.

[38] Sally Everett. Beyond the Visual Gaze?: The Pursuit of an Embodied Experience through Food Tourism[J]. Tourist Studies,2009,8(3):337-358.

[39] Athinodoros Chronis. Moving Bodies and the Staging of the Tourist Experience[J]. Annals of Tourism Research,2015(55):124-140.

[40] B Farnell. Moving Bodies, Acting Selves[J]. Annual Review of Anthropology,1999,28: 341-373.

[41] Margaret byrne Swain. Gender in Tourism[J]. Annals of Tourism Research,1995,22(2): 247-265.

[42] Brendan Canavan. Tourism Culture: Nexus, Characteristics, Context and Sustainability [J]. Tourism Management,2016(53):229-243.

[43] Howard L Hughes. Redefining Cultural Tourism[J]. Annals of Tourism Research,1996,23 (3):707-709.

[44] Howard L Hughes. Culture and Tourism: a Framework for Further Analysis[J]. Managing Leisure,2002(7):164-175.

[45] Greg Richards. Production and Consumption of European Cultural Tourism[J]. Annals of Tourism Research,1996,23(2):261-283.

[46] Robert A Stebbins. Cultural Tourism as Serious Leisure[J]. Annals of Tourism Research, 1996(23):948-951.

[47] Bob McKercher, Pamela S Y Ho. Hilary Du Cros, et al. Activities-Based Segmentation of the Cultural Tourism Market[J]. Journal of Travel & Tourism Marketing,2002,12(1): 23-46.

[48] Antonio P Russoa, Jan van der Borgb. Planning Considerations for Cultural Tourism: a Case Study of Four European Cities[J]. Tourism Management,2002(23):631-637.

[49] Chris Ryan, Charlie Panakera. Cultural Tourism Product: Pacific Island Migrant Perspec-

tives in New Zealand, Jenny Cave[J]. Journal of Travel Research,2007(45):435-443.

[50] Chris Ryan, Opal Higgins. Experiencing Cultural Tourism: Visitors at the Maori Arts and Crafts Institute, New Zealand[J]. Journal of Travel Research,2006(44):308-317.

[51] R W Carter, R J S Beeton. A Model of Cultural Change and Tourism[J]. Asia Pacific Journal of Tourism Research,2004,9(4):423-442.

[52] Theopisti Stylianou-Lambert. Gazing From Home: Cultural Tourism and Art Museums [J]. Annals of Tourism Research,2011,38(2):403-421.

[53] Noel B Salazar. Community-based Cultural Tourism: Issues, Threats and Opportunities [J]. Journal of Sustainable Tourism,2012,20(1):9-22.

[54] Han Chen, Imran Rahman. Cultural tourism: An analysis of Engagement, Cultural Contact, Memorable tourism Experience and Destination Loyalty[J]. Tourism Management Perspectives,2018(26):153-163.

[55] Ioan Petroman, Cornelia Petroman, Diana Marin, et al. Types of Cultural Tourism [J]. Animal Science and Biotechnologies,2013,46 (1):385-388.

[56] Agata Niemczyk. Cultural Tourists: An Attempt to Classify Them[J]. Tourism Management Perspectives,2013(5):24-30.

[57] Antónia Correia1, Metin Kozak, João Ferradeira. Impact of Culture on Tourist Decision-making Styles[J]. International Journal of Tourism Research,2011(13):433-446.

[58] Calogero Guccio, Domenico Lisi, Marco Martorana1, et al. On the Role of Cultural Participation in Tourism Destination Performance: An Assessment Using Robust Conditional Efficiency Approach[J]. Journal of Cultural Economics,2017(41):129-154.

[59] Caroline B Brettell. Introduction: Travel Literature, Ethnography, and Ethnohistory [J]. Ethnohistory,1986,33(2):127-138.

[60] Moira Ferguson. (Review) Imperial Eyes: Travel Writing and Transculturation by Mary Louise Pratt[J]. Eighteenth-Century Studies,1993,26(3):481-484.

[61] Justin Stagl, Christopher Pinney. Introduction: From Travel Writing to Ethnography [J]. History and Anthropology (Overseas Publishers Association),1999,9(3):121-129.

[62] Vasiliki Galani-Mouta. The Self and The Other: Traveler, Ethnographer, Tourist[J]. Annals of Tourism Research,2000,27(1):203-224.

[63] Joanne P Sharp. Writing Travel/ Travelling Writing: Roland Barthes Detours the Orient [J]. Environment and Planning: Society and Space,2002,20(2):155-166.

[64] Les Robert, Hazel Andrews. (Un)Doing Tourism Anthropology: Outline of A Field of Practice[J]. Journal of Tourism Challenges and Trends,2013, Ⅵ(2):13-38.

[65] Susan Frohlic, Julia Harrison. Engaging Ethnography in Tourist Research: An Introduction [J]. Tourist Studies,2008,8(1):5-18.

[66] Anders Sørensen. Backpacker Ethnography[J]. Annals of Tourism Research,2003,30(4): 847-867.

［67］Palmer C. Ethnography: a Research Method in Practice［J］. International Journal of Tourism Research, 2001, 3（4）: 301-312.

［68］Andrew Russell. Writing Traveling Cultures: Travel and Ethnography amongst the Yakkha of East Nepal［J］. Ethnos, 2007, 72（3）: 361-382.

［69］Mimi Sheller, John Urry. Tourism Mobilities: Places to Play, Places in Play［M］. London: Routledge, 2004.

［70］Mimi Sheller, John Urry. The New Mobilities Paradigm［J］. Environment and Planning A, vol. 2006, 38: 207-226.

［71］Mimi Sheller. The New Mobilities Paradigm for a Live Sociology［J］. Current Sociology Review, 2014, 62（6）: 789-811.

［72］Cohen E, Cohen S A. Tourism Mobilities from Emerging World Regions: A Response to Commentaries［J］. Current Issues in Tourism, 2015, 18（1）: 68-69.

［73］David Harrison. Tourists, Mobilities and Paradigms［J］. Tourism Management, 2017（63）: 329-337.

［74］Jasbir Kaur Puar. Circuits of Queer Mobility: Tourism, Travel, and Globalization［J］. A Journal of Lesbian and Gay studies, 2002, 8（2）: 103-137.

［75］Tim Coles, Colin Michael Hall, David Timothy Duval. Mobilizing Tourism: A Post-disciplinary Critique［J］. Tourism Recreation Research, 2005, 30（2）: 31-41.

［76］Kevin Hannam, Mimi Sheller, John Urry. Editorial: Mobilities, Immobilities and Moorings［J］. Mobilities, 2006, 1（1）: 1-22.

［77］Kevin Hannam. Tourism and Development Ⅲ: Performances, Performativities and Mobilities［J］. Progress in Development Studies, 2006, 6（3）: 243-249.

［78］Kevin Hannam. Tourism Geographies, Tourist Studies and the Turn towards Mobilities［J］. Geography Compass, 2007, 10（1）: 749-819.

［79］Dean MacCannell. Staged Authenticity: Arrangements of Social Space in Tourist Settings［J］. American Journal of Sociology, 1973（3）: 589-603.

［80］Tim Edensor. Performing Tourism, Staging Tourism: （Re）producing Tourist Space and Practice［J］. Tourist Studies, 2001（1）: 59-81.

［81］Tim Edensor. Staging Tourism: Tourists as Performers［J］. Annals of Tourism Research, 2000（2）: 322-344.

［82］Tim Edensor. Mundane Mobilities, Performances and Spaces of Tourism［J］. Social & Cultural Geography, 2007, 8（2）: 199-215.

［83］Chaim Noy. Pages as Stages: a Performance Approach to Visitor Books［J］. Annals of Tourism Research, 2008（2）: 509-528.

［84］Marcelo de Souza Bispo. Tourism as practice［J］. Annals of Tourism Research, 2016, 61: 170-179.

［85］Kenneth F, Hyde Karin Olesen. Packing for Touristic Performance［J］. Annals of Tourism

Research,2011(3):900-919.

[86] Massimo Giovanardi, Andrea Lucarelli, Patrick L'Espoir Decosta. Co-performing Tourism Places: The "Pink Night" Festival[J]. Annals of Tourism Research, 2014 (44): 102-115.

[87] Jonas Larsen, John Urry. Gazing and performing[J]. Environment and Planning D: Society and Space, 2011(29): 1110-1125.

[88] Mike Crang. Picturing Practices: Research Through the Tourist Gaze[J]. Progress in Human Geography, 1997(3): 359-373.

[89] J Bærenholdt, M Haldrup, J Larsen, et al. Performing Tourist Places (review Tim Edensor)[J]. Journal of Rural Studies, 2006, 22:243-250.

[90] Matina Terzidou, Caroline Scarles, Mark N K Saunders. Religiousness as Tourist Performances: A Case Study of Greek Orthodox Pilgrimage[J]. Annals of Tourism Research, 2017 (66): 116-129.

[91] Carl Cater, Paul Cloke. The Performativity of Adventure Tourism[J]. Anthropology Today, 2007(6): 13-18.

[92] Deepak Chhabra, Robert Healy, Erin Sills. Staged Authenticity and Heritage Tourism [J]. Annals of Tourism Research, 2003(3): 702-719.

[93] Amanda Stronza. Anthropology of Tourism: Forging New Ground for Ecotourism and Other Alternatives[J]. Annual Review of Anthropology, 2001(30): 261-283.

[94] Neil Carr. The Tourism-Leisure Behavioural Continuum[J]. Annals of Tourism Research, 2002 (4): 972-986.

[95] Tim Edensor. Staging tourism: Tourists as Performers[J]. Annals of Tourism Research, 2000,27(2): 322-344.

[96] Tim Edensor. Mundane Mobilities, Performances and Spaces of Tourism[J]. Social & Cultural Geography, 2007,8(2): 165-174.

[97] Catherine Nash. Performativity in Practice: Some Recent Work in Cultural Geography [J]. Progress in Human Geography, 2000,24(4): 653-664.

[98] Darya Maoz. The Mutual Gaze[J]. Annals of Tourism Research, 2006,33(2): 221-239.

[99] Cohen E, Avieli N. Food in Tourism: Attraction and Impediment[J]. Annals of Tourism Research, 2004(31): 755-778.

[100] Chen-Tsang (Simon) Tsaia, Yao-Chin Wang. Experiential Value in Branding Food Tourism[J]. Journal of Destination Marketing & Management, 2017(6): 56-65.

[101] Shuai Quan, Ning Wang. Towards a Structural Model of the Tourist Experience: an Illustration from Food Experiences in Tourism[J]. Tourism Management, 2004, 25 (23): 297-305.

[102] Smith S L J, Xiao H G. Culinary Tourism Supply Chains: A Preliminary Examination [J]. Journal of Travel Research, 2008(46)3:289-299.

[103] Sally Everett. Beyond the Visual Gaze?: The Pursuit of an Embodied Experience through Food Tourism[J]. Tourist Studies, 2009,8:337-358.

[104] Greg Richards. Gastronomic Experiences: From Foodies to Foodscapes[J]. Journal of Gastronomy and Tourism, 2015(1):5-17.

[105] Randall, Elizabeth, Sanjur, et al. Food Preferences: Their Conceptualization and Relationship to Consumption[J]. Ecology of Food and Nutrition, 1981(11)3:151-161.

[106] Markus Giesler. The Sounds of Consumption: Listening to the Musical Landscape[J]. European Advances in Consumer Research, 2006(7):498-501.

[107] Chris Gibson, John Connell. Music, Tourism and the Transformation of Memphis[J]. Tourism Geographies, 2007,9(2):160-190.

[108] John Connell, Chris Gibson. Vicarious Journeys: Travels in Music[J]. Tourism Geographies, 2004,6(1):2-25.

[109] John Connell, Chris Gibson. 'No Passport Necessary': Music, Record Covers and Vicarious Tourism in Post-War Hawai'I[J]. The Journal of Pacific History, 2008,43(1):51-75.

[110] Chris Gibson, John Connell. Music and Tourism: On the Road Again[M]. Bristol: Channel View Publications, 2004.

[111] Gordon Waitt, Michelle Duff. Listening and Tourism Studies[J]. Annals of Tourism Research, 2010,37(2):457-477.

[112] Sunday N Nnamani. Music and Tourism: Their Roles in Generating Employment in Nigeria[J]. American Journal of Educational Research, 2014,2(11):1065-1068.

[113] Ray Hudson. Regions and Place: Music, Identity and Place[J]. Progress in Human Geography, 2006,30(5):626-634.

[114] Alex Norman. The Varieties of the Spiritual Tourist Experience[J]. Literature & Aesthetics, 2012,22(1):20-37.

[115] Joanna Kujaw. Spiritual Tourism as a Quest[J]. Tourism Management Perspectives, 2017, 24:193-200.

[116] Lucrezia Lopez, Rubén Camilo Lois González, Belén Ma Castro Fernández. Spiritual tourism on the way of Saint James the current situation[J]. Tourism Management Perspectives, 2017(24):225-234.

[117] Alex Norman, Jennifer J Pokorny. Meditation Retreats: Spiritual Tourism Well-being Interventions[J]. Tourism Management Perspectives, 2017,24:201-207.

[118] Haq, Farooq, Jackson, et al. Spiritual Journey to Hajj: Australian and Pakistani Experience and Expectations[J]. Journal of Management, Spirituality & Religion, 2009(6):141-156.

[119] Joseph M Cheer, Yaniv Belhassen, Joanna Kujawa. The Search for Spirituality in Tourism: Toward a Conceptual Framework for Spiritual Tourism[J]. Tourism Management

Perspectives,2017(24):252-256.

[120] 张晓萍,光映炯,郑向春.旅游人类学[M].北京:中国人民大学出版社,2017.

[121] 史密斯.东道主与游客[M].张晓萍,译.昆明:云南大学出版社,2002.

[122] 普拉特.帝国之眼:旅行书写与文化互化[M].方杰,方宸,译.南京:译林出版社,2017.

[123] 沙普利.旅游社会学[M].谢彦君,等,译.北京:商务印书馆,2016.

[124] John Urry.游客凝视[M].杨慧,等,译.桂林:广西师范大学出版社,2009.

[125] 光映炯.旅游场域与东巴艺术变迁[M].北京:中国社会科学出版社,2012.

[126] 光映炯.文化与旅游:东巴文化的旅游展演及活态保护[M].北京:中国社会科学出版社,2019.

[127] 谷建军.论旅游与语言的关系[J].旅游学刊,1997,12(4):48-51.

[128] 陈丽君.论方言在旅游语言本土化中的地位与作用[J].浙江学刊,2012(2):106-110.

[129] 刘磊,聂小凤,李鸿.吴中旅游形象宣传片多模态话语分析[J].湖北科技学院学报,2016(9):105-109.

[130] 王京传.考古旅游:互动视野下的考古与旅游[J].旅游学刊,2009,24(8):58-65.

[131] 张朝枝,保继刚.国外遗产旅游与遗产管理研究——综述与启示[J].旅游科学,2004(4):7-16.

[132] 陶伟,王绍续,朱竑.身体、身体观以及人文地理学对身体的研究[J].地理研究,2015,34(6):1173-1187.

[133] 何社林.身体文化与旅游[J].佳木斯职业学院学报,2018(3):457-458.

[134] 邓萍,王丽,马小骅.旅游风景中的身体认知隐喻[J].贺州学院学报,2011,27(2):64-67.

[135] 潘海颖.身体美学与休闲——舒斯特曼美学思想的理论与实践[J].旅游学刊,2013,28(9):114-120.

[136] 樊友猛,谢彦君.具身欲求与身体失范:旅游不文明现象的一种理论解释[J].旅游学刊,2016,31(8):4-6.

[137] 谢彦君,樊友猛.身体视角下的旅游体验——基于徒步游记与访谈的扎根理论分析[J].人文地理,2017(4):129-137.

[138] 麻国庆.身体的多元表达:身体人类学的思考[J].广西民族大学学报(哲学社会科学版),2010(3):43-48.

[139] 胡艳华.西方身体人类学:研究进路与范式转换[J].国外社会科学,2013(6):125-132.

[140] 任赟娟.人类学视野中身体研究新转向——《身体化的人类学》评介[J].内蒙古师范大学学报,2016,45(6):44-49.

[141] 章立明.中国身体研究及其人类学转向[J].广西民族研究,2008(2):46-55.

[142] 吴俊,唐代剑.具身认知理论在旅游研究中的应用:以跨学科为视角[J].商业经济与管理,2017(6):71-77.

[143] 张进福. 身体转向与品质旅游的"逆向"需求[J]. 旅游学刊,2018(12):1-3.

[144] 朱桃杏,陆林. 近 10 年文化旅游研究进展——《Tourism Management》、《Annals of Tourism Research》和《旅游学刊》研究评述[J]. 旅游学刊,2005(6):82-88.

[145] 徐菊凤. 旅游文化与文化旅游:理论与实践的若干问题[J]. 旅游学刊,2005(4):67-72.

[146] 张连海. 感官民族志:理论、实践与表征[J]. 民族研究,2015(2):55-67.

[147] 光映炯. 认识"旅游展演":基于"行为—文化—场域"的阐释路径[J]. 广西民族研究,2017(5):120-127.

[148] 吴茂英. 旅游凝视:评述与展望[J]. 旅游学刊,2012,27(3):107-108.

[149] 管婧婧. 国外美食与旅游研究述评——兼谈美食旅游概念泛化现象[J]. 旅游学刊,2012(10):85-92.

[150] 陈朵灵,项怡娴. 美食旅游研究综述[J]. 旅游研究,2017(9):77-87.

[151] 林清清,周玲. 国外葡萄酒旅游研究进展[J]. 旅游学刊,2009(6):88-95.

[152] 方百寿,孙杨. 文化视角下的食物景观初探——以 Gilroy 镇大蒜节为例[J]. 北京第二外国语学院学报,2011(9):6-10.

[153] 朱璇,解佳,江泓源. 移动性抑或流动性?——翻译、沿革和解析[J]. 旅游学刊,2017(10):104-114.

[154] 余向洋,吴东方,朱国兴等. 旅游视域下的认同研究——基于文献综述的视角[J]. 人文地理,2015,30(2):15-22.

后记

　　2017年10月，我只身前往美国夏威夷访学，准备这本教材《旅游人类学导引》的编撰工作。

　　这是我作为第一作者的第一本关于"旅游人类学"的专著，心情"杂陈"。先说与"旅游人类学"的渊源，是2002年在《思想战线》上的第一篇论文"旅游人类学再认识：兼论中国旅游人类学现状"，重点提到了"民族旅游"，从此便与旅游人类学"牵连"在一起。2003年的硕士论文开始透过"旅游场域"的视角对纳西文化变迁进行研究。2005年完成的《茶马古道上的旅行者和旅游文化》，是一次旅游人类学视角下的本土化小试。2010年完成的博士论文是关于"旅游对艺术的影响"的深入系统化研究，出版了《旅游场域与东巴艺术变迁》一书。2012年申请获批的国家社科项目："滇川地区东巴文化的旅游展演及活态保护机制"又进行了相关实证研究，在基于云南、四川10多年田野调查对纳西东巴文化进行"文化与旅游"的跨文化比较研究，同时对"旅游展演"也有涉足。但是，当时案头文献资料有限，感觉在很多方面存在不足，于是萌生了出国访学的念头。

　　到夏威夷大学的访学，太多"移动"，太多"体验"，太多记忆。首先是语言上的文化差异，在夏威夷到处都可以感受到Aloha文化的精神。访学期间，不同语境背后的真正含义所带来的学术研究差异也影响着我，遗憾一年里不能尽得其精髓。所幸的是，在美丽的火奴鲁鲁遇到了意大利籍教授Guido Carlo Pigliasco先生并聆听了他讲授的《旅游人类学》课程，Prof. Pigliasco（皮里亚斯可教授）长期关注太平洋地区的旅游业，尤其对斐济文化与旅游开发的相关问题有大量研究，《旅游人类学》课程使我受益匪浅，万分感谢！可惜的是，时间匆匆，精力有限，这本拙著只是对这一年美国访学交出的第一份答卷。

　　"他山之石，可以攻玉"。很多学科的发展都受到西方学界研究的影响，旅游人类学亦如此。我国旅游人类学研究起步较晚，虽然有一些理论和方法已译介到中国，舞台真实性、游客凝视已成为重要理论分析工具，东道主与游客、旅游与仪式、旅游与文化等为重要研究议题，但对于"旅游人类学"仍没有整体性的解读框架，尚未形成体系。于是，本书的出发点就是尽量全面地介绍西方旅游人类学的理论与方法，搜集大量外文材料时也结合我国的相关研究资料,让读者从中认识这门起源于西方的学科,发现在理论方面的不足,为中国旅游人类学的发展探索一条研究中国问题的路径。因此,本书着重以下特色:一是尽量选取经典性的篇章,主要介绍西方旅游人类学的研究重点及特色;二是尽量对理论和方法予以呈现,在浩瀚文献中从基础问题来把握旅游人类学的理论体系和方法脉络,如旅行书写与旅游民族志部分;三是尽量增加前沿性研究视角,尽可能使用较新的材料和成果,以了解旅游人类学在研究转向中的发展趋势,如旅游聆听、旅游移动、旅游表演、东道主凝视、多感官体验等的研究。

《旅游人类学导引》教材与其他《旅游人类学》教材在内容上并不矛盾,本书强调"体系"导引,后者呈现"议题"。当前,旅游人类学的发展还面临诸多问题:有些过去被忽略的研究领域现在还未得到重视;对一些理论和方法的消化、运用不够;理论创新的突破点不多,其社会实践性还未充分展现;学术研究队伍还不够壮大;旅游人类学的研究水平还需提升。之前,旅游人类学研究的理论之根主要来自人类学领域,如仪式论、文化相对论、整体论、功能论等;本书强调,承袭着人类学基因的旅游人类学还会有长足发展,尽管"理论是灰色的",实践是艰难的。只有关注、研究和运用旅游人类学的人越来越多,旅游人类学的学科发展才会有更好的舞台。

书稿即将付梓,不禁感慨这次"追跑式"写作。

这是一个艰难的过程。从搜集大量国外的外文资料开始,每天就"泡"在英文堆里。一开始,是从专题开始搜集资料。然后,对资料进行分类,对每个专题进行梳理,对经典论文进行整理。期间,常感慨英语水平的有限,从最开始的逐字逐句到对英文资料"囫囵吞枣"。又感慨与时间"赛跑",深感在有限时间里"赶"出一本"全新作品"的疲劳与艰辛。不管怎样,这是一个阶段性的成果。在对资料的整理过程中,脑海里常常冒出国内看过的资料,会想到国内外旅游人类学研究的文化差异、文本差异、理解差异和表达差异,不断在"国外"与"国内"的文献中穿梭。好在,蓝天与大海中"第三空间"的静谧可以缓解阅读与写作的烦扰。

这是一个悄声的过程。长期伏案,身边只有键盘声相伴,"嗒嗒嗒……嗒";长期码字,身边只有字母相伴。也想到,国内旅游人类学的研究虽有关注,但相比有些"热门"学科、"热门"领域的研究,这个"房间"一直很"狭小""悄然",感慨总需要有人做基础性研究工作,于是坚持了下来,希望有一天它会是看得见美丽风景的房间。

这是一个孤独的过程。写作,是一个人的世界。只有在与好友探讨时才感孤独之后的意义,或许它不需要立刻被读者所见,它的温度就在于它是被人读懂的。静读、思考、热议、理论、案例、田野、移动,多彩颜色已跃然于眼前。

这也是一个有爱的过程。最要感谢家人、爱女和亲友,是远在他乡的理解与支持才坚持着一路走来。还想慈爱的老父亲帮我翻看书稿,却只能泪目。Mr. Wen, Ms. Guo, Mr. Bingham, Ms. Ingrid, Mr. Ivan,因为你们,与夏威夷相识,感恩相助!Mr. Henny Zhang, Ms. Janny Gao,因为你们,有缘千里在夏威夷火奴鲁鲁相会,感谢缘分,再聚。

2020年2月,匆忙完稿,已是两年余。转眼云烟。改稿之时,适逢疫情,再次想起厄里的"移动"理论,如果没有交通、物、人的移动,生活是如此安静,没有熙熙攘攘的流动,面对面的接触与交流减少,只祈祷上天保佑苍生,福泽后世,待到春暖花开相见时,必定又是旅游移动季。旅游在别处,生活在此处。

最后,要特别感谢编辑马宁老师越洋电话的督促,西南林业大学成海副教授的悉心审校,以及编校人员耐心细心的校对,没有他们的辛苦工作便没有本书的出版。但是,囿于时间、资料与解读,谬误之处与未尽细节在所难免,望专家与读者赐教为谢!

光映炯

2024 年 9 月